DCG Épreuve 10

Comptabilité approfondie

2016/2017

Corrigés des applications

Odile Barbe
Laurent Didelot
Jean-Luc Siegwart

L'ouvrage a été dirigé et coordonné par Odile Barbe et Laurent Didelot.

Groupe Revue Fiduciaire
Nathan TECHNIQUE

Sommaire

Édition : Isabelle Remy
Fabrication : Maria Pauliat

ISBN : 978-2-09-164078-5

Chapitre 1

La profession comptable

Application 1. Expert-comptable/commissaire aux comptes/ comptable salarié, p. 44

1. Quelles sont les conditions à remplir pour s'inscrire à l'Ordre des Experts-Comptables ?

Pour pouvoir être inscrit au tableau de l'ordre, l'expert-comptable doit répondre aux obligations suivantes (ordonnance du 19 septembre 1945 modifiée – article 3) :

« – jouir de ses droits civils ;

– n'avoir subi aucune condamnation criminelle ou correctionnelle de nature à entacher son honorabilité et notamment aucune condamnation comportant l'interdiction du droit de gérer et d'administrer les sociétés ;

– être titulaire du diplôme français d'expertise comptable ;

– présenter les garanties de moralité jugées nécessaires par le conseil de l'ordre ».

2. Un expert-comptable peut-il s'inscrire comme commissaire aux comptes ? Inversement, un professionnel titulaire du certificat d'aptitude à la fonction de commissaire aux comptes peut-il s'inscrire comme expert-comptable ?

Un expert-comptable peut s'inscrire comme commissaire aux comptes. En effet, pour être inscrit sur la liste des commissaires aux comptes, un professionnel doit en outre « avoir subi avec succès les épreuves du certificat d'aptitude à la fonction de commissaire aux comptes ou être titulaire du diplôme d'expertise comptable. » (Code de commerce – article 822-1-1).

A contrario, le certificat d'aptitude à la fonction de commissaire aux comptes ne permet pas l'inscription à l'ordre des experts-comptables.

3. M. Rossignol envisage de créer son cabinet sans racheter de clientèle : peut-il travailler, à temps partiel, en libéral et chez un expert-comptable comme salarié ?

L'activité d'expertise comptable est incompatible avec tout emploi salarié, sauf chez un autre membre de l'ordre, chez un membre de la Compagnie Nationale des Commissaires aux Comptes ou dans une association de gestion et de comptabilité (ordonnance du 19 septembre 1945 modifiée – article 22).

En conséquence, il peut cumuler sa propre activité d'expert-comptable avec un emploi salarié chez un confrère.

4. M. Rossignol peut-il travailler, à temps partiel, comme salarié membre de l'OEC, chez un expert-comptable, et dans une entreprise comme directeur financier ?

M. Rossignol ne peut cumuler une activité d'expert-comptable membre de l'ordre avec un emploi salarié dans une entreprise.

5. M. Rossignol peut-il travailler, à temps partiel, comme salarié non inscrit à l'OEC, chez un expert-comptable, et dans une entreprise comme directeur financier ?

M. Rossignol n'est pas inscrit au tableau de l'ordre. Il peut donc cumuler dans ce cas deux fonctions salariées.

Application 2. Expert-comptable/commissaire aux comptes, p. 44

1. Doit-il faire appel à un expert-comptable ? Si oui, par qui est-il nommé ?

La mission de l'expert-comptable est de nature contractuelle. Aucune disposition légale ou réglementaire n'impose à une entité d'avoir recours à un expert-comptable. C'est une décision de gestion du dirigeant de faire appel ou non aux services d'un expert-comptable, en fonction notamment du niveau de qualification de son équipe comptable et/ou financière.

L'expert-comptable est choisi par le dirigeant de l'entreprise.

2. Doit-il faire appel à un commissaire aux comptes s'il recourt aux services d'un expert-comptable ? Si oui, par qui est-il nommé ?

La mission légale du commissaire aux comptes est stipulée dans le Code de commerce et dans d'autres textes légaux, en fonction de la nature de l'entité contrôlée. Le Code de commerce rend obligatoire la nomination par l'assemblée générale ordinaire d'au moins un commissaire aux comptes dans toutes les sociétés par actions : sociétés anonymes (SA) comme la société Desjardins, sociétés en commandite par actions (SCA) et sociétés par actions simplifiées (SAS).

La présence d'un expert-comptable ne dispense pas l'entité de la nomination d'un commissaire aux comptes : la mission permanente du commissaire aux comptes a pour objectif principal la vérification de la régularité, de la sincérité et de l'image fidèle des comptes, alors que celle de l'expert-comptable est d'établir les comptes annuels.

3. Peut-il négocier les honoraires de son expert-comptable en fonction des résultats de la société ?

La rémunération des travaux de l'expert-comptable est librement négociée entre les parties. L'expert-comptable ne peut toutefois accepter que le montant de ses honoraires soit fonction des résultats de la société. Cela serait en contradiction avec les principes d'indépendance et de désintéressement du code des devoirs professionnels.

4. L'expert-comptable pourrait-il également remplir la fonction de commissaire aux comptes ?

Étant données les fonctions respectives de l'expert-comptable et du commissaire aux comptes, il est impossible de contrôler les comptes que l'on a établis (principes d'indépendance et de conflit d'intérêts).

Application 3. Comptable public, p. 44

1. Comment devient-on comptable public ?

Le titre de comptable public est obtenu par voie de concours public organisé par le ministère de l'Économie et des Finances.

2. Quels sont le statut et la nature des travaux d'un comptable public ?

Le comptable public est un fonctionnaire ou un agent de l'État dépendant du corps des comptables du Trésor. Il est chargé d'exécuter les dépenses et les recettes selon les indications de l'ordonnateur (maire, président du conseil général ou régional) sans lui être subordonné. L'application du budget est, en effet, gouvernée par un principe fondamental : la séparation des ordonnateurs et des comptables.

3. Quelles sont les responsabilités du comptable public ?

Il recouvre, sous sa responsabilité pécuniaire personnelle, les créances et paie les dettes de l'ordonnateur, qui est l'exécutif des collectivités.

4. Par quel organisme son activité est-elle contrôlée ?

La Cour des comptes met en cause la responsabilité des comptables publics au terme d'une procédure dite de jugement des comptes. À ce titre, elle analyse les comptes et les pièces justificatives. Elle vérifie si les recettes ont été recouvrées et si les dépenses ont été payées conformément aux règles en vigueur. Par un arrêt, elle donne décharge au comptable si les comptes sont réguliers, elle le met en débet (situation d'un comptable public, ou d'un comptable de fait, déclaré débiteur d'un organisme public en raison d'irrégularités commises dans la gestion ou la conservation des deniers de cet organisme) si des recettes n'ont pas été recouvrées ou si des dépenses ont été irrégulièrement effectuées.

Application 4. QCM, p. 44

Retrouvez la ou les réponses exactes.

1. La mission de l'expert-comptable est d'origine :

☑ contractuelle.

2. La mission du commissaire aux comptes est d'origine :

☑ légale.

3. Le titre d'expert-comptable est légalement protégé :

☑ Vrai

4. Un comptable salarié peut-être expert-comptable et inversement :

☑ Faux

5. La rémunération de l'expert-comptable est fixée selon un barème professionnel :

☑ Faux

6. Dans quel texte est stipulée la mission légale du commissaire aux comptes ?

☑ cela dépend de la nature de l'entité visée.

7. Parmi les entités suivantes, lesquelles sont systématiquement soumises à un contrôle légal des comptes ?

☑ les sociétés anonymes.

☑ les établissements de crédit.

☑ les sociétés d'assurance.

8. La déontologie des commissaires aux comptes est fixée par :

☑ le Code de déontologie.

9. La rémunération du commissaire aux comptes est supportée par :

☑ l'entité contrôlée.

10. Le barème professionnel des commissaires aux comptes concerne :

☑ uniquement la fourchette de nombre normal d'heures de travail.

11. Le comptable public est recruté par voie de concours publics :

☑ Vrai

12. Le comptable public est responsable de sa fonction sur ses deniers privés :

☑ Vrai

13. Le président du Conseil Supérieur de l'Ordre des Experts-Comptables est élu pour :

☑ 2 ans.

14. Les Compagnies Régionales des Commissaires aux Comptes recouvrent les mêmes zones géographiques que les Compagnies Régionales de l'Ordre des Experts-Comptables :

☑ Faux

15 . Le H3C est l'organe de surveillance de la profession d'expert-comptable :

☑Faux

16. « Science, conscience, indépendance » est la devise des experts-comptables :

☑ Vrai

17. Parmi les principes suivants, lesquels font partie de la déontologie des commissaires aux comptes ?

☑ Compétence.

☑ Impartialité.

☑ Confraternité.

☑ Discrétion.

18. La liste des commissaires aux comptes est établie dans le ressort :

☑ de la cour d'appel.

19. Avec quelle périodicité minimale doit se faire la rotation des associés signataires des sociétés faisant appel public à l'épargne ?

☑ tous les 6 ans.

20. Lorsqu'une personne morale établit des comptes consolidés, les commissaires aux comptes de la personne morale consolidante et les commissaires aux comptes des personnes consolidées sont, les uns à l'égard des autres :

☑ libérés du secret professionnel.

Chapitre 2

Le rôle de la profession comptable dans la normalisation comptable et professionnelle

Application 1. Normes comptables, p. 67

• Complétez le tableau suivant à l'aide d'une croix afin d'indiquer pour chaque type de texte s'il est d'application obligatoire ou facultative pour l'établissement des comptes individuels d'une entité :

Nature du texte	Application obligatoire	Application facultative
Code de commerce	X	
Avis de l'ANC		X
Plan comptable général	X	
Recommandations de l'Ordre des Experts-Comptables		X
Règlements de l'ANC homologués par arrêté ministériel	X	
Notes techniques de la CNCC		X
Partie réglementaire du Code de commerce	X	
Avis du Comité d'urgence du CNC		X
Recommandations de l'AMF		X
Jurisprudence		X

Les textes d'application obligatoire sont les sources législatives et réglementaires :
– lois et ordonnances : Code de commerce ;
– décrets et arrêtés : PCG et règlements CRC et ANC (arrêtés ministériels).

La jurisprudence et la doctrine (avis du CNC et de l'ANC, recommandations de l'OEC, notes techniques CNCC, avis du CU du CNC et recommandations de l'AMF) sont d'autres sources du droit comptable, mais ayant un caractère uniquement incitatif.

Application 2. Normes professionnelles, p. 67

• Complétez le tableau suivant en précisant par quel(s) organisme(s) sont publiés les textes concernés :

Nature du texte	Organisme
Code de déontologie professionnelle des commissaires aux comptes	CNCC/H3C
Normes ISA	IFAC
Norme de présentation	OEC
Norme d'exercice professionnel – les demandes de confirmation des tiers	CNCC/H3C
Norme ISRE	IFAC
Norme anti-blanchiment	OEC
Bonne pratique professionnelle	CNCC/H3C

Application 3. QCM, p. 68

Retrouvez la ou les réponses exactes.

1. Une directive européenne est d'application immédiate dans chacun des États membres :

☑ Faux

2. Un règlement européen s'applique directement et de manière obligatoire à l'ensemble des États membres de l'UE :

☑ Vrai

3. Les règles comptables françaises en matière de comptes annuels (comptes individuels) doivent respecter les dispositions :

☑ de la directive du 26 juin 2013 relative aux états financiers annuels, aux états financiers consolidés et aux rapports y afférents de certaines formes d'entreprises.

4. Quels sont les textes qui viennent modifier le PCG ?

☑ Les règlements de l'ANC

5. Le PCG comporte les dispositions relatives :

☑ aux comptes individuels.

6. Le CNC était un organisme :

☑ consultatif.

7. Le collège de l'ANC est un organisme :

☑ décisionnel.

8. La protection de l'épargne et des investisseurs est réalisée au niveau européen par :

☑ l'ESMA.

9. Le règlement européen du 19/07/02 impose à l'ensemble des sociétés de l'Union européenne d'établir leurs comptes consolidés selon le référentiel IFRS :

☑ Faux

10. Les normes professionnelles (normes d'audit) internationales sont publiées par :

☑ l'IAASB.

11. Concernant les comptes consolidés des sociétés françaises non cotées, l'application des normes IFRS est :

☑ facultative.

12. Concernant les comptes individuels des sociétés françaises, l'application des normes IFRS est :

☑ interdite.

13.Le règlement CRC 99-02 s'applique :

☑ aux comptes consolidés des sociétés non cotées n'ayant pas opté pour les IFRS.

14. La tenue d'une comptabilité est imposée aux commerçants par :

☑ le Code de commerce.

15. Quels sont les trois comités parmi les suivants qui sont nommés par les *trustees* de l'IFRS *Foundation* ?

☑ L'IFRS *Interpretation Commitee*
☑ L'IASB
☑ L'IFRS *Advisory Council*

16. Une norme publiée par l'IASB est immédiatement applicable aux sociétés cotées de l'Union européenne pour l'établissement de leurs comptes consolidés :

☑ Faux

17. Pour être déclarés conformes au référentiel IFRS, quels textes doivent respecter les états financiers d'une entité ?

☑ Les IAS, les IFRS, les SIC et les IFRIC

18. Les normes d'exercice professionnel des commissaires aux comptes doivent être homologuées par :

☑ le H3C.

19. Les normes d'audit de la CNCC et de l'OEC sont conformes aux normes ISA :

☑ Vrai

20. Le Code de déontologie des commissaires aux comptes concerne :

☑ les normes de comportement.

Chapitre 3

Le cadre conceptuel

Application 1. Principes comptables, p. 89

• Indiquez pour chacun des événements suivants quel principe comptable est concerné et sa conséquence sur l'élaboration des comptes annuels de l'exercice N selon les règles du PCG (les écritures comptables ne sont pas demandées).

1. Un litige en cours avec un client concernant une livraison de l'année N laisse présager le versement de dommages et intérêts estimés par l'avocat à 10 000 €.

Principe de prudence : l'entreprise doit tenir compte de la perte probable de 10 000 € en comptabilisant une provision pour litige.

2. La prime d'assurance annuelle de 6 000 € payée le 1/09/N couvre la période du 1/09/N au 31/08/N+1.

Principe d'indépendance des exercices : la charge comptabilisée le 1/09/N se rapporte à hauteur de 8/12 à l'exercice N+1. Une charge constatée d'avance doit être constatée pour un montant de 4 000 €.

3. Le compte collectif « Fournisseurs » laisse apparaître un solde global créditeur de 478 400 €, tenant compte de comptes fournisseurs débiteurs pour un montant total de 14 352 €, correspondant à des avoirs reçus non encore imputés.

Principe de non-compensation : les comptes fournisseurs débiteurs doivent être présentés séparément à l'actif pour un montant de 14 352 €, alors que les dettes fournisseurs apparaîtront au passif pour un montant de 492 752 €.

4. L'entreprise a acquis un terrain en N–4 pour un montant de 20 000 €. Un expert a estimé la valeur du terrain fin N à 30 000 €.

Principe du nominalisme monétaire : le terrain est valorisé à son coût historique, sauf réévaluation de l'ensemble des immobilisations corporelles et financières.

5. L'entreprise a cautionné un prêt bancaire de 3 000 € accordé à l'un de ses salariés.

Principe de l'importance relative : mention dans l'annexe en fonction du caractère significatif de la caution eu égard aux caractéristiques de l'entreprise.

6. L'entreprise souhaite passer de la méthode CUMP à la méthode FIFO, sans justification particulière.

Principe de permanence des méthodes : au cas particulier il est possible de passer de la méthode CUMP à la méthode FIFO uniquement si un changement exceptionnel est intervenu dans la situation de l'entité ou dans le contexte économique, industriel ou financier et que le changement de méthodes fournit une meilleure information financière compte tenu des évolutions intervenues.

7. Les difficultés financières de l'entreprise vont l'amener à cesser son activité d'ici au 30/06/N+1.

Principe de continuité d'exploitation : en l'occurrence, le principe n'est pas respecté et les comptes de l'entité devront être établis en valeurs liquidatives.

Application 2. QCM, p. 89

Retrouvez la ou les réponses exactes.

1. Quelles sont les notions ou principes comptables mis en avant dans le modèle comptable anglo-saxon ?

☑ Prééminence du fond sur la forme
☑ Image fidèle

2. Quelles sont les notions ou principes comptables mis en avant dans le modèle comptable d'Europe continentale ?

☑ Prééminence de la forme sur le fond
☑ Prudence

3. Le modèle comptable anglo-saxon est caractérisé par la déconnexion comptabilité/fiscalité :

☑ Vrai

4. Les pays d'Europe continentale sont des pays :

☑ de droit écrit.

5. La notion de cadre conceptuel est prépondérante :

☑ dans les pays anglo-saxons.

6. Le cadre conceptuel américain actuel est l'œuvre :

☑ du FASB.

7. Parmi les affirmations suivantes, laquelle (lesquelles) est (sont) exacte(s) ?

☑ Le cadre conceptuel de l'IASB ne constitue pas une norme.

8. Parmi les caractéristiques qualitatives suivantes des états financiers, laquelle ne figure pas dans le cadre conceptuel de l'IASB ?

☑ La sincérité

9. Le cadre conceptuel de l'IASB ne privilégie aucun utilisateur des états financiers :

☑ Faux

10. Selon le cadre conceptuel de l'IASB, un actif est une ressource possédée résultant d'événements passés dont l'entité attend des avantages économiques futurs :

☑ Faux

11. Selon le cadre conceptuel de l'IASB, selon quelle hypothèse sont préparés les états financiers ?

☑ Continuité d'exploitation

12. Un article qui satisfait à la définition d'un élément d'actif, de passif, de charge ou de produit doit être comptabilisé si :

☑ les deux conditions précédentes sont réunies.

13. Les US GAAP sont basées :

☑ sur des règles.

14. L'IASB et le FASB ont ont abouti partiellement à l'élaboration d'un cadre conceptuel commun :

☑ Vrai

15. La certification des comptes annuels d'une entité par son/ses commissaires aux comptes repose sur le respect de :

☑ la régularité.
☑ l'image fidèle.
☑ la sincérité.

16. Le respect des principes comptables fondamentaux :

☑ fournit une présomption simple d'image fidèle.

17. La notion d'image fidèle s'applique :

☑ au bilan.
☑ au compte de résultat.
☑ à l'annexe.

18. Le respect du principe de continuité d'exploitation a un impact sur les modalités d'évaluation des comptes annuels :

☑ Vrai

19. Les conséquences de l'application du principe de prudence sont que :

☑ les plus-values réalisées sont comptabilisées.
☑ les moins-values probables sont comptabilisées.

20. Le respect du principe de permanence des méthodes est justifié par l'objectif de :

☑ comparabilité.

Chapitre 4

Définition et règles générales d'évaluation des actifs

Application 1. Actif ou pas actif ?, p. 104

• Précisez si les dépenses suivantes constituent ou non des actifs selon les règles du Plan Comptable Général. Si oui, indiquez s'il s'agit d'immobilisations incorporelles, corporelles, de stocks ou de charges constatées d'avance.

– **frais de campagne publicitaire télévisée :** ces dépenses ne sont pas identifiables (non séparables des activités de l'entité et ne bénéficiant pas d'une protection juridique). Elles doivent systématiquement être comptabilisées en charges, sans pouvoir être étalées sur plusieurs exercices.

– **catalogues publicitaires fabriqués non encore distribués :** il s'agit ici de dépenses de conception d'une campagne publicitaire non lancée à la clôture de l'exercice. Il convient de rattacher la charge à l'exercice où aura lieu la distribution des catalogues en respect du principe d'indépendance des exercices. Il s'agit d'une charge constatée d'avance.

– **entrepôt de stockage construit par l'entreprise :** la construction est identifiable, contrôlée par l'entreprise qui en est propriétaire et elle va générer des avantages économiques futurs (économie de frais de location d'un entrepôt). Il s'agit d'un actif à classer en immobilisation corporelle.

– **matériel loué en crédit-bail :** le matériel est identifiable, contrôlé par l'entreprise qui bénéficie des avantages et subit les risques liés à la propriété de l'actif, et procure des avantages économiques futurs via les produits qu'il permet de fabriquer. Les trois critères de définition d'un actif sont réunis. Toutefois, comme le règlement CRC 2004-06 a exclu de son champ d'application l'ensemble des contrats de location au sens de la norme IAS 17, le matériel ne constitue pas un actif dans les comptes individuels en règles françaises, le loyer de crédit-bail constitue une charge.

– **matières premières non encore consommées :** les matières premières sont identifiables, contrôlées par l'entreprise qui en est propriétaire et vont générer des avantages économiques futurs en étant intégrées dans la production de produits vendus ultérieurement. Il s'agit d'un actif à classer en stocks.
– **marque acquise :** une marque acquise est identifiable car elle est séparable des activités de l'entité (peut être vendue…), contrôlée par l'entreprise qui la possède et génère des avantages économiques futurs via la vente des produits commercialisés sous son nom. Il s'agit d'un actif à classer en immobilisation incorporelle.
– **part de marché :** une part de marché n'est pas contrôlable car l'entité n'est pas capable de maîtriser de manière suffisante les avantages économiques futurs attendus, c'est-à-dire la fidélité de ses clients. Les dépenses liées à la création de parts de marché doivent être constatées en charges.
– **prime de remboursement d'un emprunt obligataire :** cet élément (différence entre le prix d'émission et la valeur de remboursement d'une obligation) ne génère pas d'avantage économique futur. Il ne répond pas à la définition d'un actif. Néanmoins, le règlement CRC 2004-06 ayant exclu de son champ d'application les instruments financiers, les primes de remboursement sont toujours inscrites à l'actif.

Application 2. Incorporation des coûts d'emprunt : emprunt spécifique, p. 104

1. Quel est le montant des frais financiers incorporables au coût d'acquisition de la machine de production ?

Les frais financiers incorporables concernent :
– la période de production de cet actif, jusqu'à la date d'acquisition ou de réception définitive ;
– un actif « éligible » c'est-à-dire qui exige une longue période de préparation ou de construction avant de pouvoir être utilisé ou vendu (inhérent à la nature de l'actif).
Au cas particulier, la période d'incorporation des coûts s'étend du début de l'installation (le 01/02/N) jusqu'à la date à laquelle la machine est prête à fonctionner (1/08/N), soit six mois au total.
Intérêts incorporables : 200 000 × 5,4 % × 6/12 = 5 400 €.

2. Précisez l'enregistrement comptable afférent à cette opération.

21	Matériel industriel	205 400,00	
44562	TVA déductible sur immobilisations	41 080,00	
796	Transfert de charges financières		5 400,00
44571	TVA collectée		1 080,00
404	Fournisseurs		240 000,00

Rappels :

– l'incorporation des intérêts d'emprunts dans le coût d'acquisition ou de production d'un actif éligible est globale pour l'ensemble des immobilisations corporelles, incorporelles ou stock ;

– la méthode comptable adoptée pour les coûts d'emprunt doit être explicitement mentionnée en annexe.

Application 3. Incorporation des coûts d'emprunt : emprunt non spécifique, p. 104

Déterminez la valeur d'inscription de l'usine à l'actif du bilan.

Les coûts d'emprunt incorporables sont les suivants :

	Exercice N	Exercice N+1	Exercice N+2
Taux de capitalisation (Moyenne en %)	(400 × 3 %) + (300 × 4 %) + (1 000 × 5 %) / 1 700 = 4,353 %	(200 × 3 %) + (800 × 4 %) / 1 000 = 3,8 %	(500 × 4 %) + (1 500 × 3 %) / 2 000 = 3,25 %
Dépenses d'acquisition de l'actif	200	500 + 200 = 700	700 + 300 = 1 000
Coûts d'emprunt incorporables	200 × 4,353 % × 6/12 = 4,35	700 × 3,8 % = 26,6	1 000 × 3,25 % × 6/12 = 16,25
Soit valeur d'inscription de l'usine à l'actif :	1 000 + (4,35 + 26,6 + 16,25) = 1 047,2 k€		

Application 4. Transactions d'échange, p. 105

1. Qualifiez les deux transactions.

L'entreprise A échange avec l'entreprise B une machine à café contre un distributeur de bières : l'entreprise A estime que ses flux de trésorerie augmenteront suite à la transaction. L'échange a donc une substance commerciale. Le distributeur de bières doit être enregistré à l'actif de A pour sa valeur vénale, et la machine à café sortie de l'actif de A pour sa VNC.
L'entreprise C échange un photocopieur avec l'entreprise D et reçoit en plus une somme de 100 € : les flux de trésorerie futurs que C obtiendra de l'utilisation du photocopieur reçu en échange ne devraient pas différer de ceux qu'elle avait obtenus de l'utilisation de son précédent photocopieur. L'échange n'a pas de substance commerciale car la configuration et la valeur des flux de trésorerie futurs ne sont pas modifiées par la transaction.
Le photocopieur reçu en échange doit être comptabilisé à l'actif de C à la valeur comptable de l'actif cédé. Aucun résultat de cession n'est dégagé.

2. Comptabilisez les deux transactions chez les entreprises A et C.

Les écritures comptables à passer pour l'entreprise A sont les suivantes :

675	VNC des éléments d'actif cédés	650	
28154	Amortissement du matériel industriel	150	
2154	Matériel industriel		800
2154	Matériel industriel	500	
512	Banque	200	
775	Produits des cessions d'éléments d'actif		700

Les écritures comptables à passer pour l'entreprise C sont les suivantes :

675	VNC des éléments d'actif cédés	10 000	
28183	Amortissement du matériel de bureau	3 000	
2183	Matériel de bureau		13 000
2183	Matériel de bureau	9 900	
512	Banque	100	
775	Produits des cessions d'éléments d'actif		10 000

Application 5. QCM, p. 105

Retrouvez la ou les réponses exactes.

1. La définition d'un actif implique :
☑ le contrôle de l'actif.
☑ le caractère identifiable de l'actif.
☑ l'obtention d'avantages économiques futurs de l'actif.

2. La définition d'un actif repose sur une approche :
☑ économique.

3. La définition d'un actif a pour conséquence effective l'activation des contrats de location financement dans les comptes individuels :
☑ Faux

4. Les biens acquis par voie d'échange sont évalués à la valeur vénale :
☑ Cela dépend.

5. Les biens acquis à titre gratuit sont évalués à leur valeur vénale :
☑ Vrai

6. Les coûts d'emprunt sont systématiquement incorporables au coût d'acquisition ou de production d'un actif :
☑ Faux

7. La valeur actuelle est la valeur la plus élevée :
☑ de la valeur vénale et de la valeur d'usage.

8. La dépréciation d'un actif correspond à l'excédent :
☑ de la valeur nette comptable sur la valeur actuelle.

Chapitre 5

Les immobilisations corporelles

Application 1. Programme pluriannuel de gros entretien/ grande révision, p. 162

1. Quels sont les traitements comptables possibles des travaux de grande révision lors de l'acquisition de cette immobilisation selon le PCG ?

Deux traitements comptables sont possibles : les travaux de grande révision sont un composant de l'immobilisation ou sont provisionnés sous forme d'une provision pour gros entretien/grande révision. La méthode comptable choisie doit être mentionnée dans l'annexe.
La méthode de comptabilisation par composants exclut la possibilité de constater une provision pour gros entretien/grande révision.

2. Précisez si ces méthodes sont compatibles avec le référentiel IFRS.

Les normes IFRS prévoient l'application obligatoire de l'approche par composants (norme IAS 16 relative aux immobilisations corporelles). Le référentiel IFRS n'admet pas la constatation de provisions pour les dépenses de gros entretien et de grandes révisions car il n'y a pas d'obligation actuelle liée à un événement passé (norme IAS 37 « Provisions, passifs éventuels et actifs éventuels »). Les travaux ne seront effectués que si l'entreprise décide d'utiliser le bien dans le futur.

3. Effectuez les enregistrements comptables afférents à chaque méthode :

a. à la date d'acquisition du matériel ;
b. au 31/12/N en précisant les conséquences fiscales ;
c. au 1/01/N+3 lors de la réalisation des travaux de grande révision en précisant les conséquences fiscales.

1re hypothèse : l'entreprise choisit la méthode des composants.

À la date d'acquisition du matériel

Dans la méthode des composants, il convient d'évaluer le composant au coût de l'inspection ou de la grosse réparation calculé à la date d'entrée de l'immobilisation et non à celle où les dépenses seront réalisées. Le composant fait partie intégrante du coût d'entrée de l'immobilisation : structure (63 000) + composant (9 000) = coût d'entrée (72 000).

	1/10/N		
215.1	Matériel – Structure	63 000	
215.2	Matériel – Composant	9 000	
44562	TVA sur immobilisations	14 400	
512	Banque		86 400

Au 31/12/N

La structure est amortie sur 6 ans selon le mode linéaire et le composant sur sa durée de vie propre, ici 3 ans.

	31/12/N		
6811	Dotations aux amortissements sur immobilisations	13 500	
2815.1	Amortissement matériel – structure		10 500
2815.2	Amortissement matériel – composant		3 000

Sur le plan fiscal, les dépenses d'entretien doivent demeurer des charges et n'entrent pas dans le champ d'application de l'article 15 bis de l'annexe II. Pour cette raison, la durée d'amortissement des composants de « seconde catégorie » identifiés lors de l'acquisition ou de la création de l'immobilisation (structure ou composant de « première catégorie ») à laquelle ils se rattachent ne doit pas être différente de celle de cette immobilisation.

Dès lors, dans l'hypothèse où l'entreprise a choisi de considérer ces dépenses comme un composant, les dotations excédentaires constatées sur le plan comptable doivent être réintégrées extra-comptablement.

Dotation comptable sur le composant « grande révision » : 9 000/3 = 3 000.

Dotation fiscalement déductible sur le composant « grande révision » : 9 000/6 = 1 500.

Quote-part de dotation à réintégrer extra-comptablement : 3 000 – 1 500 = 1 500.

Au 1/01/N+3 lors de la réalisation des travaux de grande révision

Lors de la réalisation des dépenses de grosses réparations et de grandes révisions, leur coût est comptabilisé comme un composant séparé de l'immobilisation (9 600) et la valeur nette comptable du composant renouvelé ou remplacé est comptabilisée en charges (9 000 – 9 000 = 0).

	1/01/N+3		
2815.1	Amortissement matériel – composant	9 000,00	
215.2	Matériel – composant		9 000,00
	1/01/N+3		
215.2	Matériel – composant	9 600,00	
44562	TVA sur immobilisations	1 920,00	
512	Banque		11 520,00

Au plan fiscal, la dépense de grande révision est déduite extra-comptablement (9 600).
L'amortissement du nouveau composant ne peut être admis en déduction, celle-ci ayant déjà été effectuée lors de l'engagement de la dépense. Toutefois, il est admis que l'amortissement non accepté en déduction au titre du composant d'origine, soit 1 500 × 3 = 4 500 vienne minorer cette réintégration sur la durée résiduelle d'amortissement de la structure à laquelle il est rattaché, soit 3 ans.
Ainsi, après le remplacement, les réintégrations fiscales s'élèveront à (9 600/3) – 1 500 = 1 700.
Nous pouvons vérifier que charge comptable et charge fiscale s'équilibrent en fin de période d'utilisation de l'actif.

Charge comptable :

Amortissement structure N à N+5 : 10 500 × 6 =	63 000
Amortissement composant gros entretien/grande révision :	
N à N+2 : 3 000 × 3 =	9 000
N+3 à N+5 : 3 200 × 3 =	9 600
Total :	81 600

Charge fiscale :

Amortissement structure N à N+5 : 10 500 × 6 =	63 000
Amortissement composant gros entretien/grande révision :	
N à N+2 : 3 000 × 3 =	9 000
Quote-part non déductible : 1 500 × 3 =	(4 500)
Dépense de gros entretien/grande révision	9 600
Amortissement composant gros entretien/grande révision :	
N+3 à N+5 : 3 200 × 3 =	9 600
Quote-part non déductible : 1 700 × 3 =	(5 100)
Total :	81 600

2e hypothèse : l'entreprise choisit la méthode de provision pour gros entretien/grande révision.

À la date d'acquisition du matériel

À la date d'entrée de l'immobilisation, celle-ci n'est pas décomposée. La provision pour gros entretien ou grandes révisions est évaluée sur la base du coût estimé de la future grosse réparation (9 300). Elle est constituée sur trois exercices de N à N+2.

	1/01/N		
215	Installations techniques, matériels et outillages industriels	72 000	
44562	TVA sur immobilisations	14 400	
512	Banque		86 400

Au 31/12/N

Le matériel est amorti sur 6 ans selon le mode linéaire et une provision pour gros entretien/grande révision est constituée (9 300/3 = 3 100).

	31/12/N		
6811	Dotations aux amortissements sur immobilisations	12 000	
6815	Dotations aux provisions d'exploitation	3 100	
2815	Amortissement structure – Installations…		12 000
1572	Provisions pour gros entretien ou grandes révisions		3 100

La provision pour gros entretien ou grandes révisions est déductible au plan fiscal.

Au 1/01/N+3 lors de la réalisation des travaux de grande révision

Lors de la réalisation des travaux, ceux-ci sont comptabilisés en charges (9 600) et la provision (9 300) est reprise en résultat de l'exercice. Aucune nouvelle provision n'est à constituer, l'immobilisation étant hors d'usage au bout de 6 ans.

	1/01/N+3		
615	Entretien et réparations	9 600,00	
44566	TVA sur autres biens et services	1 920,00	
512	Banque		11 520,00
	1/01/N+3		
1572	Provisions pour gros entretien ou grandes révisions	9 300,00	
7815	Reprises sur provisions d'exploitation		9 300,00

La reprise de provision est imposable au plan fiscal.

Application 2. Acquisition d'une immobilisation corporelle décomposable – renouvellement du composant, p. 162

1. Déterminez la période d'incorporation des coûts au coût d'acquisition de la machine.

La période d'incorporation des coûts démarre à compter de la décision de la direction d'acquérir l'immobilisation en ayant démontré qu'elle générera des avantages économiques futurs. Les coûts cessent d'être activés lorsque l'immobilisation est en place et est en état de fonctionner selon l'utilisation prévue par la direction (PCG – articles 213-10 et 213-12).
En conséquence, la période d'incorporation des coûts au coût d'acquisition de la machine s'étend du 5/03/N au 30/04/N.

2. Les coûts d'emprunt sont-ils incorporables au coût d'acquisition de la machine ?

Les coûts d'emprunt sont incorporables pour financer l'acquisition ou la production d'un actif éligible. Un actif éligible est un actif qui exige une longue période de préparation ou de construction avant de pouvoir être utilisé ou vendu (PCG – article 213-9).
S'agissant du cas particulier traité ici, la période de préparation de l'actif est inférieure à deux mois. Il ne s'agit pas d'un actif éligible.
Les frais financiers relatifs à l'emprunt contracté ne sont donc pas incorporables au coût d'acquisition de la machine.
Rappelons qu'en cas d'incorporation la méthode comptable retenue doit être applicable à l'ensemble des actifs concernés.

3. Déterminez le coût d'acquisition de la machine.

Les coûts encourus avant ou après la période de production ne sont pas incorporables au coût d'acquisition. Ainsi, l'étude de rentabilité menée par l'expert-comptable, la perte opérationnelle initiale et les coûts de redéploiement de la machine doivent être constatés en charges. Le coût d'acquisition est déterminé comme suit.

Prix d'achat net de rabais, remises, ristournes et escomptes :

prix d'achat :	200 000
remise : 200 000 × 2 % =	(4 000)
escompte : (200 000 – 4 000) × 1 % =	(1 960)
	194 040

Coûts directement attribuables à l'acquisition :	
frais de transport :	5 000
prime d'assurance :	1 060
frais de montage et installation :	8 000
tests de fonctionnement :	21 060
Coût d'acquisition total :	**229 160**

Remarques :

– les frais de formation du personnel ne sont pas incorporables car ils se rapportent à la production à venir ;

– les honoraires du consultant sont activés car il ne s'agit pas de frais d'acquisition d'immobilisations. L'entreprise a retenu comme méthode comptable la comptabilisation en charges des frais d'acquisition d'immobilisations, mais les honoraires concernés sont uniquement ceux directement liés à la transaction (exemple : honoraires d'agence).

4. Lors de la comptabilisation initiale, le moteur de la machine a fait l'objet d'une comptabilisation séparée pour un montant de 44 000 € HT, sa durée d'utilisation étant estimée à 5 ans. De fait, le 1/11/N+4, le moteur est hors d'usage. Il fait l'objet d'un remplacement pour une valeur de 48 000 € HT. Précisez les enregistrements comptables liés au remplacement du moteur.

Le moteur a été identifié comme un composant lors de l'acquisition de la machine. À ce titre, il a été comptabilisé séparément et a fait l'objet d'un amortissement séparé sur sa durée d'utilisation.

Lors de son renouvellement, il convient de sortir le composant remplacé et d'immobiliser le nouveau composant.

Déterminons la VNC du composant à la date de son remplacement :

– valeur d'origine : 44 000 ;

– amortissements cumulés au 31/12/N+3 :

(44 000 × 20 % × 8/12) + (44 000 × 20 % × 3) = 32 266,67 ;

– quote-part d'amortissement N+4 : 44 000 × 20 % × 10/12 = 7 333,33 ;

– soit amortissements cumulés à la date du remplacement :

32 266,67 + 7 333,33 = 39 600 ;

– VNC du composant à la date du remplacement : 44 000 – 39 600 = 4 400.

	1/11/N+4		
681	Dotations aux amortissements, ... – Charges d'exploitation	7 333,33	
28154.1	Amortissements du matériel industriel – Composant		7 333,33
	1/11/N+4		
28154	Amortissement du matériel industriel	39 600,00	
675	Valeurs comptables des éléments d'actif cédés	4 400,00	
2154.1	Matériel industriel – Composant		44 000,00
	1/11/N+4		
2154.1	Matériel industriel – Composant	48 000,00	
44562	TVA sur immobilisations	9 600,00	
404	Fournisseurs d'immobilisations		57 600,00

5. On suppose que le moteur hors d'usage n'avait pas fait l'objet d'une comptabilisation séparée lors de l'acquisition. Comment doit être enregistré son remplacement dans les deux hypothèses suivantes :

a. L'entreprise est en deçà des seuils de la petite entreprise.
b. L'entreprise est au-delà des seuils de la petite entreprise.
La reconstitution de la valeur du composant est effectuée à partir de sa valeur de renouvellement, corrigée d'un taux d'inflation annuel de 2 % (fraction d'année supérieure ou égale à 6 mois comptée pour une année entière).

Hypothèse 1 : l'entreprise est en deçà des seuils de la petite entreprise.

Il est admis (instruction fiscale du 30/12/05) que la valeur brute de l'élément remplacé soit égale au coût de remplacement.

Soit valeur brute du moteur remplacé : 48 000.

Amortissements cumulés à la date du remplacement :

48 000 × 20 % × 4,5 = 43 200.

VNC du moteur à la date du remplacement :

48 000 – 43 200 = 4 800.

	1/11/N+4		
28154	Amortissement du matériel industriel	43 200,00	
675	Valeurs comptables des éléments d'actif cédés	4 800,00	
2154	Matériel industriel		48 000,00
	1/11/N+4		
2154.1	Matériel industriel – Composant	48 000,00	
44562	TVA sur immobilisations	9 600,00	
404	Fournisseurs d'immobilisations		57 600,00

Hypothèse 2 : l'entreprise est au-delà des seuils de la petite entreprise.
L'entreprise doit reconstituer :
– la valeur brute de l'élément remplacé à la date du remplacement, selon une méthode rationnelle et cohérente, lorsque le prix d'origine de l'élément remplacé ne peut être déterminé avec précision. Il est ainsi possible de reconstituer la valeur du composant :

- soit en déterminant la valeur de chaque élément par rapport au coût total de l'immobilisation en fonction du coût actuel à neuf des différents éléments ayant les mêmes caractéristiques techniques ;
- soit à partir de la ventilation opérée pour des immobilisations semblables en tenant compte des différences techniques et de l'évolution des prix.

– les amortissements pratiqués sur cet élément à partir de sa valeur brute reconstituée et en fonction de la durée d'amortissement de l'immobilisation.
Ici, la valeur brute est reconstituée à partir de la valeur actuelle du moteur, corrigée de l'effet de l'inflation.
Valeur brute reconstituée du moteur = $48\ 000 \times 1{,}02^{-5} = 43\ 475$.

Amortissements cumulés à la date du remplacement :
$43\ 475 \times 20\ \% \times 4{,}5 = 39\ 127{,}50$.
VNC du moteur à la date du remplacement : $43\ 475 - 39\ 127{,}50 = 4\ 347{,}50$.

	1/11/N+4		
28154	Amortissement du matériel industriel	39 127,50	
675	Valeurs comptables des éléments d'actif cédés	4 347,50	
2154	Matériel industriel		43 475,00
	1/11/N+4		
2154.1	Matériel industriel – Composant	48 000,00	
44562	TVA sur immobilisations	9 600,00	
404	Fournisseurs d'immobilisations		57 600,00

Application 3. QCM – L'évaluation initiale des immobilisations corporelles, p. 163

Retrouvez la ou les réponses exactes.

1. Les biens de peu de valeur (inférieure ou égale à 500 € HT) doivent être constatés immédiatement en charges :
☑ Faux

2. Parmi les éléments suivants, lesquels sont obligatoirement à prendre en compte dans le coût d'acquisition d'une immobilisation corporelle ?

☑ Les escomptes de règlement
☑ Les frais de transport
☑ Les coûts de démantèlement
☑ Les frais d'installation
☑ Les ristournes obtenues
☑ La TVA non récupérable

3. Les frais d'acquisition d'immobilisations sont :

☑ soit constatés en charges, soit activés dans le coût d'acquisition de l'immobilisation en fonction de la méthode comptable retenue.

4. La contrepartie des coûts de démantèlement enregistrés à l'actif est :

☑ une provision.

5. La méthode des composants est d'application :

☑ obligatoire.

6. Les dépenses de gros entretien/grandes révisions :

☑ peuvent être des composants au plan comptable.
☑ ne sont jamais des composants au plan fiscal.

7. La valeur brute d'une immobilisation décomposée peut être modifiée suite au remplacement d'un composant :

☑ Vrai

8. Lors du renouvellement d'un composant, le composant remplacé est :

☑ sorti de l'actif pour sa VNC.

9. Selon le PCG, les subventions d'investissement peuvent être déduites du coût de revient de l'actif financé :

☑ Faux

10. L'application de la méthode des composants implique le respect du principe comptable :

☑ d'importance relative.

Application 4. Plan d'amortissement, p. 164

1. Quels sont les paramètres du plan d'amortissement comptable (base, durée, mode, date de départ de l'amortissement) ?

a. La base comptable de l'amortissement est égale à 70 000 €. En effet, la base amortissable est égale à la valeur brute (100 000 €) moins la valeur résiduelle (32 000 – 2 000). La valeur résiduelle est le montant net des coûts de sortie attendus, que l'entreprise obtiendrait de la cession de l'actif sur le marché à la fin de son utilisation (PCG – article 214-4).
b. La durée d'amortissement correspond à la durée réelle d'utilisation de l'actif, soit 4 ans.
c. Le mode d'amortissement est le mode de consommation des avantages économiques futurs, ici variable.
d. La date de départ correspond à la date de début de consommation des avantages économiques futurs, soit début N.

2. Comparez avec les paramètres à retenir au plan fiscal.

a. La base fiscale de l'amortissement correspond au prix de revient du bien, soit 100 000 €. Il n'est pas tenu compte de la valeur résiduelle.
b. La durée d'amortissement correspond à la durée d'usage de l'actif, soit 10 ans.
c. Le mode d'amortissement est le mode dégressif. L'amortissement variable ne peut être retenu en fiscalité, car la consommation des avantages économiques n'est pas connue de manière fiable dès l'origine et est susceptible de varier.
d. La date de départ correspond au 1er jour du mois d'acquisition, soit début janvier N.

3. Déterminez le plan d'amortissement comptable et fiscal du matériel de N à N+3.

	Dotation aux amortissements comptable	Dotation aux amortissements fiscale	Écart
N	24 500	22 500	2 000
N+1	31 500	17 437,50	14 062,50
N+2	7 000	13 514,06	(6 514,06)
N+3	7 000	10 473,40	(3 473,40)
Cumul	70 000	63 924,96	6 075,04

Détail des calculs :

– *amortissement comptable :*
N : 70 000 × 35 % = 24 500
N+1 : 70 000 × 45 % = 31 500
N+2 et N+3 : 70 000 × 10 % = 7 000

– *amortissement fiscal :*
N : 100 000 × 10 % × 2,25 = 22 500
N+1 : (100 000 – 22 500) × 10 % × 2,25 = 17 437,50
N+2 : (100 000 – 22 500 – 17 437,50) × 10 % × 2,25 = 13 514,06
N+2 : (100 000 – 22 500 – 17 437,50 – 13 514,06) × 10 % × 2,25 = 10 473,40

4. Enregistrez les annuités d'amortissement correspondantes et précisez les conséquences fiscales de ces écritures.

	31/12/N		
6811	Dotations aux amortissements sur immobilisations	24 500	
2815	Amortissement – Installations techniques, ...		24 500

L'amortissement fiscalement déductible ressort à 22 500. Une réintégration extra-comptable de 2 000 doit être effectuée.

	31/12/N+1		
6811	Dotations aux amortissements sur immobilisations	31 500	
2815	Amortissement – Installations techniques, ...		31 500

L'amortissement fiscalement déductible ressort à 17 437,50. Une réintégration extra-comptable de 14 062,50 doit être effectuée.

	31/12/N+2		
6811	Dotations aux amortissements sur immobilisations	7 000	
2815	Amortissement – Installations techniques, ...		7 000

L'amortissement fiscalement déductible ressort à 13 514,06. Une déduction extra-comptable de 6 514,06 doit être effectuée.

	31/12/N+3		
6811	Dotations aux amortissements sur immobilisations	7 000	
2815	Amortissement – Installations techniques, ...		7 000

L'amortissement fiscalement déductible ressort à 10 473,40. Une déduction extra-comptable de 3 473,40 doit être effectuée.

5. Déterminez le résultat de cession comptable si le matériel est effectivement cédé aux conditions initialement prévues. Déduisez-en la caractéristique des règles comptables en matière d'amortissement.

Si le matériel est cédé aux conditions prévues lors de l'achat, on aura :
VNC du matériel à la date de cession =
valeur d'origine – amortissements cumulés = 100 000 – 70 000 = 30 000.
Prix de cession des éléments d'actif cédés : 32 000.
Résultat de cession (en exceptionnel) : 32 000 – 30 000 = + 2 000.
Parallèlement, une charge de 2 000 est enregistrée en charges externes consécutivement aux coûts de sortie supportés.
Le résultat global de l'opération est nul. Les règles d'amortissement ont bien permis de répartir le coût réel de l'actif sur sa durée d'utilisation. Aucun résultat de cession n'est dégagé lors de la sortie de l'actif. C'est une approche économique issue des règles internationales (norme IAS 16 relative aux immobilisations corporelles).

Remarque

En règles comptables françaises, on dégage une charge d'exploitation de 2 000 liée aux coûts de sortie et un produit exceptionnel de 2 000 lié à la sortie de l'actif, ce qui crée un déséquilibre au niveau des résultats intermédiaires (perte d'exploitation et produit exceptionnel). La notion de résultat exceptionnel n'existant pas dans les règles internationales, l'opération dégage un résultat opérationnel nul.

Application 5. Plan d'amortissement – Mesures simplificatrices petites entreprises, p. 165

1. Rappelez les mesures simplificatrices en matière d'amortissement applicables aux petites entreprises (champ d'application et modalités).

Par mesure de simplification, le PCG autorise les petites entreprises à retenir, dans les comptes individuels, la durée d'usage pour déterminer le plan d'amortissement des immobilisations (PCG – article 214-13).

La note de présentation du règlement ANC 2015-06 précise que la durée d'usage définie à l'article 214-13 est la durée fiscale définie à l'article 39-1-2 du code général des impôts.
Les petites entreprises, définies à l'article 123-16 du code de commerce, sont celles qui ne dépassent pas, à la clôture de l'exercice, deux des trois critères suivants :
– un total du bilan inférieur ou égal à 4 000 000 € ;
– un chiffre d'affaires inférieur ou égal à 8 000 000 € ;
– un nombre moyen de salariés permanents employés au cours de l'exercice inférieur ou égal à 50.
Cette option comptable, si elle est retenue, doit être mentionnée dans l'annexe.

2. Quels sont les enregistrements comptables possibles relatifs à la dotation aux amortissements de l'année N dans chacune des deux hypothèses présentées ?

Hypothèse 1 : l'entreprise est en deçà des seuils de la petite entreprise.

Deux solutions sont envisageables pour calculer le montant de la dotation aux amortissements : soit l'entreprise retient la durée comptable (durée d'utilisation : 12 ans), soit elle retient la durée fiscale (durée d'usage : 8 ans). En effet, la dérogation prévue pour les petites entreprises n'est pas d'application obligatoire, il ne s'agit que d'une option comptable.
Si l'entreprise utilise la dérogation petites entreprises (méthode utilisée dans la pratique), l'amortissement fiscal est considéré comme économiquement justifié et l'enregistrement comptable suivant est effectué :

	31/12/N		
6811	Dotations aux amortissements sur immobilisations	5 000	
28154	Amortissement du matériel industriel		5 000
	(80 000 x 1/8 x 1/2)		

Hypothèse 2 : l'entreprise est au-delà des seuils de la petite entreprise.

L'entreprise doit retenir la durée d'utilisation (12 ans) car elle ne remplit pas les conditions de seuils nécessaires pour bénéficier de la dérogation prévue pour les petites entreprises. La dotation aux amortissements comptable est de :
80 000 × 1/12 × 1/2 ≅ 3 333.

Fiscalement, la dotation déductible est égale à 5 000 € (80 000 × 12,5 % × 1/2), par conséquent une écriture d'amortissement dérogatoire de 1 667 € est à comptabiliser si la société souhaite bénéficier des déductions fiscales maximales.

L'écriture d'amortissement dérogatoire n'est toutefois pas obligatoire car il est admis que les entreprises qui retiendraient une durée réelle d'amortissement plus longue que la durée d'usage applicable ne soient pas pénalisées par l'application des dispositions de l'article 39 B, sauf cas manifestement abusif. L'amortissement fiscalement différé peut dans ce cas être déduit au fur et à mesure de l'amortissement comptable.

	31/12/N		
6811	Dotations aux amortissements sur immobilisations	3 333	
6871	Dotations aux amortissements exceptionnels des immobilisations	1 667	
28154	Amortissement du matériel industriel		3 333
145	Amortissements dérogatoires		1 667

Application 6. Révision du plan d'amortissement, p. 165

1. Rappelez les conditions de révision d'un plan d'amortissement et le traitement comptable applicable.

Une modification significative de l'utilisation d'un actif (durée ou rythme de consommation des avantages économiques attendus de l'actif, changements techniques ou évolutions du marché) entraîne une révision prospective du plan d'amortissement (PCG – article 214-14).

L'utilisation et, en conséquence, le taux d'amortissement sont ajustés pour l'exercice en cours et les exercices postérieurs en application des dispositions du PCG relatives au changement d'estimation (PCG – article 122-3). Les changements d'estimation ont un impact uniquement prospectif. Les amortissements comptabilisés antérieurement au changement d'estimation ne sont pas remis en cause.

2. Présentez le plan d'amortissement du matériel.

Tableau d'amortissement (en €)

Année	Plan initial			Révision	
	Annuité	Amortissement cumulé	VNC	Annuité révisée	Cumul amortissements révisés
1	1 500	1 500	10 500	–	1 500
2	1 500	3 000	9 000	–	3 000
3	1 500	4 500	7 500	–	4 500
4	1 500	6 000	6 000	3 750	8 250
5	1 500	7 500	4 500	3 750	12 000
6	1 500	9 000	3 000	–	–
7	1 500	10 500	1 500		
8	1 500	12 000	0		

Le plan d'amortissement doit être révisé à compter de l'année 4.
La VNC à la fin de l'année 3 (7 500) doit être répartie sur la durée résiduelle d'utilisation de l'actif (5 ans – 3 ans = 2 ans), soit une annuité d'amortissement de 3 750 en années 4 et 5 au lieu de 1 500 en années 4 à 8.

Application 7. QCM – L'amortissement des immobilisations corporelles, p. 166

Retrouvez la ou les réponses exactes.

1. Tous les actifs sont amortissables :

☑ Faux

2. Un matériel a une durée d'utilisation de 8 ans. Compte tenu de l'obsolescence technique, il devra être renouvelé au bout de 5 ans. Quelle est sa durée d'amortissement comptable ?

☑ 5 ans

3. La révision du plan d'amortissement est :

☑ obligatoire en cas de modification significative d'utilisation de l'actif.

4. La valeur résiduelle d'un actif doit être prise en compte dans le plan d'amortissement :

☑ uniquement si elle est significative et mesurable.
☑ jamais fiscalement.

5. En comptabilité, la durée d'amortissement correspond :

☑ à la durée réelle d'utilisation.

6. En comptabilité, le mode d'amortissement peut être :

☑ linéaire.
☑ croissant.
☑ décroissant.
☑ variable.

7. En comptabilité, l'amortissement d'un actif commence :

☑ à la date de début de consommation des avantages économiques qui lui sont rattachés.

8. Les composants sont amortis :

☑ sur la durée séparant deux remplacements.

9. Pour les petites entreprises, les immobilisations peuvent être amorties comptablement sur leur durée d'usage :

☑ Vrai

10. Pour les petites entreprises, les immobilisations peuvent être amorties comptablement selon le mode dégressif :

☑ Faux

Application 8. Détermination d'une dépréciation, p. 167

1. Calculez les dépréciations éventuelles selon les cas.

La dépréciation d'un actif est égale à l'excédent de sa valeur nette comptable sur sa valeur actuelle. La valeur actuelle est la valeur la plus élevée de la valeur vénale ou de la valeur d'usage. Elle est donc déterminable à partir des éléments d'information de l'énoncé.

Déterminons la VNC de l'actif au 31/12/N+1 :
– amortissements cumulés au 31/12/N+1 = 10 000 × 12,5 % × 2 = 2 500 ;
– VNC au 31/12/N+1 = 10 000 – 2 500 = 7 500.
La société souhaitant bénéficier des déductions fiscales maximales, elle a pratiqué un amortissement dérogatoire sur l'immobilisation en sus de l'amortissement économique. Toutefois, les amortissements dérogatoires étant purement fiscaux, ils n'entrent pas en considération dans le calcul de la dépréciation comptable de l'actif.

La détermination des dépréciations comptables dans les différentes hypothèses est la suivante :

Cas	VNC	Valeur vénale	Valeur d'usage	Valeur actuelle	Dépréciation VNC – VA
1	7 500	7 800	–	7 800	Néant
2	7 500	7 200	7 300	7 300	200
3	7 500	7 400	7 200	7 400	100
4	7 500	7 300	7 600	7 600	Néant

2. Précisez l'impact de ces dépréciations sur l'annuité d'amortissement N+2.

Cas n° 2 :
Nouvelle base amortissable N+2 = VNC avant dépréciation – dépréciation
= 7 500 – 200 = 7 300.
Durée d'amortissement résiduelle = 8 – 2 = 6 ans.
Annuité d'amortissement N+2 = 7 300/6 = 1 216,67.

Cas n° 3 :
Nouvelle base amortissable N+2 = VNC avant dépréciation – dépréciation
= 7 500 – 100 = 7 400.
Durée d'amortissement résiduelle = 8 – 2 = 6 ans.
Annuité d'amortissement N+2 = 7 400/6 = 1 233,33.

Application 9. Détermination et suivi d'une dépréciation, p. 167

1. Présentez le plan d'amortissement de la machine de N à N+3 inclus.

Année	Base	Dotation aux amortissements	VNC avant dépréciation	Valeur actuelle	Dépréciation (reprise)	VNC après dépréciation	VNC initiale
N	120 000	9 000	111 000	–	–	111 000	111 000
N+1	120 000	12 000	99 000	–	–	99 000	99 000
N+2	120 000	12 000	87 000	80 000	7 000	80 000	87 000
N+3	80 000	11 034	68 966	77 000	(6 034)	75 000	75 000

Dotation aux amortissements de N : 120 000 × 10 % × 9/12 = 9 000.
Dotation aux amortissements de N+1 et N+2 : 120 000 × 10 % = 12 000.
Dotation aux amortissements de N+3 :
– nouvelle base amortissable : 87 000 – 7 000 = 80 000 ;
– durée d'utilisation résiduelle : 10 – 2,75 = 7,25 ;
– annuité : 80 000/7,25 = 11 034 ;
– reprise de dépréciation : ne peut aboutir à une VNC après reprise supérieure à la VNC initiale, soit 75 000. Elle est donc plafonnée à : 75 000 – 68 966 = 6 034.

2. Enregistrez les écritures relatives aux dépréciations au 31/12/N+2 et au 31/12/N+3, sachant qu'elles ne sont pas considérées comme relatives à l'exploitation.

	31/12/N+2		
6876	Dotations aux dépréciations exceptionnelles	7 000	
29154	Dépréciation du matériel industriel		7 000
	31/12/N+3		
29154	Dépréciation du matériel industriel	6 034	
7876	Reprises sur dépréciations exceptionnelles		6 034

3. Déterminez l'annuité d'amortissement de la machine relative à N+4.

Nouvelle base amortissable N+4 = VNC avant reprise de dépréciation + reprise de dépréciation = 68 966 + 6 034 = 75 000.
Durée d'amortissement résiduelle = 10 – 3,75 = 6,25 ans.
Annuité d'amortissement N+4 = 75 000/6,25 = 12 000.
On retrouve le plan d'amortissement initial.

Application 10. QCM – La dépréciation des immobilisations corporelles, p. 167

Retrouvez la ou les réponses exactes.

1. La dépréciation d'un actif est déterminée comme suit :

☑ VNC – valeur actuelle

2. La mesure de la dépréciation d'un actif est réalisée :

☑ en cas d'indice de perte de valeur.

3. L'obtention de performances inférieures aux prévisions peut conduire à la dépréciation d'un actif :

☑ Vrai

4. La dépréciation d'un actif n'est constatée que si elle est significative :

☑ Vrai

5. La dépréciation d'un actif :

☑ a un impact sur le plan d'amortissement futur.

☑ n'entraîne pas la révision rétrospective des amortissements antérieurement pratiqués.

6. La dépréciation d'un actif :

☑ peut faire l'objet d'une reprise ultérieure plafonnée.

7. La dépréciation d'un actif :

☑ est déductible fiscalement dans certains cas.

8. La dépréciation comptable d'une immobilisation :

☑ peut être déductible ou non déductible, selon le cas.

9. La valeur vénale d'un actif est déterminée :

☑ après coûts de sortie.

10. La valeur d'usage d'un actif est déterminée :

☑ en fonction des flux de trésorerie attendus.

Entraînement à l'examen

Évaluation initiale et ultérieure d'une immobilisation corporelle, p. 169

1. Effectuez l'enregistrement comptable lié à l'acquisition de l'usine au 1/01/N.

1/01/N

213.1	Construction – Structure	7 000 000	
213.2	Construction – Toiture	1 000 000	
213.3	Construction – Agencements	2 000 000	
213.4	Construction – Coûts de démantèlement	800 000	
44562	TVA sur immobilisations	1 900 000	
404	Fournisseurs d'immobilisations		11 382 000
512	Banque		518 000
1581	Provision pour remises en état		800 000

2. Selon quelle autre méthode comptable auraient pu être comptabilisés les frais d'acquisition ? Quel en aurait été l'intérêt pour la société VIC ?

Les frais d'acquisition de l'usine auraient pu être comptabilisés en charges au lieu d'être activés. Cela aurait permis la déduction immédiate de ces frais, au lieu que celle-ci soit étalée par le biais d'une dotation aux amortissements.

3. Présentez l'écriture d'inventaire au 31/12/N concernant l'usine.

Les dotations aux amortissements de chaque composant sont les suivantes :
- Structure : 7 000 000 × 1/20 = 350 000
- Toiture : 1 000 000 × 1/10 = 100 000
- Agencements : 2 000 000 × 1/5 = 400 000
- Coûts de démantèlement : 800 000 × 1/20 = 40 000

31/12/N

6811	Dotation aux amortissements sur immobilisations	890 000	
2813.1	Amortissements constructions – Structure		350 000
2813.2	Amortissements constructions – Toiture		100 000
2813.3	Amortissements constructions – Agencements		400 000
2813.4	Amortissements constructions – Coûts de démantèlement		40 000

Chapitre 6

Les immobilisations incorporelles

Application 1. Identification d'une immobilisation incorporelle, p. 190

- **Complétez le tableau suivant en mettant une croix dans la colonne adéquate afin d'identifier parmi les éléments ci-dessous ceux qui peuvent constituer des immobilisations incorporelles au sens du PCG.**

« Une immobilisation incorporelle est un actif non monétaire sans substance physique » (PCG – article 211-5).

Une immobilisation incorporelle doit donc remplir les trois conditions cumulatives répondant à la définition d'un actif :
– caractère identifiable ;
– élément contrôlé du fait d'événements passés ;
– probabilité d'obtention d'avantages économiques futurs.

Le caractère identifiable d'une immobilisation incorporelle est démontré lorsque l'une des deux conditions suivantes est remplie (PCG – article 211-5) :
– l'immobilisation est séparable des activités de l'entité, c'est-à-dire susceptible d'être vendue, transférée, louée ou échangée de manière isolée ou avec un contrat, un autre actif ou un passif ;
– l'immobilisation résulte d'un droit légal ou contractuel, même si ce droit n'est pas transférable ou séparable de l'entité ou des autres droits et obligations.

La comptabilisation d'une immobilisation incorporelle nécessite que deux conditions cumulatives soient réunies (PCG – article 212-1) :
– l'entreprise doit bénéficier des avantages économiques futurs ;
– et l'entreprise doit pouvoir évaluer le coût avec une fiabilité suffisante.

Élément	Immobilisation incorporelle selon les règles du PCG	
	Oui	Non
Brevet acquis	X	
Brevet créé	X (3)	
Marque acquise	X	
Marque créée		X (1)
Frais d'augmentation de capital	X (4)	
Fonds de commerce acquis	X	
Fonds de commerce créé		X (1)
Frais de recherche		X (2)
Coûts de développement	X (3)	
Logiciel acquis	X	
Fichier clients acquis	X	
Fichier clients créé		X (1)
Droit au bail	X	
Frais de transformation de société	X (4)	

(1) Ces dépenses ne sont pas activables car leur coût ne peut être évalué de manière fiable : elles ne peuvent pas être distinguées du coût de développement de l'activité dans son ensemble (PCG article 212-3-3).
(2) Ces dépenses ne satisfont pas au critère de probabilité d'obtention d'avantages économiques futurs car elles se situent trop en amont de la production ou de la commercialisation.
(3) Ces dépenses sont activables en immobilisation incorporelle à compter de la date à laquelle les six conditions d'activation sont réunies.
(4) Ces dépenses peuvent être comptabilisées en immobilisations incorporelles en application des textes de niveau supérieur (Code de commerce), bien qu'elles ne correspondent pas aux critères de définition d'un actif.

Application 2. Marques – Coûts de développement – Frais de transformation/Frais d'augmentation de capital, p. 190

1. Quelles sont les conséquences comptables de l'arrêt prévisible de l'utilisation de la marque Dev+?

La marque Dev+ était utilisée depuis l'exercice N-9 et à ce titre n'était pas amortissable, car sa durée d'utilisation était jusqu'alors indéfinie (pas de limite prévisible à l'obtention d'avantages économiques futurs).
À compter du 1/10/N, la durée d'utilisation de cette immobilisation incorporelle est finie, l'échéance étant fixée au 31/12/N+2. La marque doit donc faire l'objet d'un amortissement sur sa durée résiduelle d'exploitation,

ici 27 mois. Il s'agit d'un changement d'estimation comptable, qui a un impact prospectif sur le compte de résultat.
Dotation aux amortissements = 15 000 × 3/27 = 1 667.

	31/12/N		
68111	Dotations aux amortissements sur immobilisations incroporelles	1 667	
2805	Amortissement des immobilisations incorporelles Concessions, marques, …		1 667

2. La marque Filia peut-elle être immobilisée ? Pour quel coût ?

La marque Filia a été développée en interne. Elle n'est pas activable car son coût ne peut être évalué de manière fiable. Les dépenses afférentes ne peuvent pas être distinguées du coût de développement de l'activité dans son ensemble (PCG – article 212-3-3). Il en est de même pour les dépenses inhérentes à ces dépenses internes, comme ici les frais de dépôt de la marque.
Les 9 000 € engagés doivent être maintenus en charges.

3. Quelle est la problématique concernant la marque Demis ? Déduisez-en l'ajustement comptable nécessaire.

La marque Demis figure en immobilisation incorporelle au bilan de la société Demis dans la mesure où elle a été acquise. Cet actif n'est pas amortissable car sa durée d'utilisation est indéterminée (marque entretenue).
Au 31/12/N, la valeur actuelle de la marque est toutefois supérieure à sa valeur comptable. Elle doit faire l'objet d'une dépréciation de :
12 500 – 9 000 = 3 500 €.

	31/12/N		
68161	Dotations pour dépréciations des immobilisations incroporelles – Marques, procédés, droits et valeurs similaires	3 500	
2905	Dépréciations des concessions, marques, …		3 500

4. Indiquez le traitement comptable applicable à chaque projet de recherche et développement.

Projet KA : l'entreprise n'est pas en mesure de qualifier ce projet.
Le PCG (article 212-3-4) précise que si une entité ne peut distinguer la phase de recherche de la phase de développement d'un projet en interne visant à créer une immobilisation incorporelle, elle traite les dépenses au titre de ce projet comme si elles étaient encourues uniquement lors de la phase de recherche.

Les dépenses de recherche devant être comptabilisées en charges, les 5 600 € engagés au titre de ce projet doivent être maintenus en charges.
Projet LM : projet de développement d'un nouvel outil engagé en N-1. Les dépenses activées au 31/12/N-1 ressortent à 3 000 €.

Les dépenses activables au titre de N sur le projet sont les suivantes (en €) :

Salaires et charges sociales :	8 000
Frais directs de production :	4 500
Dotation aux amortissements :	1 000(*)
Total :	**13 500**

(*) Les amortissements dérogatoires ne sont pas économiquement justifiés. Ils ne sont pas incorporables dans le coût de production.
La quote-part de frais généraux (fonctions supports) et les frais de formation des utilisateurs sont exclus du coût de production, car ils ne sont pas directement liés à la préparation de l'actif en vue de son utilisation.
L'amortissement comptable du projet débute au 1/09/N. L'amortissement est linéaire sur 5 ans.
Dotation aux amortissements comptable : 16 500 × 20 % × 4/12 = 1 100.
Depuis décembre 2014, il n'y a plus de divergence entre amortissement comptable et amortissement fiscal.
Projet PW : le projet est abandonné au début N.

En cas d'échec d'un projet, les frais correspondants sont immédiatement amortis par le débit du compte 687. Dotations aux amortissements, dépréciations et provisions – Charges exceptionnelles (PCG – article 942-20). En effet, ne peuvent être maintenus à l'actif des projets pour lesquels la probabilité d'obtention d'avantages économiques futurs n'existe plus.

Les frais de développement ont été amortis économiquement en N – 1 de : 15 000 × 20 % × 10/12 = 2 500.
Un amortissement exceptionnel de 12 500 (15 000 – 2 500) doit être constaté, avant de sortir les frais de l'actif (mise au rebut).

5. Effectuez les enregistrements comptables nécessaires au 31/12/N, sachant que les dépenses engagées durant l'exercice ont été comptabilisées dans les comptes de charges par nature.

Projet KA : aucune écriture.

Projet LM :

	31/12/N		
203	Frais de recherche et de développement	13 500	
721	Production immobilisée – Immobilisations incorporelles		13 500
	31/12/N		
68111	Dotations aux amortissements sur immobilisation incorporelles	1 100	
2803	Amortissements des frais de recherche et de développement		1 100

Projet PW : projet abandonné début N.

	31/12/N		
6871	Dotations aux amortissements exceptionnels des immobilisations	12 500	
2803	Amortissement des frais de recherche et de développement		12 500
	31/12/N		
2803	Amortissement des frais de recherche et développement	15 000	
203	Frais de recherche et de développement		15 000

6. Précisez le (ou les) traitement(s) comptable(s) possible(s) des frais liés à la transformation juridique de la société Devos.

« Les frais de constitution, de transformation et de premier établissement peuvent être inscrits à l'actif comme frais d'établissement. Leur inscription en compte de résultat constitue néanmoins la méthode préférentielle […] » (PCG – article 212-9).

La méthode de comptabilisation retenue doit faire l'objet d'une information dans l'annexe.

Les frais de constitution de la société ayant été constatés en charges, la méthode comptable appliquée aux frais de transformation doit être identique. De plus, la société ne peut pas changer de méthode comptable car l'inscription en charges constitue la méthode préférentielle. Il n'est donc pas possible de rev nir en arrière.

7. Précisez le (ou les) traitement(s) comptable(s) possible(s) des frais d'augmentation de capital de la société Devos, sachant que c'est la première fois que l'entité recourt à ce type d'opération.

« Les frais d'augmentation de capital, de fusion et de scission peuvent être inscrits à l'actif en frais d'établissement. Leur imputation sur la prime d'émission et de fusion constitue néanmoins la méthode préférentielle ; en

cas d'insuffisance, ces frais restants sont comptabilisés en charges […] » (PCG – article 212-9).
Trois traitements comptables sont donc possibles pour la société Devos, dans la mesure où c'est la première fois que l'entité recourt à ce type d'opération :
– leur comptabilisation en charges ;
– leur comptabilisation en frais d'établissement ;
– leur imputation sur la prime d'émission (méthode préférentielle).
La méthode choisie devra faire l'objet d'une information dans l'annexe.

Application 3. Immobilisation incorporelle générée en interne – Évaluation initiale – Amortissement – Dépréciation, p. 191

1. Quel est le coût du brevet à immobiliser, sachant que les conditions d'activation ont été satisfaites le 15/09/N ?

Le brevet est une immobilisation incorporelle générée en interne. Son coût est égal à son coût de production. Deux phases doivent être distinguées dans le projet :
– la phase de recherche, au cours de laquelle les dépenses doivent être constatées en charges ;
– la phase de développement, au cours de laquelle les dépenses doivent être activées à compter de la date de réalisation des conditions d'activation, puisque la société Andrea a choisi la méthode comptable d'activation de ses frais de développement
Le coût de production tient compte de toutes les dépenses directement attribuables à la préparation du brevet, à savoir :
– les frais de développement engagés postérieurement au 15/09/N (date de départ de l'incorporation des coûts = date à laquelle les conditions d'activation sont réunies) ;
– les frais liés à l'obtention de l'agrément de commercialisation ;
– les frais de dépôt du brevet.
Ainsi, le coût du brevet est de : 140 000 + 16 000 + 4 000 = 160 000 €.
Les 30 000 € de dépenses engagées sur la période N – 1 correspondent à des frais de recherche. En effet, ces dépenses sont réalisées trop en amont pour avoir la probabilité d'obtention d'avantages économiques futurs. Elles sont comptabilisées en charges par nature.
Les dépenses de développement engagées du 1/01 au 15/09/N (40 000 €) constituent également des charges. Engagées antérieurement à la date de

réunion des six conditions d'activation, elles ne peuvent être activées a posteriori.

2. Comptabilisez les écritures nécessaires au 31/12/N, lors de l'achèvement du brevet, et au 31/12/N+1 (par hypothèse, la comptabilisation des charges par nature a déjà été effectuée).

Au 31/12/N, les dépenses activables sont constatées en frais de recherche et développement.
Lors du dépôt du brevet, elles sont transférées dans le compte spécifique 205. Concessions et droits similaires, brevets, licences, marques, procédés, logiciels, droits et valeurs similaires.
Le brevet est amorti en linéaire sur sa durée d'utilisation, soit 4 ans, à compter de la date de début de consommation des avantages économiques, c'est-à-dire du 16/01/N+1. La dotation aux amortissements afférente à l'exercice N+1 s'élève donc à : 160 000 × 25 % × 11,5/12 = 38 333 €.

	31/12/N		
203	Frais de recherche et de développement	156 000	
721	Production immobilisée – Immob. incorporelles		156 000
	15/01/N+1		
205	Concessions et droits similaires, ...	160 000	
721	Production immobilisée – Immob. incorporelles		4 000
203	Frais de recherche et de développement		156 000
	31/12/N+1		
68111	Dotations aux amortissements sur immob. Incorporelles	38 333	
2805	Amortissements des concessions et droits...		38 333

3. Quelle est la valeur d'usage du brevet début N+1 ?

La valeur d'usage est égale à la valeur actualisée des flux de trésorerie nets attendus de l'utilisation du brevet :
(50 000/1,05) + (100 000/1,052) + (110 000/1,053) + (60 000/1,054) = 282 706.

4. L'arrivée sur le marché d'un médicament concurrent fin N+1 conduit la société à revoir ses prévisions de flux de trésorerie futurs. Ceux-ci s'établissent ainsi :

N+2	N+3	N+4
50 000	40 000	20 000

Le taux d'actualisation s'élève toujours à 5 %.
Le brevet n'a pas de valeur vénale.

Déterminez les conséquences comptables de ces éléments.

L'arrivée sur le marché d'un concurrent constitue un indice de perte de valeur. Il convient dès lors d'effectuer un test de dépréciation en déterminant la valeur actuelle du brevet fin N+2. En l'absence de valeur vénale, la valeur actuelle est égale à la valeur d'usage, déterminée d'après les flux de trésorerie nets attendus de l'utilisation du brevet :

$(50\ 000/1{,}05) + (40\ 000/1{,}05^2) + (20\ 000/1{,}05^3) = 101\ 177$.

Par ailleurs, la VNC du brevet au 31/12/N+1 s'établit à :

160 000 – 38 333 = 121 667.

La VNC du brevet est supérieure à sa valeur actuelle, il convient de constater une dépréciation de : 121 667 – 101 177 = 20 490.

	31/12/N		
68161 2905	Dotations pour dépréciations des immob. Incorporelles Dépréciations des marques, procédés, droits…	20 490	 20 490

5. Quel est le montant de la dotation aux amortissements au titre de l'exercice N+2 en l'absence de modification de la durée d'utilisation et du mode d'amortissement du brevet ?

La dotation aux amortissements de l'exercice N+2 est calculée selon les modalités suivantes :

Base amortissable = VNC avant dépréciation – dépréciation
= 121 667 – 20 490 = 101 177.

Durée d'amortissement = durée d'utilisation résiduelle
= (4 × 12) – 11,5 mois
= 36,5 mois.

Soit une dotation aux amortissements relative à l'exercice N+2 de :

101 177/36,5 × 12 = 33 264.

Application 4. QCM, p. 192

Retrouvez la ou les réponses exactes.

1. Les frais de constitution de sociétés :

☑ peuvent être activés.

☑ peuvent être comptabilisés en charges (méthode préférentielle).

2. Une marque générée en interne doit être enregistrée en immobilisation incorporelle :

☑ Faux

3. Quels sont les traitements comptables possibles des frais d'augmentation de capital ?

☑ comptabilisation en charges.
☑ comptabilisation en immobilisation incorporelle.
☑ imputation sur la prime d'émission et constatation en charges du surplus éventuel.

4. Les frais d'établissement sont amortis :

☑ sur une durée maximale de 5 ans.

5. Les frais de développement :

☑ sont comptabilisés en charges ou en immobilisation incorporelle en fonction de la méthode comptable choisie par l'entreprise.

6. Toutes les immobilisations incorporelles sont amortissables :

☑ Faux

7. Une marque acquise est un actif amortissable :

☑ Cela dépend

8. Les dépenses constatées en charges lors de la phase recherche d'un projet peuvent être activées ultérieurement lorsque les six conditions d'activation sont réunies :

☑ Faux

9. Une entité ayant activé des frais de développement ne peut procéder à la distribution de dividendes tant que ces frais de développement ne sont pas complètement amortis :

☑ Cela dépend

10. Une entité ayant activé des frais de constitution de sociétés ne peut procéder à la distribution de dividendes tant que ces frais ne sont pas complètement amortis :

☑ Vrai

Entraînement à l'examen

Comptabilisation initiale et ultérieure d'un fonds commercial, p. 194

1. Présentez la formule de calcul justifiant le coût d'entrée du fonds commercial.

Le coût d'entrée du fonds commercial doit être égal à sa valeur vénale. Cette dernière est déterminée en fonction de la part fixe prévue au contrat, majorée de la valeur actualisée des redevances probables qui seront versées au cours de la période retenue.

Soit, coût d'entrée $= 10\,000 + (500\,000 \times 10\,\%) \times \dfrac{1 - 1{,}05^{-5}}{0{,}05} = 226\,000$

2. Enregistrez l'écriture d'acquisition du fonds commercial au 1/01/N et de paiement de la redevance annuelle au 31/12/N.

	02/01/N		
207	Fonds commercial	226 000	
404	Fournisseurs d'immobilisations		216 000
512	Banque		10 000

La 1re redevance s'élève à 10 % du chiffre d'affaires de l'année N, soit :
420 000 x 10 % = 42 000 €

	31/12/N		
404	Fournisseurs d'immobilisations	42 000	
512	Banque		42 000

3. Précisez si le fonds commercial de la société Ricaud est amortissable en envisageant plusieurs hypothèses. Enregistrez la dotation aux amortissements correspondante.

En l'absence de critère donnant une durée d'utilisation limitée au fonds commercial, celui-ci n'est pas amortissable (Hypothèse 1).

Toutefois, si la société Ricaud est une petite entreprise, elle pourra opter pour l'amortissement sur 10 ans de son fonds commercial (Hypothèse 2).

Dans ce cas, la dotation aux amortissements suivante sera comptabilisée au 31/12/N :

	31/12/N		
6811	Dotations aux amortissements sur immobilisations	22 600	
2807	Amortissement du fonds commercial		22 600

4. Le fonds commercial de la société Ricaud doit-il faire l'objet d'un test de dépréciation en fonction des hypothèses formulées précédemment ?

Dans l'hypothèse 1, la société Ricaud ayant choisi de ne pas amortir son fonds commercial, elle devra réaliser au moins une fois par exercice un test de dépréciation.

Dans l'hypothèse 2, si elle est une petite entreprise ayant opté pour l'amortissement sur 10 ans de son fonds commercial, elle ne réalisera le test de dépréciation qu'en cas d'indice de perte de valeur.

5. Comptabilisez le cas échéant la dépréciation du fonds commercial au 31/12/N.

Dans l'hypothèse 1, la valeur actuelle du fonds commercial au 31/12/N est estimée à 218 000 €. La valeur nette comptable du fonds étant supérieure à sa valeur actuelle, une dépréciation doit être constatée pour : 226 000 – 218 000 = 8 000 €

	31/12/N		
68161	Dotations pour dépréciations des immobilisations incorporelles	8 000	
2907	Dépréciation du fonds commercial		8 000

Dans l'hypothèse 2, la valeur nette comptable du fonds commercial au 31/12/N ressort à 203 400 €. Elle est inférieure à sa valeur actuelle, aucune une dépréciation n'est donc à constater au titre de l'exercice N.

Chapitre 7

Cas spécifiques d'évaluation des immobilisations corporelles et incorporelles

Application 1. Immobilisation libellée en monnaie étrangère, p. 229

1. Déterminez le coût d'entrée du matériel.

Le coût d'une immobilisation libellée en monnaie étrangère est converti au cours du jour de l'opération.
Coût d'entrée du matériel : 12 000/1,35 = 8 888,89.
Cette valeur n'est pas modifiée. Elle sert de base au calcul des amortissements et dépréciations éventuelles.

2. Effectuez l'ensemble des enregistrements comptables relatifs à cette opération au titre de l'exercice N.

Paiement de l'acompte au 1/04/N : 2 000/1,20 = 1 666,67.
Paiement au 15/06/N : 10 000/1,35 = 7 407,41.
L'écart entre le cours du jour et le cours effectif de paiement constitue une charge ou un produit financier :
– écart de change sur acompte : (2 000/1,20) – (2 000/1,35) = 185,19 (perte de change) ;
– écart de change sur versement du solde :
(10 000/1,35) – (10 000/1,30) = 284,90 (gain de change).
Base de calcul des amortissements : 8 888,89.
Dotation aux amortissements économique : dotation linéaire sur 6 ans à compter de la date de mise en service, soit 8 888,89 × 1/6 × 7/12 = 864,20.
Dotation aux amortissements fiscale : dotation dégressive sur 5 ans à compter du
1er jour du mois d'acquisition, soit 8 888,89 × 1/5 × 1,75 × 8/12 = 2 074,07.

Dotation aux amortissements dérogatoire : 2 074,07 – 864,20 = 1 209,87.

	1/04/N		
238	Avances et acomptes versés sur commandes d'immobilisations corporelles	1 666,67	
512	Banque		1 666,67
	1/05/N		
2154	Matériel industriel	8 888,89	
666	Pertes de change	185,19	
238	Avances et acomptes versés sur commandes d'immobilisations corporelles		1 666,67
404	Fournisseurs d'immobilisations		7 407,41

	15/06/N		
404	Fournisseurs d'immobilisations	7 407,41	
666	Pertes de change	284,90	
512	Banque		7 692,31
	31/12/N		
68112	Dotations aux amortissements sur immobilisations corporelles	864,20	
68725	Dotations aux amortissements dérogatoires	1 209,87	
28154	Amortissements du matériel industriel		864,20
145	Amortissements dérogatoires		1 209,87

Application 2. Rente viagère indexée, p. 229

1. Déterminez le coût d'entrée de l'ensemble immobilier.

« Pour les biens acquis moyennant paiement de rentes viagères, le prix d'achat s'entend du montant qui résulte d'une stipulation de prix ou à défaut d'une estimation » (PCG article 213-5).
L'application de cette règle conduit à retenir comme coût d'entrée de l'actif le prix stipulé dans l'acte, soit 590 000 €.

2. La valeur de cet ensemble est-elle impactée par la durée de vie du crédirentier ?

Le coût d'acquisition de l'ensemble immobilier déterminé à la signature de l'acte est indépendant de la durée de vie du crédirentier, en application du principe comptable du nominalisme monétaire (ou des coûts historiques).
La contrepartie est inscrite au crédit du compte 1685. Rentes viagères capitalisées.

3. Effectuez les enregistrements comptables liés à la rente viagère au titre des exercices N et N+1.

Enregistrement lié à l'acquisition de l'immeuble :

	1/03/N		
211	Terrains	111 000	
213	Constructions	480 000	
512	Banque		50 000
1685	Rentes viagères capitalisées		540 000

Enregistrement lié au paiement de la rente :

	1/03/N+1		
1685	Rentes viagères capitalisées	60 000	
512	Banque		60 000

Enregistrements liés à l'inventaire N+1

Au 31/12/N+1, compte tenu de l'évolution de l'index, la dette est revalorisée et une provision est constituée à hauteur du mali d'indexation probable :

	31/12/N+1		
476	Différence d'indexation – Actif	24 000	
1685	Rentes viagères capitalisées (540 000 – 60 000) x (1,05 – 1)		24 000
	31/12/N+1		
6875	Dotations aux provisions exceptionnelles	24 000	
1518	Autres provisions pour risques		24 000

4. Enregistrez les écritures liées au paiement de la rente au 1/03/N+2 et à l'inventaire de N+2.

Enregistrements au paiement de la rente

Lors de l'échéance de la rente au 1/03/N+2, le mali d'indexation est constaté : [(60 000 × 1,05) – 60 000] = 3 000. Il est couvert par la reprise de provision à due concurrence. La différence d'indexation est partiellement reprise à hauteur du montant réalisé :

	1/03/N+2		
1685	Rentes viagères capitalisées	60 000	
6781	Mais provenant de clauses d'indexation	3 000	
512	Banque		63 000
	1/03/N+2		
1685	Rentes viagères capitalisées	3 000	
475	Différence d'indexation – Actif		3 000

	1/03/N+2		
1518	Autres provisions pour risques	3 000	
7875	Reprises sur provisions exceptionnelles		3 000

Enregistrements liés à l'inventaire N+2

Au 31/12/N+2, compte tenu de l'évolution de l'index, la dette est revalorisée et la provision relative au mali d'indexation probable est ajustée :

	31/12/N+2		
476	Différence d'indexation - Actif	12 600	
1685	Rentes viagères capitalisées (540 000 - 2 x 60 000) x (1,08 - 1,05)		12 600
	31/12/N+2		
6875	Dotation aux provisions exceptionnelles	12 600	
1518	Autres provisions pour risques [(540 000 - 2 x 60 000) x (1,08 - 1)] - [24 000 – 3 000]		12 600

5. Enregistrez les écritures liées au paiement de la rente au 1/03/N+3.

	1/03/N+3		
1685	Rentes viagères capitalisées	60 000	
6781	Malis provenant de clauses d'indexation	4 800	
512	Banque		64 800
	1/03/N+3		
1685	Rentes viagères capitalisées	4 800	
476	Différence d'indexation – Actif		4 800
	1/03/N+3		
1518	Autres provisions pour risques	4 800	
7875	Reprises sur provisions exceptionnelles		4 800

6. Le crédirentier décède le 20/11/N+3. Quelles en sont les conséquences comptables ?

Si le crédirentier décède « prématurément », c'est-à-dire avant l'apurement complet de la dette du débirentier, ce dernier a réalisé une « bonne affaire », le solde du compte 1685 est viré en produits exceptionnels.

Le débirentier a versé 3 rentes annuelles de 60 000 € indexées.

Hors indexation, le solde du compte 1685 ressort au moment du décès du crédirentier à : (540 000 – 3 × 60 000) = 360 000. Il s'agit d'un produit exceptionnel.

Avec indexation, le solde du compte 1685 ressort au moment du décès du crédirentier à : (540 000 – 3 × 60 000) × 1,08 = 388 800. L'écart correspond

au mali d'indexation latent qui ne sera jamais versé sur les 6 rentes annuelles (360 000/60 000) résiduelles :
360 000 × (1,08 – 1) = 28 800.
Le solde de la provision pour risques doit être annulé.

	20/11/N+3		
1685	Rentes viagères capitalisées	360 000	
7788	Produits exceptionnels divers		360 000
	20/11/N+3		
1685	Rentes viagères capitalisées	28 800	
476	Différence d'indexation – Actif		28 800
	20/11/N+3		
1518	Autres provisions pour risques	28 800	
7875	Reprises sur provisions exceptionnelles		28 800

Application 3. Construction sur sol d'autrui, p. 229

1. Déterminez la nature de l'atelier et ses modalités d'amortissement.

L'entrepôt constitue une construction sur sol d'autrui, à immobiliser pour son coût de production, soit 250 000 €.
Comptablement, l'entrepôt est amorti sur sa durée réelle d'utilisation, soit 8 ans (durée résiduelle du bail). La base d'amortissement doit tenir compte de la valeur résiduelle, qui correspond au montant de l'indemnité d'éviction, soit 50 000 €.
La dotation aux amortissements comptable pratiquée annuellement s'élève donc à :
(250 000 – 50 000) × 1/8 = 25 000.

2. Effectuez les enregistrements comptables relatifs à l'exercice N et précisez leurs conséquences fiscales.

À l'achèvement de l'entrepôt

	20/06/N		
214	Constructions sur sol d'autrui	250 000	
44562	TVA déductible sur immobilisations	50 000	
722	Production immobilisée – Immos corporelles		250 000
44571	TVA collectée		50 000

À l'inventaire de N

Dotation aux amortissements de N calculée à partir du 1/07/N, date de la mise en service de l'atelier, soit 25 000 × 1/2 = 12 500.

	31/12/N		
68112	Dotations aux amortissements sur immob. corporelles	12 500	
2814	Amortissements des const. sur sol d'autrui		12 500

La dotation aux amortissements fiscale de N est déterminée sur la valeur d'origine de l'entrepôt, sur une durée d'usage de 15 ans à compter du 1/07/N :

250 000 × 1/15 × 1/2 = 8 333,33.

Une quote-part de l'annuité d'amortissement de N n'est pas déductible. Elle doit faire l'objet d'une réintégration extra-comptable : 12 500 – 8 333,33 = 4 166,67.

Chaque année pleine, la société Daix devra réintégrer extra-comptablement la quote-part d'annuité d'amortissement non déductible fiscalement :

25 000 – 16 666,67 = 8 333,33.

3. Quelles sont les conséquences comptables et fiscales liées à l'expiration du bail ?

À l'expiration du bail, l'entrepôt est sorti de l'actif. L'indemnité d'éviction est constitutive du prix de cession.

	30/06/N+8		
68112	Dotations aux amortissements sur immob. corporelles	12 500	
2814	Amortissements des const. sur sol d'autrui		12 500
	30/06/N+8		
512	Banque	50 000	
775	Produits des cessions d'éléments d'actif		50 000
	30/06/N+8		
2814	Amortissements des const. sur sol d'autrui	200 000	
675	Valeurs comptables des éléments d'actif cédés	50 000	
214	Constructions sur sol d'autrui		250 000

Comptablement, le résultat de cession est nul : 50 000 – 50 000 = 0. Le plan d'amortissement a bien permis de répartir le coût de l'entrepôt sur sa durée réelle d'utilisation.

Le résultat fiscal se détermine comme suit :

– valeur nette fiscale de l'entrepôt : 250 000 – (8 × 16 666,67) = 116 666,67 ;

– résultat de cession fiscal : 50 000 – 116 666,67 = – 66 666,67 (moins-value).

Cette moins-value est déductible extra-comptablement du résultat de l'exercice N+8. Elle correspond aux amortissements réintégrés chaque année de N à N+8 : 8 333,33 × 8 ans = 66 666,64.

Application 4. Réévaluation libre, p. 230

1. Déterminez les écarts de réévaluation afférents aux différents éléments et enregistrez l'écriture de réévaluation. Précisez les conséquences fiscales de cette opération.

L'article L. 123-18 du Code de commerce et l'article 214-27 du PCG stipulent que la réévaluation libre doit porter sur l'ensemble des immobilisations corporelles et financières.

En conséquence :

– il est interdit de réévaluer les immobilisations incorporelles. La marque ne peut donc faire l'objet d'une réévaluation ;

– la réévaluation ne peut être limitée à certains biens (réévaluation d'un terrain pris isolément).

Nous allons procéder à la réévaluation de l'ensemble immobilier, sachant que les autres immobilisations corporelles, ainsi que les immobilisations financières de la société Remy doivent également faire l'objet de cette réévaluation.

	Terrain	Construction
Valeur d'origine Amortissements cumulés au 31/12/N	150 000 –	500 000 100 000 (*)
VNC avant réévaluation Valeur d'utilité = VNC réévaluée	150 000 250 000	400 000 600 000
Écart de réévaluation	100 000	200 000

(*) 500 000 × 1/25 × 5

	31/12/N		
212	Terrains	100 000,00	
213	Constructions	200 000,00	
1052	Écart de réévaluation libre		300 000,00

L'écart de réévaluation de 300 000 € est imposable. Il doit donc être réintégré extra-comptablement.

2. Déterminez et comptabilisez l'annuité d'amortissements N+1 relative à la construction. Quel est son traitement fiscal ?

La dotation aux amortissements de la construction de la société Remy postérieurement à l'exercice de réévaluation est déterminée comme suit :

– VNC réévaluée : 600 000 ;

– durée d'utilisation résiduelle de la construction : 25 – 5 = 20 ans ;

– dotation aux amortissements annuelle après réévaluation :
600 000 × 1/20 = 30 000.

	31/12/N+1			
68112	Dotations aux amortissements sur immob. corporelles	30 000,00		
2813	Amortissements des constructions		30 000,00	

Cette charge d'amortissement est intégralement déductible, l'écart de réévaluation ayant été imposé en N.

3. L'entreprise Remy souhaite transférer en réserves distribuables l'écart de réévaluation au fur et à mesure qu'il est acquis. Quelle est la condition nécessaire à ce transfert ? En supposant qu'elle est remplie, procédez à l'enregistrement comptable en découlant.

Le PCG a ouvert aux entreprises deux possibilités de transfert de l'écart de réévaluation en réserves distribuables :
– en une seule fois lors de la cession de l'immobilisation,
– ou progressivement lors de chaque exercice bénéficiaire, à hauteur du supplément d'amortissement relatif à la partie réévaluée de l'immobilisation.

Ce transfert en réserves distribuables des écarts de réévaluation réalisés permet leur distribution et ainsi d'obtenir des sommes distribuables identiques à celles qui auraient été déterminées si la réévaluation n'avait pas eu lieu.

La condition liée à l'exercice bénéficiaire permet d'éviter le délit de distribution de dividendes fictifs.

La société Remy étant bénéficiaire en N+1, le transfert en réserves distribuables de l'écart de réévaluation se détermine comme suit :
– dotation aux amortissements annuelle après réévaluation :
600 000 × 1/20 = 30 000 ;
– dotation aux amortissements annuelle avant réévaluation :
500 000 × 1/25 = 20 000 ;
– supplément annuel d'amortissement lié à la réévaluation :
30 000 – 20 000 = 10 000.

	31/12/N+1		
1052	Écart de réévaluation libre	10 000,00	
1068	Autres réserves		10 000,00

Si ce transfert est réalisé chaque année pendant les 20 années restantes du plan d'amortissement, le montant total transféré s'élèvera à : 10 000 × 20 = 200 000 €, correspondant au montant de l'écart de réévaluation relatif à la construction.

4. L'ensemble immobilier est revendu le 30/06/N+2 pour une valeur de 860 000 € (dont 260 000 € pour le terrain). Précisez les traitements comptable et fiscal de cette opération.

À la date de cession, les amortissements cumulés relatifs à la construction s'élèvent à 145 000 € :
– amortissements cumulés avant réévaluation : 100 000 ;
– amortissements cumulés après réévaluation : 30 000 × 1,5 = 45 000.
Les écritures comptables liées à la cession sont les suivantes :

	30/06/N+2		
68111	Dotations aux amortissements sur immob. corporelles	15 000,00	
2813	Amortissements des constructions		15 000,00
	30/06/N+2		
512	Banque	860 000,00	
775	Produits des cessions d'éléments d'actif		860 000,00
	30/06/N+2		
2813	Amortissements des constructions (100 000 + 45 000)	145 000,00	
675	Valeurs comptables des éléments d'actif cédés	555 000,00	
213	Constructions (500 000 + 200 000)		700 000,00
	30/06/N+2		
675	Valeurs comptables des éléments d'actif cédés	250 000,00	
211	Terrains		250 000,00
	30/06/N+2		
1052	Écart de réévaluation libre	290 000,00	
1068	Autres réserves (300 000 – 10 000)		290 000,00

Le résultat comptable de cession ressort à 860 000 – 805 000 = 55 000 €, soit :

– plus-value sur le terrain : 260 000 – 250 000 = 10 000 ;
– plus-value sur la construction : 600 000 – 555 000 = 45 000.

Le résultat fiscal de cession est identique.

5. Démontrez la neutralité fiscale de la réévaluation lorsque l'on raisonne sur l'ensemble de la période de détention de l'ensemble immobilier.

Comparons les résultats de cession de l'ensemble immobilier avec ou sans réévaluation :
– plus-value sur terrain réévalué : 260 000 – 250 000 = 10 000 ;
– plus-value sur terrain non réévalué : 260 000 – 150 000 = 110 000.
L'écart de 100 000 € entre les deux plus-values correspond à l'écart de réévaluation imposé en N.

– plus-value sur construction réévaluée : 600 000 – 555 000 = 45 000 ;
– plus-value sur construction non réévaluée :
600 000 – (500 000 – 20 000 × 6,5) = 230 000.
L'écart de 185 000 € entre les deux plus-values s'analyse comme suit :
– écart de réévaluation imposé en N : 200 000 ;
– supplément d'amortissement déduit en N+1 et N+2 : 10 000 × 1,5 = 15 000.
La réévaluation libre entraîne un décalage temporel d'imposition, en anticipant le paiement de l'impôt sur des plus-values non encore réalisées. Cet impôt payé lors de la réévaluation est neutralisé ultérieurement par :
– la déduction du supplément d'amortissement consécutif à la réévaluation ;
– le calcul du résultat de cession à partir des valeurs réévaluées.

Application 5. Sinistre, p. 230

1. Enregistrez les écritures consécutives à ce sinistre concernant les trois immobilisations détruites.

Les immobilisations doivent être amorties jusqu'à la date du sinistre, soit le 1/07/N, puis sorties de l'actif.

Agencements

Dotation aux amortissements de N : 50 000 × 10 % × 1/2 = 2 500.
VNC à la date du sinistre : 50 000 – (50 000 × 10 % × 5,25) = 23 750.

Outillage 1

Plan d'amortissement :

Année	Dotation aux amortissements économique	Dotation aux amortissements fiscale	Dotation aux amortissements dérogatoire
N–2	1 250	2 000	750
N–1	2 500	4 000	1 500
N	1 250	2 000	750
Total	**5 000**	**8 000**	**3 000**

VNC à la date du sinistre : 20 000 – 5 000 = 15 000.

Outillage 2

Plan d'amortissement :

Année	Dotation aux amortissements économique	Dotation aux amortissements fiscale	Dotation aux amortissements dérogatoire
N–1	1 750	3 062,50	1 312,50
N	3 500	5 589,06	2 089,06
Total	**5 250**	**8 651,56**	**3 401,56**

VNC à la date du sinistre : 35 000 – 5 250 = 29 750.

	1/07/N		
68112	Dotations aux amortissements sur immob. corporelles	7 250,00	
68725	Dotations aux amortissements dérogatoires	2 839,06	
28181	Amortissements des installations générales...		4 750,00
28155	Amortissements des outillages industriels		2 500,00
145	Amortissements dérogatoires		2 839,06
	1/07/N		
28181	Amortissements des installations générales...	26 250,00	
28155	Amortissements des outillages industriels	10 250,00	
675	Valeurs comptables des éléments d'actifs cédés	68 500,00	
2181	Installations générales, agencements...		50 000,00
2155	Outillage industriel		55 000,00

En outre, les amortissements dérogatoires doivent être soldés :

	1/07/N		
145	Amortissements dérogatoires	6 401,56	
78725	Reprises d'amortissements dérogatoires		6 401,56

2. Quel est le traitement comptable de l'indemnité d'assurance ?

Si l'indemnité d'assurance n'a pas encore été perçue à la clôture de l'exercice, l'indemnité à recevoir est enregistrée sur la base de l'indemnisation prévue par le contrat d'assurance au crédit du compte 797. Transferts de charges exceptionnelles par le débit du compte 478. Autres comptes transitoires.

	31/12/N		
478	Autres comptes transitoires	100 000,00	
797	Transferts de charges exceptionnelles		100 000,00

3. Quel est le traitement fiscal de ce sinistre ? Déduisez-en les implications comptables.

Déterminons le résultat fiscal lié à la destruction des immobilisations :

Prix de cession :		100 000,00
Valeur d'origine des immobilisations :	105 000,00	
Amortissements fiscalement déduits :		
26 250 + 10 250 + 6 401,56 =	42 901,56	
Valeur nette fiscale des machines :		62 098,44
Plus-value fiscale à court terme :		37 901,56

Durée d'étalement de la plus-value :

$$\frac{(50\,000 \times 5{,}25) + (20\,000 \times 2) + (35\,000 \times 0{,}75)}{105\,000} = 3{,}13 \text{ ans, arrondis à 4 ans.}$$

La plus-value de 37 901,56 sera taxable par quart sur les exercices N+1 à N+4. Une déduction extra-comptable de 37 901,56 € devra donc être effectuée en N, et une réintégration extra-comptable de 9 475,39 € (37 901,56/4) réalisée de N+1 à N+4.

Au 31/12/N, une provision pour impôt doit être constituée à hauteur de :
37 901,56 × 33 1/3 % = 12 633,85.

	31/12/N		
6875	Dotations aux provisions exceptionnels	12 633,85	
155	Provisions pour impôts		12 633,85

Cette provision non déductible doit être réintégrée extra-comptablement. Elle sera reprise par quart à la clôture des exercices N+1 à N+4 et déduite extra-comptablement.

Application 6. Immobilisation acquise moyennant le paiement de redevances annuelles, p. 231

1. Déterminez le coût d'entrée de la licence d'exploitation du brevet (arrondi à l'euro le plus proche) et enregistrez l'écriture consécutive à la signature du contrat.

Le coût d'entrée de la licence est égal à la part fixe prévue au contrat, majorée de la valeur actualisée des redevances probables qui seront versées au cours de la période retenue, soit :

$$15\,000 + (500 \times 1\,000) \times \frac{1 - 1{,}05^{-3}}{0{,}05} = 1\,376\,624.$$

	1/01/N		
205	Concessions et droits similaires, brevets…	1 376 624,00	
44562	TVA déductibles sur immobilisations	3 000,00	
404	Fournisseurs d'immobilisations		1 361 624,00
512	Banque		18 000,00
	31/12/N		
68111	Dotations aux amortissements sur immobilisations incorporelles	45 874,67	
2805	Amortissements des concessions…		458 874,67

Remarque : s'agissant d'une prestation de services, la TVA est exigible lors de son encaissement.

2. Enregistrez le paiement des redevances au titre des exercices N et N+1.

La société Nina a vendu 400 appareils au cours de l'année N. La redevance au titre de N s'élève donc à : 400 × 1 000 = 400 000 €.
L'enregistrement du paiement de la redevance au titre de l'exercice N est le suivant :

	15/02/N+1		
404	Fournisseurs d'immobilisations	400 000,00	
44562	TVA déductible sur immobilisations	80 000,00	
512	Banque		480 000,00

La société Nina a vendu 650 appareils au cours de l'année N+1. La redevance au titre de N+1 s'élève donc à 650 000 €.
L'enregistrement du paiement de la redevance au titre de l'exercice N est le suivant :

	15/02/N+2		
404	Fournisseurs d'immobilisations	650 000,00	
44562	TVA déductible sur immobilisations	130 000,00	
512	Banque		780 000,00

3. Quel est le traitement comptable lié au paiement de la dernière redevance pour l'exercice N+2 ?

Au 31/12/N+2, le solde du compte fournisseur ressort à :
1 361 624 – 400 000 – 650 000 = 311 624 €.
La société Nina a vendu 500 appareils au cours de l'année N+2. La redevance au titre de N+2 s'élève donc à 500 000 €.
Les redevances versées excèdent le montant de la dette de 188 376 €. Ce complément correspond le plus souvent à la création en interne d'éléments

incorporels. Comme nous l'avons vu au chapitre 6, la création en interne de fonds de commerce ou marques constitue une charge.
L'enregistrement du paiement de la redevance au titre de l'exercice N+2 est le suivant :

	15/02/N+2		
404	Fournisseurs d'immobilisations	311 624,00	
6788	Charges exceptionnelles diverses	188 376,00	
44562	TVA déductible sur immobilisations	100 000,00	
512	Banque		600 000,00

Application 7. Logiciel, p. 231

1. Quels sont la nature et le traitement comptable du progiciel développé par le cabinet Audimus ?

Le logiciel mère créé ici est un logiciel autonome à usage commercial utilisé comme moyen d'exploitation.
Un logiciel autonome créé doit être enregistré à l'actif, lorsque les deux conditions suivantes sont simultanément réunies :
– le projet est considéré par l'entité comme ayant de sérieuses chances de réussite technique et de rentabilité commerciale ;
– l'entité manifeste sa volonté de produire le logiciel concerné et de s'en servir durablement pour les besoins de la clientèle et identifie les ressources humaines et techniques qui seront mises en œuvre pour le réaliser (PCG – article 611-2).
Ces conditions sont réunies fin novembre N à l'issue de la phase d'analyse fonctionnelle.
Le coût de reproduction des logiciels à partir du logiciel mère doit être constaté en charges. Les logiciels reproduits non vendus à la clôture de l'exercice sont constatés en stocks de produits finis.

2. Déterminez le coût d'entrée du logiciel mère et ses modalités d'amortissement comptable et fiscal.

Le coût de production du logiciel mère est le suivant :

Phase	N	N+1
Analyse organique	12000	
Programmation		20000
Tests et jeux d'essais		2500
Documentation		1800
Total	**12000**	**24300**

Les dépenses correspondant aux deux premières phases sont des charges. Ce n'est qu'à partir de l'analyse organique que l'entreprise doit activer ses dépenses de conception de logiciel. La période de production s'achève avec la réalisation de la documentation. Les frais de formation du personnel constituent des charges.

Déterminons les modalités d'amortissement du logiciel.
L'amortissement comptable est calculé sur 4 ans à compter de sa date d'achèvement (1/05/N+1), soit pour l'exercice N+1 : 36 300 × 1/4 × 8/12 = 6 050.

Fiscalement, les coûts de création de logiciels peuvent être déduits du résultat de l'exercice au cours duquel ils sont engagés, même si le logiciel n'est pas achevé.

Le plan d'amortissement du logiciel s'établit comme suit :

Année	Dotation aux amortissements économique	Déduction fiscale autorisée	Dotation aux amortissements dérogatoire (reprise)
N	–	12 000	12 000
N+1	6 050	24 300	18 250
N+2	9 075	–	(9 075)
N+3	9 075	–	(9 075)
N+4	9 075	–	(9 075)
N+5	3 025		(3 025)
Total	**36 300**	**36 300**	**0**

3. Effectuez l'ensemble des enregistrements comptables relatifs aux exercices N et N+1.

Les écritures comptables relatives à l'exercice N sont les suivantes :

	31/12/N		
232	Immobilisations incorporelles en cours	12 000	
721	Production immobilisée – Immos incorporelles		12 000
	31/12/N		
68725	Dotations aux amortissements dérogatoires	12 000	
145	Amortissements dérogatoires		12 000

Les écritures comptables relatives à l'exercice N+1 sont les suivantes :

	1/05/N+1		
205	Concessions et droits similaires, brevets…	36 300	
232	Immobilisations incorporelles en cours		12 000
721	Production immobilisée – immos incorporelles		24 300

	31/12/N+1		
68111	Dotations aux amortissements sur immobilisations incorporelles	6 050	
68725	Dotations aux amortissements dérogatoires	18 250	
2805	Amortissements des concessions…		6 050
145	Amortissements dérogatoires		18 250

Le coût de production des logiciels reproduits constitue une charge. Les logiciels reproduits non encore vendus à la clôture de l'exercice N+1 constituent des stocks.

Coût de production d'un logiciel standard y compris dotations aux amortissement économiques du logiciel même : (30 000 + 6 050)/30 = 1 202 €.

Stocks de logiciels au 31/12/N+1 : (30 – 20) × 1 202 = 12 020 €.

	31/12/N+1		
355	Stocks de produits finis	12 020	
7135	Variation des stocks de produits finis		12 020

Application 8. Création d'un site Internet, p. 232

1. Quelle est la nature du site Internet développé par la société Betour ? Déterminez son coût de production.

Le site Internet de la société Betour est un site Internet actif. En effet, il va notamment enregistrer des commandes clients et donc participer à l'obtention d'avantages économiques futurs pour l'entité.

Analysons la nature des différentes dépenses afférentes à la conception du site :

Nature de la dépense	Montant (en €)	Nature
Étude de conception	1 000	Charge
Obtention et immatriculation d'un nom de domaine	500	Immobilisation
Acquisition du système d'exploitation pour la mise en fonctionnalité du site	11 000	Immobilisation
Création des pages du site	15 000	Immobilisation
Réalisation d'une documentation technique	1 500	Immobilisation
Formation des salariés participant à l'entretien du site	2 500	Charge
Enregistrement du site auprès des moteurs de recherche	250	Charge

Les dépenses de recherche ne sont pas activables, même a posteriori lorsque les critères d'activation sont réunis. Il s'agit de l'étude de conception.

Les dépenses liées à l'exploitation du site sont également constatées en charges. Il en est ainsi de l'enregistrement du site auprès des moteurs de recherche et de la formation des salariés.

Le coût de production du site s'établit à 28 000 € :

Nature de la dépense	N	N+1
Obtention et immatriculation d'un nom de domaine	500	
Acquisition du système d'exploitation pour la mise en fonctionnalité du site	11 000	
Création des pages du site	8 000	7 000
Réalisation d'une documentation technique		1 500
Total	**19 500**	**8 500**

2. Effectuez l'ensemble des enregistrements comptables liés à ce site au titre des exercices N et N+1.

Au 31/12/N, le site Internet constitue une immobilisation en cours :

	31/12/N		
232	Immobilisations incorporelles en cours	19 500	
721	Production d'immobilisations incorporelles		19 500

Fiscalement, les dépenses de création de sites Internet, assimilées à des dépenses de conception de logiciels, peuvent faire l'objet d'une déduction immédiate, hors nom de domaine.

	31/12/N		
68725	Dotations aux amortissements dérogatoires	19 000	
145	Amortissements dérogatoires		19 000

À l'achèvement du site, l'écriture suivante est enregistrée :

	1/03/N+1		
205	Concessions et droits similaires, brevets...	28 000	
232	Immobilisations incorporelles en cours		19 500
721	Production d'immobilisations incorporelles		8 500

La dotation aux amortissements comptable du site s'établit comme suit :
- base amortissable : 28 000 – 500 = 27 500 (le nom de domaine n'est pas amortissable) ;
- durée d'amortissement : 3 ans ;
- date de mise en service : 1/03/N+1 ;
- dotation comptable de N+1 : 27 500 × 1/3 × 10/12 = 7 638,89.

Fiscalement, les dépenses de création de N+1 sont déductibles immédiatement, soit 8 500 €.

La société Betour doit constater un amortissement dérogatoire à hauteur de : 8 500 – 7 638,89 = 861,11.

L'enregistrement comptable est le suivant :

	31/12/N+1		
68111	Dotations aux amortissements sur immob. incorporelles	7 638,89	
68725	Dotations aux amortissements dérogatoires	861,11	
2805	Amortissements des concessions et droit simil.		7 638,89
145	Amortissements dérogatoires		861,11

3. Courant N+2, l'entreprise Betour réalise les dépenses suivantes relatives au site :

– extension du site à l'ensemble du catalogue de produits : 5 000 ? ;

– mise à jour des graphiques du site pour tenir compte de l'évolution de la charte graphique de l'entreprise.

Quel est le traitement comptable de ces dépenses ?

« Les dépenses ultérieures au titre de sites Internet engagées après leur acquisition ou leur achèvement sont comptabilisées en charges lorsqu'elles sont réalisées, sauf :

– s'il est probable que ces dépenses permettront au site de générer des avantages économiques futurs au-delà du niveau de performance défini avant l'engagement des dépenses,

– et si ces dépenses peuvent être évaluées et attribuées à l'actif de façon fiable. » (PCG – article 612-4).

Au cas particulier, l'extension du site va permettre d'augmenter les avantages économiques futurs via une augmentation du nombre des commandes. La dépense est donc activable. La durée d'amortissement est inchangée, sauf si la dépense augmente la durée d'utilisation du site.

La mise à jour des graphiques du site constitue une simple dépense de maintenance du site. Elle doit être constatée en charges.

Application 9. QCM, p. 233

Retrouvez la ou les réponses exactes.

1. Le coût d'une immobilisation libellée en monnaie étrangère est converti :

☑ au cours du jour de l'opération.

2. Les immobilisations acquises avec clause de réserve de propriété sont enregistrées à l'actif de l'acquéreur :

☑ à la date de livraison.

3. La valeur d'une immobilisation acquise contre versement d'une rente viagère est fixée :

☑ définitivement lors de l'acquisition de l'immobilisation.

4. Le versement d'une rente viagère annuelle s'analyse comme :

☑ une charge ou le remboursement d'un emprunt en fonction de la période du contrat.

5. Le prix d'acquisition d'une immobilisation dont le prix est indexé fluctue en fonction de l'indice d'indexation :

☑ Faux.

6. Le mali d'indexation enregistré dans le cadre d'une immobilisation dont le prix est indexé constitue :

☑ une charge exceptionnelle.

7. Les travaux de voierie liés à un ensemble immobilier constituent un élément du prix de revient :

☑ du terrain.

8. La construction édifiée sur sol d'autrui par le locataire d'un terrain est amortie par ce dernier :

☑ sur la durée du bail.

9. La réévaluation libre prévue par le Code de commerce et le PCG :

☑ a une incidence fiscale immédiate.

☑ est effectuée à une date donnée uniquement et non de manière régulière.

10. L'indemnité d'assurance perçue relative à une immobilisation sinistrée constitue :

☑ un produit exceptionnel.

11. L'indemnité principale perçue relative à une immobilisation expropriée constitue :

☑ un produit exceptionnel.

12. L'indemnité accessoire perçue relative à une immobilisation expropriée constitue :

☑ un produit exceptionnel.

13. La différence entre le montant de la dette initiale et le total des redevances versées pour l'acquisition d'une immobilisation moyennant paiement de redevances annuelles constitue :

☑ une charge exceptionnelle ou un produit exceptionnel.

14. Quels sont les éléments du coût de production d'un logiciel créé :

☑ L'analyse organique
☑ La documentation technique
☑ La réalisation des jeux d'essais
☑ La programmation

15. Un logiciel standard non encore vendu fabriqué à partir d'un logiciel mère est constaté à la clôture de l'exercice :

☑ en stock.

16. Les coûts de création de sites Internet passifs :

☑ sont systématiquement constatés en charges.

17. Les coûts de développement de sites Internet actifs :

☑ sont activables en immobilisation incorporelle sous certaines conditions.

18. Le nom de domaine relatif à un site Internet activé :

☑ est un actif non amortissable.

Entraînement à l'examen

Sinistre, p. 235

1. Analysez les conséquences du sinistre pour les deux immobilisations concernées, l'outillage industriel et les aménagements de l'atelier.

La destruction complète d'un outillage industriel entraîne la sortie de l'actif à la date du sinistre. Une dotation aux amortissements doit être pratiquée jusqu'à la date du sinistre. L'indemnité d'assurance s'analyse comme un substitut du prix de vente.

La destruction partielle des aménagements de l'atelier constitue un dommage réparable. En conséquence, les frais de remise en état de l'atelier sont comptabilisés en charges. Quant à l'indemnité d'assurance, elle s'analyse comme une compensation de charges imputables à des tiers. Elle est donc constatée au compte 791. Transferts de charges d'exploitation.

2. Comptabilisez les conséquences du sinistre pour les deux immobilisations concernées.

Pour l'outillage industriel :

– Dotation aux amortissements de l'exercice N (1/01 au 30/09/N) :

32 000 × 1/4 × 9/12 = 6 000 €.

– Amortissements cumulés de l'outillage au 30/09/N :

(32 000 × ¼ × 2) + 6 000 = 22 000 €

	30/09/N		
68112	Dotations aux amortissements sur immobilisations corporelles	6 000	
28154	Amortissements des matériels et outillages industriels		6 000
	30/09/N		
2815	Amortissements des matériels et outillages industriels	22 000	
675	Valeurs comptables des éléments d'actif cédés	10 000	
2154	Matériel industriel		32 000

Pour les aménagements de l'atelier, comptabilisation en charge de la facture de l'artisan :

	14/10/N		
615	Entretien et réparations	3000	
44566	État, TVA déductible sur B et S	600	
401	Fournisseurs		3600

3. Régularisez la comptabilisation de l'encaissement de la prime d'assurance.

	22/12/N		
471	Compte d'attente	18 000	
791	Transfert de charges d'exploitation		2 000
775	Produits des cessions d'éléments d'actif		16 000

4. Quelle est la conséquence comptable liée à l'étalement de la plus-value nette à court terme résultant du sinistre ? Proposez le cas échéant l'écriture à comptabiliser au 31/12/N.

Remarque :

la plus-value nette à court terme résultant du sinistre est afférente à l'outillage industriel :

16 000 – 10 000 = 6 000 €

Cette plus-value sera taxable à compter de l'exercice N+1.

La fraction imposable annuellement sera de 1/3 (durée d'amortissement pratiquée arrondie à l'unité supérieure), non demandé ici.

L'entreprise Andréa doit constituer une provision pour impôt pour tenir compte de cette charge certaine quant à son échéance, mais incertaine quant à son montant (cas de variation ultérieure du taux d'imposition).

La charge d'impôt future est évaluée au 31/12/N à : 6000 × 331/3 % = 2 000 €

	31/12/N		
6875	Dotations aux provisions exceptionnelles	2 000	
155	Provisions pour impôts		2 000

Chapitre 8

Les opérations de location-financement

Application 1. Crédit-bail mobilier, p. 252

1. Procédez aux enregistrements comptables au titre de l'exercice N.

La société Baldran comptabilise le règlement de la redevance semestrielle et constate qu'une partie de celle-ci est à rattacher à l'exercice N+1.

	1/10/N		
6122	Crédit-bail mobilier	12 000	
44566	TVA déductible sur biens et services	2 400	
512	Banque		14 400
	31/12/N		
486	Charges constatées d'avance	6 000	
6122	Crédit-bail mobilier		6 000
	12 000 x 3/6		

2. Présentez l'information concernant le contrat de crédit-bail qui doit figurer en annexe de l'exercice N+1 sachant que le matériel a, à l'origine, une durée d'utilisation de 10 ans et est amortissable en linéaire.

Afin d'informer les tiers sur les engagements pris en matière de crédit-bail, les sociétés commerciales qui ne bénéficient pas du régime de présentation simplifiée de l'annexe, doivent y faire figurer des informations, permettant, d'une part, d'informer sur le poids financier futur de l'engagement, et d'autre part, de comparer avec le poids financier qui aurait résulté de l'achat direct du bien loué.

Ces informations concernent :

« – la valeur de ces biens au moment de la signature du contrat ;

– le montant des loyers (redevances) afférents à l'exercice ainsi que le montant cumulé des redevances des exercices précédents ;

– les dotations aux amortissements qui auraient été enregistrées pour ces biens au titre de l'exercice clos s'ils avaient été acquis par l'entreprise ainsi que le montant cumulé des amortissements qui auraient été effectués au titre des exercices précédents ;
– l'évaluation à la date du bilan des redevances restant à payer ventilées selon les échéances : à un an au plus, à plus d'un an et cinq ans au plus, à plus de cinq ans, ainsi que le prix d'achat résiduel de ces biens stipulé au contrat. »

Immobilisations en crédit-bail				
Postes du bilan	Coût d'entrée	Dotations aux amortissements		Valeur nette
		De l'exercice	Cumulées	
Matériel et outillage	90 000	9 000	11 250	78 750
Totaux	**90 000**	**9 000**	**11 250**	**78 750**

Dotation N : 2 250 = 90 000 × 1/10 × 3/12.
Dotation N+1 : 9 000 = 90 000 × 1/10.
11 250 = 2 250 + 9 000.
78 750 = 90 000 – 11 250.

Engagements de crédit-bail							
Postes du bilan	Redevances payées		Redevances restant à payer				Prix d'achat résiduel
	De l'exercice	Cumulées	À un an au plus	+ 1 an à 5 ans	À plus de 5 ans	Total à payer	
Matériel et outillage	24 000	36 000	24 000	36 000	0	60 000	10 000
Totaux	**24 000**	**36 000**	**24 000**	**36 000**	**0**	**60 000**	**10 000**

En N, une redevance de 12 000 € a été réglée. En N+1, deux redevances ont été réglées, soit 24 000 €. Il reste à régler deux redevances en N+2, deux redevances en N+3 et une en N+4.

3. Enregistrez la levée de l'option d'achat.

	1/10/N+4		
2154	Matériel industriel	10 000	
44562	TVA déductible sur immobilisations	2 000	
512	Banque		12 000

4. Enregistrez les écritures du 31/12/N+4.

	31/12/N+4		
68112	Dotations aux amortissements	417	
28154	Amortissement du matériel		417
	10 000 x 1/6 x 3/12 = 416,67		

5. Enregistrez la cession de la machine le 1er juillet N+7.

	1/07/N+7		
512	Banque	30 000	
44571	TVA collectée		5 000
775	Produit de cession		25 000
	1/07/N+7		
681	Dotation aux amortissements	833	
2815	Amortissement du matériel		833
	10 000 x 1/6 x 6/12 = 833,33		
	1/07/N+7		
675	Valeur comptable des éléments d'actif cédés	5 416	
2815	Amortissement du matériel (1)	4 584	
215	Matériel		10 000
	(1) 417 + 1 667 + 1 667 + 833		

Le résultat comptable de la cession s'élève à 19 584 € (25 000 – 5 416).

Application 2. Crédit-bail immobilier, p. 252

1. Vérifiez que le coût du financement est d'environ 10 %.

Les règlements des redevances et de l'option d'achat sont considérés constituer les annuités de remboursement d'un emprunt d'un montant égal à tout ce que le bailleur a dû avancer, c'est-à-dire le prix d'acquisition du terrain, de la construction et des frais d'acquisition de l'ensemble. Le taux actuariel du financement est déterminé par la résolution de l'équation suivante :

Frais d'acquisition + prix d'achat du terrain et de la construction = redevance × $[1 – (1 + t)^{-n}]/t$ + option/$(1 + t)^{n}$

Montants réglés par le bailleur :

4 080 000 + 720 000 + 200 000 = 5 000 000 €

Détermination du taux actuariel :

$5\,000\,000 = 640\,000 \times [1 - (1 + t)^{-15}]/t + 551\,854/(1 + t)^{15}$

Si le taux t est remplacé par 10 %, l'égalité est vérifiée. Le coût du financement est bien de 10 %.

2. Présentez un tableau mettant en évidence les quotes-parts de redevances représentatives de l'amortissement des frais d'acquisition, de la construction et du terrain.

Le tableau d'amortissement de l'emprunt se présente comme suit (aux arrondis près) :

Exercices	Capital restant dû	Frais financiers	Amor-tissements	Affectation aux frais d'acquisition	Affectation à la construction	Affectation au terrain
1996	5 000000	500 000	140 000	140 000		
1997	4 860 000	486 000	154 000	60 000	94 000	
1998	4 706 000	470 600	169 400		169 400	
1999	4 536 600	453 660	186 340		186 340	
2000	4 350 260	435 026	204 974		204 974	
2001	4 145 286	414 529	225 471		225 471	
2002	3 919 815	391 981	248 019		248 019	
2003	3 671 796	367 180	272 820		272 820	
2004	3 398 976	339 898	300 102		300 102	
2005	3 098 874	309 887	330 113		330 113	
2006	2 768 761	276 876	363 124		363 124	
2007	2 405 637	240 564	399 436		399 436	
2008	2 006 201	200 620	439 380		439 380	
2009	1 566 821	156 682	483 318		483 318	
2010	1 083 503	108 351	531 649		363 503	168 146
2011	551 854					
Totaux		**5 151 854**	**4 448 146**	**200 000**	**4 080 000**	**168 146**

Les frais financiers sont obtenus en multipliant le capital restant dû par le taux de 10 %. L'amortissement est égal à la différence entre l'annuité (640 000 €) et les frais financiers.

Les 168 146 € représentatifs de l'amortissement du terrain (inclus dans la dernière redevance) sont réintégrés fiscalement le 31/12/2010.

Remarque : les amortissements de l'emprunt suivent une progression géométrique de raison (1 + t) c'est-à-dire 1,10. L'amortissement de 2010 (531 649) est égal à l'amortissement de 1996 (140 000) multiplié par $1{,}10^{14}$. Cette propriété peut permettre d'éviter de présenter la totalité du tableau d'amortissement pour déterminer quand l'amortissement du terrain a lieu lorsque l'option d'achat est inférieure au prix d'acquisition du terrain par le bailleur.

3. L'option d'achat est exercée le 1/01/2011. La durée résiduelle d'utilisation des constructions est fixée à 10 ans. Quels sont les traitements comptables et fiscaux à effectuer en 2011 ?

Lors de la levée de l'option, la valeur résiduelle fiscale de l'ensemble immobilier est de :

720 000 + (4 080 000 – 4 080 000 × 15/25) = 2 352 000 €.

Elle est supérieure au prix d'acquisition de l'ensemble immobilier fixé à 551 854 €. Une réintégration doit être effectuée.

Les 168 146 € correspondant à l'amortissement du terrain ont été réintégrés à la clôture de l'exercice de leur versement.

La réintégration à effectuer n'est donc que de :

(2 352 000 – 551 854) – 168 146 = 1 632 000 €.

Ce montant correspond à l'amortissement accéléré des constructions (4 080 000 – 4 080 000 × 15/25).

Lors de la levée de l'option, seul le terrain est immobilisé pour 551 854 €.

Le prix de revient fiscal de l'ensemble immobilier s'élève à 2 352 000 €.

Prix de revient fiscal	Montants
Prix d'acquisition prévu au contrat	551 854
Redevances réintégrées pendant la location	168 146
Réintégration au moment de l'option	1 632 000
Totaux	**2 352 000**

Ce prix de revient fiscal se décompose de la manière suivante : 720 000 € pour le terrain et 1 632 000 € pour la construction.

Fiscalement, la construction est amortissable en linéaire sur 10 ans. La dotation s'élève à 1 632 000/10, soit 163 200 €.

Aucun amortissement d'exploitation ne peut être comptabilisé puisque la construction n'a pas été immobilisée. Les 163 200 € font l'objet d'un amortissement dérogatoire.

	1/01/2011		
211	Terrain	551 854	
512	Banque		551 854
	31/12/2011		
68725	Dotation aux amortissements dérogatoires	163 200	
145	Amortissement dérogatoire		163 200
	1 632 000 x 1/10		

À l'issue de l'exercice 2020, le compte 145 sera créditeur de 1 632 000 € et le restera tant que la construction figurera au bilan.

Application 3. Crédit-bail immobilier, p. 253

1. Présentez le schéma d'enregistrement des redevances et précisez leur traitement fiscal. Les dates de réintégrations éventuelles ne sont pas demandées.

Le schéma comptable est le suivant :

6125	Redevances de crédit-bail immobilier	495 000	
44566	TVA déductible sur biens et services	99 000	
512	Banque		594 000

Fiscalement, les redevances sont déductibles si le contrat est conclu avant le 1/01/1996. En revanche, s'il est conclu à partir de cette date, une partie des redevances n'est pas déductible car le montant de l'option d'achat (400 000) est inférieur au prix d'acquisition du terrain chez le bailleur (620 000). La différence (220 000) correspondant à l'amortissement du terrain doit être réintégrée. Cette réintégration s'effectue lorsque les frais d'acquisition et la construction ont été amortis, c'est-à-dire en fin de période de location. Pour déterminer l'exercice ou les exercices au cours desquels les réintégrations sont à effectuer, il conviendrait d'établir le tableau d'amortissement de l'emprunt, mais ceci n'est pas demandé dans l'énoncé.

2. Si l'option n'est pas exercée à l'issue des 15 ans de location, quels sont les traitements comptables et fiscaux à effectuer (hypothèses à envisager : N = 1995, puis N = 1996) ?

Aucune écriture comptable n'est enregistrée. La société Gérard restitue l'ensemble immobilier et cesse de régler les redevances.
Fiscalement, si le contrat a été conclu avant 1996, aucune réintégration de redevance n'a été effectuée, en conséquence aucun traitement n'est à effectuer.

Si le contrat a été conclu à compter de 1996, 220 000 € de redevances ont été réintégrés car ils étaient supposés correspondre à l'acquisition du terrain. L'option n'étant pas exercée, les redevances constituent un véritable appauvrissement. La réintégration de 220 000 € n'est pas justifiée. Il convient donc de procéder à une déduction de 220 000 €.

3. L'option est exercée à la fin des 15 années de location, le 1/01/N+15. La durée résiduelle d'utilisation des constructions est fixée à 10 ans. Quels sont les différents traitements comptables et fiscaux à effectuer (hypothèses à envisager : N = 1995, puis N = 1996) ?

– première hypothèse N = 1995 : lors de l'option d'achat, seul le terrain est immobilisé pour 400 000 €. La construction n'est pas activée. Fiscalement, la réintégration suivante est effectuée :
620 000 + 4 280 000 × (1 – 15/25) – 400 000 = 1 932 000 €.
Le prix de revient fiscal de l'ensemble immobilier s'élève à :

Prix de revient fiscal	Montants
Prix d'acquisition prévu au contrat	400 000
Redevances réintégrées pendant la location	0
Réintégration au moment de l'option	1 932 000
Totaux	**2 332 000**

Ce prix de revient fiscal se décompose de la manière suivante : 620 000 € pour le terrain et 1 712 000 € pour la construction. Ces prix de revient fiscaux correspondent aux VNC qu'auraient eu les biens si la société en était devenue propriétaire dès la signature du contrat. Ceci est cohérent car l'objectif du traitement fiscal est de rétablir l'égalité de traitement entre l'acquisition directe et l'acquisition par le recours à un contrat de location financement.
Fiscalement, la construction est amortissable en linéaire sur 10 ans. La dotation s'élève donc à 1 712 000/10, soit 171 200 €.
Aucun amortissement d'exploitation ne peut être comptabilisé puisque la construction n'a pas été immobilisée. Les 171 200 € font l'objet d'un amortissement dérogatoire.

	1/01/N+15		
211	Terrain	400 000	
512	Banque		400 000
	31/12/N+15		
68725	Dotation aux amortissements dérogatoires	171 200	
145	Amortissement dérogatoire		171 200
	1 712 000 x 1/10		

– seconde hypothèse N = 1996 : lors de l'option d'achat, seul le terrain est immobilisé pour 400 000 €. La construction n'est pas activée.

Fiscalement, la réintégration suivante est effectuée :
(620 000 + 4 280 000 € (1 – 15/25) – 400 000) – 220 000 = 1 712 000 €.

Le prix de revient fiscal de l'ensemble immobilier s'élève à :

Prix de revient fiscal	Montants
Prix d'acquisition prévu au contrat	400 000
Redevances réintégrées pendant la location	220 000
Réintégration au moment de l'option	1 712 000
Totaux	**2 332 000**

Ce prix de revient fiscal se décompose de la manière suivante : 620 000 € pour le terrain et 1 712 000 € pour la construction.
Fiscalement, la construction est amortissable en linéaire sur 10 ans. La dotation s'élève à 1 712 000/10, soit 171 200 €.

Aucun amortissement d'exploitation ne peut être comptabilisé puisque la construction n'a pas été immobilisée. Les 171 200 € font l'objet d'un amortissement dérogatoire.

	1/01/N+15		
211	Terrain	400 000	
512	Banque		400 000
	31/12/N+15		
68725	Dotation aux amortissements dérogatoires	171 200	
145	Amortissement dérogatoire		171 200
	1 712 000 x 1/10		

4. L'ensemble immobilier est cédé le 31/12 N+17 au prix total de 3 750 000 € (dont 850 000 € pour le terrain). Quels sont les différents traitements comptables et fiscaux à effectuer (hypothèses à envisager : N = 1995, puis N = 1996) ?

En N+17, les écritures suivantes sont comptabilisées, quelle que soit la valeur de N :

	31/12/N+17		
462	Créances sur cessions d'immobilisations	3 750 000	
775	Produits de cessions d'éléments d'actif		3 750 000
	31/12/N+17		
675	Valeur comptable des éléments d'actif cédés	400 000	
211	Terrains		400 000

	31/12/N+17		
687	Dotation aux amortissements dérogatoires	171 200	
145	Amortissement dérogatoire		171 200
	31/12/N+17		
145	Amortissement dérogatoire	513 600	
78725	Reprises sur amortissements dérogatoires (171 200 x 3)		513 600

Le résultat comptable généré par la cession s'élève à :
3 750 000 + 513 600 – 400 000, soit 3 863 600 €.

La plus-value fiscale globale s'élève à :
3 750 000 – (620 000 + 1 712 000 – 513 600), soit 1 931 600 €.

Nous pouvons constater que le résultat comptable généré par la cession est supérieur de 1 932 000 € au résultat fiscal.
Il convient donc de procéder à une déduction de 1 932 000 €.

Cette dernière est égale à la somme des réintégrations qui ont été effectuées lors de la période de location et lors de la levée de l'option d'achat (1 932 000 € uniquement lors de la levée de l'option si le contrat a été conclu en 1995, 220 000 € durant la location puis 1 712 000 € lors de la levée de l'option si le contrat a été conclu à compter de 1996).

Décomposition de la plus-value fiscale :

	Terrain	Construction	Total
Prix de cession	850 000	2 900 000	3 750 000
Valeur résiduelle fiscale	620 000	1 198 400	1 818 400
Plus-value	**230 000**	**1 701 600**	**1 931 600**

La valeur résiduelle fiscale de la construction est égale à 1 198 400 € (1 712 000 € de prix de revient fiscal moins 513 600 € d'amortissements dérogatoires déduits). La société Gérard étant soumise à l'IS, il s'agit de plus-values à court terme imposables au taux normal.

Application 4. QCM, p. 253

Retrouvez la ou les réponses exactes.

1. Dans les comptes individuels, les biens pris en location par l'intermédiaire d'un contrat de crédit-bail :

☑ ne peuvent être inscrits au bilan de l'entreprise.

2. Dans les comptes consolidés les biens pris en location par l'intermédiaire d'un contrat de crédit-bail :

☑ peuvent être, sur option, comptabilisés à l'actif du bilan avec une dette financière au passif.

3. Selon le référentiel IFRS, les biens pris en location par l'intermédiaire d'un contrat de crédit-bail dont l'option d'achat est incitative :

☑ sont obligatoirement comptabilisés à l'actif du bilan avec une dette financière au passif.

4. Dans le cas d'un contrat de crédit-bail, lors de la levée de l'option, le bien est inscrit à l'actif du bilan dans les comptes individuels :

☑ pour le prix de levée de l'option.

5. Les prix de revient comptables et fiscaux de biens acquis à l'issue d'un contrat de crédit-bail :

☑ peuvent être différents en matière de crédit-bail immobilier.

6. Les constructions acquises à l'issue d'un contrat de crédit-bail immobilier portant sur des constructions et un terrain :

☑ ne figurent pas à l'actif du bilan si le montant de l'option d'achat est inférieur au prix d'achat du terrain chez le bailleur.

☑ ont un prix de revient fiscal différent de leur valeur comptable si le montant de l'option d'achat est inférieur à la valeur comptable nette qu'aurait eu l'ensemble immobilier dans les comptes du preneur s'il en était devenu immédiatement propriétaire au moment de la conclusion du contrat de crédit-bail.

☑ donnent lieu à la comptabilisation d'un amortissement dérogatoire si leur prix de revient fiscal diffère de leur valeur comptable.

7. Dans les comptes individuels, les redevances de crédit-bail :

☑ immobilier sont enregistrées au débit du compte 6125.

☑ mobilier sont enregistrées au débit du compte 6122.

8. Les redevances de crédit-bail relatif à un véhicule de tourisme immobilisé par une entreprise industrielle :

☑ sont déductibles si la valeur d'origine TTC du véhicule est inférieure à 9 000 €.

☑ ne sont pas totalement déductibles si la valeur d'origine TTC du véhicule est supérieure à 18 300 €.

☑ sont comptabilisées en charges pour leur montant TTC.

Entraînements à l'examen

1. Crédit-bail mobilier, p. 255

1. Quelles écritures comptables doivent être passées au titre de l'exercice N, sachant que les durées d'amortissement comptable et fiscale sont fixées à 5 ans ?

	31/12/N		
681	Dotations aux amortissements	7 660	
28182	Amortissements des matériels de transport 38 300/5 = 7 660		7 660
613	Redevances de crédit-bail	6 000	
512	Banque 6 mois de redevances		6 000

2. Quels traitements fiscaux doivent être opérés (TVA/IS) ?

– La TVA n'est pas récupérable sur les véhicules de tourisme ni les biens et services y afférents.

– Les dotations aux amortissements et les loyers de crédit-bail ne sont pas totalement déductibles si la valeur d'origine du véhicule excède certaines limites (18 300 € TTC ou 9 900 si véhicule polluant).

Il convient de réintégrer :

– dotation : (38 300 – 18 300)/5 = 4 000 €

– redevances de crédit bail : (38 300 – 18 300)/5 ×6/12 = 2 000 €

2. Crédit-bail mobilier, p. 255

1. Rappelez les traitements comptables et fiscaux opérés par l'entreprise Loeve entre N-8 et N-1.

La redevance mensuelle a été comptabilisée en charge (compte 613) pour son montant HT car la TVA était récupérable. Les redevances ont toutes été déductibles sur le plan fiscal.

613	Redevances de crédit-bail	35 000	
4456	Etat, TVA déductible	7 000	
512	Banque		42 000

Le 1/10/N-3, elle a comptabilisé en immobilisation (compte 215) le montant HT de 100 000 €. La TVA a été récupérée.

215	Matériel	100 000	
4456	Etat, TVA déductible	20 000	
512	Banque		120 000

Les 31/12/N-3, N-2 et N-1, le matériel a été amorti en linéaire sur 5 ans (par hypothèse). Les dotations de 5 000 €, 20 000 € et 20 000 € ont été déductibles.

681	Dotations aux amortissements	x	
2815	Amortissements des matériels		x

2. Indiquez les traitements comptables et fiscaux de l'exercice de cession sachant que l'exercice de l'entreprise Loeve court du 1er octobre au 30 septembre.

Le 1/04/N, la cession, soumise à la TVA, est enregistrée au crédit du compte 775 pour 200 000 € HT. Le 31/12/N, une dotation complémentaire de 5 000 € est constatée puis la sortie du matériel (et de son amortissement) est comptabilisée par le débit du compte 675. Une plus value comptable et fiscale de 150 000 € est constatée. Elle est à court terme en totalité.

512	Banque	240 000	
4457	Etat, TVA collectée		40 000
775	Produits de cession		200 000
681	Dotations aux amortissements	5 000	
2815	Amortissements des matériels		5 000
675	VCN	50 000	
2815	Amortissements des matériels	50 000	
215	Matériel		100 000

3. Crédit-bail immobilier, p. 256

1. Le coût du financement s'élève-t-il à : 5 %, 6 %, 7 %, 8 % ou 9 % ?

Il convient de résoudre l'équation suivante, où i est l'inconnue :

$1\,120\,000 \times [1 - (1 + i)^{-12}/i] + 131\,382/(1 + i)^{12} = 10\,000\,000$

d'où i = 5 %

2. Quel est le traitement comptable et fiscal des redevances réglées entre N et N+11 ?

Les redevances sont comptabilisées en charges pour leur montant HT. Le contrat étant conclu après 1996 et l'option d'achat étant inférieure au prix d'achat du terrain par le bailleur, une partie des redevances n'est pas déductible, et doit être réintégrée à hauteur de 3 568 618 € soit (3 700 000 – 131 382).

3. Que se passerait-il en N+11 si l'option n'était pas exercée ?

La partie des redevances réintégrée serait de nouveau déductible. Il conviendrait d'effectuer une déduction de 3 568 618 €.

4. L'option est exercée à la fin des 12 années de location. Indiquez les traitements comptables et fiscaux de N+11. La durée d'utilisation restant à courir est fixée à 13 ans.

En comptabilité, seul le terrain est, en principe, immobilisé.

211	Terrain	131 382	
512	Banque		131 382

En fiscalité, une réintégration doit être effectuée :

[(3 700 000 + 6 000 000 × 13/25) – 131 382] – 3 568 618 = 3 120 000 €

Le prix de revient fiscal de l'ensemble immobilier s'établit à :

3 568 618 + 131 382 + 3 120 000 = 6 820 000 €. Il se décompose en :

Prix de revient fiscal du terrain = 3 700 000 €

Prix de revient fiscal de la construction = 3 120 000 €

Le prix de revient fiscal de la construction est amortissable sur une durée résiduelle de 13 ans, par hypothèse (25 – 12).

En comptabilité, un amortissement dérogatoire, de 240 000 € par année entière, doit être comptabilisé à compter de N+12 à N+20.

687	Dotations aux amortissements	240 000	
145	Amortissement dérogatoire		240 000

5. L'ensemble immobilier est cédé le 01/01/N+21 au prix de 9 750 000 € (dont 5 000 000 € pour le terrain). Indiquez les traitements comptables et fiscaux de N+21.

512	Banque	9 750 000	
775	Produits de cession		9 750 000
145	Amortissement dérogatoire	2 160 000	
787	Reprise		2 160 000
675	VCN	131 382	
215	Terrain		131 382

Le résultat comptable est impacté à la hausse par ces écritures à hauteur de 11 778 618 €.

Sur le plan fiscal, la plus value s'élève seulement à :
9 750 000 – 3 700 000 – (3 120 000 – 2 160 000) = 5 090 000 €
(1 300 000 € sur le terrain et 3 790 000 € sur la construction).

Une déduction de 6 688 618 € doit être effectuée (soit le total des réintégrations faites précédemment 3 568 618 + 3 120 000).

Si la société Cascout est soumise à l'IS les plus values sont à court terme sinon la plus value sur le terrain est à long terme et celle relative à la construction à court terme car inférieure à 5 040 000 (6 000 000 – 3 120 000 + 2 160 000).

Chapitre 9

Le portefeuille titres

Application 1. Classement comptable des titres, p. 304

- **Comptabilisez au journal de la société Kir les opérations de l'exercice N, afférentes à son portefeuille titres.**

La société Kir acquiert les actions de la SA Chanoine pour la contrôler et bénéficier ainsi d'économies d'échelle. Il s'agit donc de titres de participation.

	20/03/N		
261	Titres de participation	100 000	
512	Banque		100 000

Les obligations sont acquises pour réaliser une plus-value lors de leur cession ultérieure. En effet, la baisse des taux d'intérêts devrait entraîner la hausse du cours de ces obligations qui procureront à l'avenir, si les prévisions de la société Kir se justifient, une rémunération supérieure aux autres placements. Ces obligations sont donc des titres immobilisés.

	26/05/N		
272	Titres immobilisés (droit de créance)	3 400	
512	Banque		3 400

Les actions sont acquises pour réaliser une plus-value à brève échéance. Ce sont des valeurs mobilières de placement.

	26/05/N		
503	Valeurs mobilières de placement (actions)	12 000	
512	Banque		12 000

Application 2. Traitement des frais d'acquisition de titres, p. 304

1. Rappelez le traitement comptable applicable aux frais d'acquisition des titres. Le traitement de ces frais peut-il être différent pour les titres Corinthe ?

Pour les exercices ouverts à compter du 1/01/2005 dans les comptes individuels, les droits de mutation, honoraires ou commissions et frais d'actes relatifs à l'acquisition de titres peuvent, au choix, être comptabilisés en charges ou incorporés au coût d'acquisition des titres. Il s'agit d'une méthode comptable applicable à l'ensemble du portefeuille titres qui doit être mentionnée en annexe des comptes.

L'option pour l'activation des frais d'acquisition des immobilisations peut être exercée de manière différenciée pour l'ensemble des immobilisations corporelles et incorporelles, d'une part, et pour l'ensemble des titres immobilisés et des titres de placement d'autre part.

2. Présentez les traitements comptables chez Nauplie, en envisageant successivement les deux hypothèses suivantes :

– les frais d'acquisition des titres sont enregistrés en charges ;

– les frais d'acquisition des titres sont incorporés à leur coût d'acquisition.

Hypothèse 1 : les frais d'acquisition des titres sont enregistrés en charges.

	24/01/N		
261	Titres de participation	1 250 000	
6226	Honoraires	50 000	
44566	TVA déductible sur autres biens et services	10 000	
512	Banque		1 310 000

	7/11/N		
503	Actions	92 000	
6221	Commissions et courtages sur achats	1 000	
44566	TVA déductible sur autres biens et services	200	
512	Banque		93 200

Hypothèse 2 : les frais d'acquisition des titres sont incorporés à leur coût d'acquisition.

	24/01/N		
261	Titres de participation	1 300 000	
44562	TVA déductible immobilisations	10 000	
512	Banque		1 310 000

	7/11/N		
503	Actions	93 000	
44566	TVA déductible sur autres biens et services	200	
512	Banque		93 200

	31/12/N		
68725	Dotations aux amortissements dérogatoires	9 361,11	
145	Amortissements dérogatoires		9 361,11
	50 000 x 1/5 x 337 /360		

Application 3. Acquisition de titres non entièrement libérés, p. 304

- **Enregistrez l'acquisition au journal de la société Karlau.**

	24/01/N		
261	Titres de participation	420 000	
269	Versements restant à effectuer sur titres de participation non libérés (6 000 x 12,50)		75 000
512	Banque [6 000 x (37,50 + 20)]		345 000

Application 4. Acquisition de titres nécessitant la remise de droits préférentiels de souscription, p. 305

1. Déterminez le nombre de droits préférentiels de souscription (DS) susceptibles d'être utilisés lors de cette opération.

Lors de l'augmentation de capital, il y a 2 000 000 de DS car un DS est attaché à chaque action ancienne.

2. Déterminez le nombre de DS nécessaires à l'acquisition d'une action nouvelle.

L'émission d'actions étant de 400 000 actions nouvelles, il y a donc 5 DS pour une action nouvelle (2 000 000/400 000).

3. Indiquez quelle devrait être la valeur réelle de l'action après l'augmentation de capital.

La valeur réelle de l'action après l'augmentation de capital devrait être de :
[(2 000 000 × 35) + (400 000 × 23)]/2 400 000 = 33 €.

4. Déterminez la valeur théorique d'un DS. Vérifiez que cette valeur est équitable pour l'actionnaire ancien et pour l'actionnaire nouveau.

La valeur théorique du DS est de : 35 – 33 = 2 €.
Le prix total d'acquisition d'une action nouvelle s'élève donc à 23 € + (5 × 2) = 33 €.
L'actionnaire nouveau a payé 33 € pour être titulaire d'une action de valeur 33 €.
Il ne s'est donc ni appauvri ni enrichi. L'opération est bien équitable.
L'actionnaire ancien qui possédait une action de valeur réelle 35 € avant l'augmentation de capital reçoit 2 € lors de la vente du droit attaché à son action. Après l'augmentation de capital, il possède une action de valeur réelle 33 € + 2 € provenant de la vente du droit de souscription. Il ne s'est donc ni appauvri ni enrichi.

5. Comptabilisez en date du 30/06, en titres de placement, l'acquisition d'une action nouvelle par une société qui n'était pas actionnaire de la société Artigua avant l'augmentation de capital.

Chez l'acheteur d'une action, l'opération est comptabilisée ainsi, en supposant qu'il s'agit d'un titre de placement :

	30/06/N		
503	Actions	33	
512	Banque		33

6. Comptabilisez en date du 30/06 en titres de placement, l'acquisition d'une action nouvelle par un actionnaire ancien de la société Artigua détenteur de 5 actions avant l'augmentation de capital.

	30/06/N		
503	Actions	23	
512	Banque		23

Application 5. Acquisition d'obligations donnant droit à un intérêt annuel, p. 305

1. Expliquez pourquoi l'acquisition de cette obligation, dont le taux d'intérêt nominal est faible, peut être considérée comme attractive par la société Blanchard.

Le taux d'intérêt est peu élevé mais l'acquéreur de l'obligation bénéficiera d'une prime d'émission de 20 € et d'une prime de remboursement de 143 € s'il la conserve jusqu'à son remboursement. En effet :

– le prix d'émission est en dessous du pair puisque 980 € sont inférieurs à 1 000 €. La prime d'émission est de 20 € :

– lorsque l'obligation sera remboursée, son détenteur recevra 1 143 € et non 1 000 € de valeur nominale. La prime de remboursement s'élève donc à 143 €.

Ces conditions favorables améliorent le taux de rentabilité réel de l'investissement. Le taux de rentabilité de ce placement est très légèrement supérieur à 5,5 % :

$(1\ 000 \times 2{,}5\ \%) \times (1 - 1{,}055^{-5})/0{,}055 + (1\ 143 \times 1{,}055^{-5}) = 981{,}30$, soit pratiquement 980 €.

2. Comptabilisez l'acquisition au journal de la société Blanchard.

Le 1er octobre N, la société anonyme Blanchard comptabilise son acquisition de la manière suivante :

	1/10/N		
272	Titres immobilisés (droit de créance)	980	
512	Banque		980

Application 6. Acquisition d'obligations donnant droit à un intérêt annuel, p. 305

- **Enregistrez les opérations de l'exercice N.**

Les intérêts courus doivent être comptabilisés au débit du compte 764 et non dans le coût d'acquisition des obligations car ce sont des intérêts courus acquis par l'ancien propriétaire de l'obligation qui seront perçus ultérieurement par le nouveau détenteur :

		1/07/N		
5061	Obligations – Titres cotés		60 000	
764	Revenus des valeurs mobilières de placement		1 250	
512		Banque		61 250

60 000 = 500 × 100 × 120 %
1 250 = 500 × 100 × 2,5 %

		31/12/N		
512	Banque		2 500	
764		Revenus des valeurs mobilières de placement		2 500

2 500 = 500 × 100 × 5 %

Au 31/12/N, le compte 764 est créditeur de 1 250 €, soit 6 mois d'intérêts des 100 obligations de valeur nominale 500 €. Cela correspond aux intérêts acquis grâce au placement financier de la société Brousset.

Application 7. Acquisition d'obligations à coupons zéro, p. 305

1. Indiquez les différents traitements comptables possibles.

Les obligations à coupons zéro ne procurent pas d'intérêts annuels à leur détenteur mais une prime de remboursement importante perçue lors du remboursement de l'obligation. En comptabilité, deux analyses semblent possibles :
– la prime de remboursement est considérée correspondre aux intérêts capitalisés qui ne sont pas versés pendant la durée de l'emprunt. Selon cette analyse, il convient de rattacher ces intérêts aux exercices au cours desquels ils ont couru ;
– la prime de remboursement n'est définitivement acquise qu'à la date du remboursement de l'obligation. En conséquence, en application du principe de prudence, elle ne peut pas être rattachée aux exercices qui précèdent celui-ci. Cette position correspond à celle retenue par le CNC en 1983.

2. Comptabilisez toutes les écritures nécessaires de l'exercice N, selon les différents traitements possibles.

La prime s'élève à 24,98 €. Il convient de déterminer le taux actuariel permettant de répartir la prime.
Le taux actuariel i est le taux qui égalise la valeur actuelle de 224,98 €, encaissable fin N+2 et de 200 € payables début N.

$224,98/ (1 + i)^3 = 200$, d'où i = 4 % (aux arrondis près).

Tableau de calcul des intérêts et de la valeur acquise de l'obligation (aux arrondis près)

Exercices	Valeur acquise en début d'exercice	Intérêts courus	Valeur acquise en fin d'exercice
N	200,00	8,00	208,00
N+1	208,00	8,32	216,32
N+2	216,32	8,66	224,98

Les intérêts en N sont de 8 €.
Les intérêts en N+1 sont de 8,32 €.
Les intérêts en N+2 sont de 8,66 €.
Comptablement, si la société Monalisa analyse la prime de remboursement comme des intérêts capitalisés, elle comptabilise ces intérêts au titre de chaque exercice auquel ils se rapportent.
Les écritures suivantes sont comptabilisées :

Compte	Libellé	Débit	Crédit
	1/01/N		
272	Titres immobilisés (obligations)	100 000	
512	Banque		100 000
	200 x 500 = 100 000		
	31/12/N		
2768	Intérêts courus	4 000	
7621	Revenus des titres immobilisés		4 000
	8 x 500 = 4 000		
	31/12/N+1		
2768	Intérêts courus	4 160	
7621	Revenus des titres immobilisés		4 160
	8,32 x 500 = 4 160		
	31/12/N+2		
512	Banque	112 490	
7621	Revenus des titres immobilisés		4 330
2768	Intérêts courus		8 160
272	Titres immobilisés (obligations)		100 000

Remarque

Les écritures de constatation des intérêts courus auraient pu être contre-passées en début d'exercice et passées de nouveau en fin d'exercice.
Si la société Monalisa applique la solution préconisée par le CNC, les traitements comptables sont les suivants :

	1/01/N		
272	Titres immobilisés (obligations)	100 000	
512	Banque		100 000

	31/12/N+2		
512	Banque	112 490	
7621	Revenus des titres immobilisés		12 490
272	Titres immobilisés (obligations)		100 000

Application 8. Dépréciation de titres, p. 306

• Enregistrez les écritures d'inventaire N.

Les titres X ont été dépréciés en N–1 de 2 000 € [(300 – 290) × 200].
En N :
– les titres X se sont de nouveau dépréciés de 1 000 € [(290 – 285) × 200]. Un complément de dépréciation de 1 000 € doit être comptabilisé :
– la valeur des titres Y a diminué de 24 000 € [(275 – 215) × 400]. Une dépréciation de 24 000 € doit être enregistrée en application du principe de prudence :
– les titres Z se sont appréciés de 56 000 € [(744 – 688) × 1 000]. Le gain latent de 56 000 € ne doit pas être comptabilisé.
Par ailleurs, aucune compensation ne peut être réalisée entre ces trois catégories de titres.

	31/12/N		
68662	Dotations aux dépréciations des immobilisations financières	25 000	
2973	Dépréciations des TIAP		25 000
	1 000 + 24 000 = 25 000		

Application 9. Baisse anormale et momentanée des cours, p. 306

• Cette société souhaite minimiser ses dépréciations de titres. Peut-elle bénéficier de l'exception relative à la baisse anormale et momentanée concernant certains titres ?

Pour les valeurs mobilières de placement, l'exception ne peut pas être utilisée. En effet, la compensation ne peut se faire qu'entre titres cotés. L'action TGV n'étant pas cotée, la moins-value latente constatée sur les obligations TX doit être enregistrée en totalité pour un montant de 1 000 € [(36 – 31) × 200].

Pour les titres immobilisés, les actions A et les actions B sont cotées. La compensation entre les plus ou moins-values relatives à ces titres est envisageable.

La moins-value latente sur les actions A s'élève à 90 000 € [(200 – 170) × 3 000]. Elle est constituée pour partie par une baisse anormale et momentanée de 75 000 € [(195 – 170) × 3 000] car l'écart entre le cours moyen du dernier mois et le cours moyen corrigé est bien supérieur à 10 % du cours moyen du dernier mois [(170 – 195)/170].

Cette baisse anormale et momentanée peut-elle être compensée en totalité ou pour partie par une plus-value normale ? Oui, car le plus bas des deux cours moyens des actions B est supérieur au coût d'acquisition des titres (180 > 160). La plus-value normale s'élève à 80 000 [(180 > 160) × 4 000]. La baisse anormale et momentanée de 75 000 € est compensée par une plus-value normale de 80 000 €. En conséquence, si la société Barcelon décide d'appliquer l'exception prévue par l'article 332-7 du PCG, elle enregistre une dépréciation relative aux valeurs mobilières de placement de 15 000 € et non de 90 000 €.

Application 10. Cessions de titres, p. 306

- **Comptabilisez toutes les écritures nécessaires de l'exercice N.**

Enregistrement de la cession des titres de la société Italire

	29/04/N		
512	Banque	1 830 000	
7756	Produits des cessions d'immobi. financières		1 830 000

	29/04/N		
6756	Valeurs comptables des immobilisations financières cédées	80 000	
44566	TVA déductible sur autres biens et services	16 000	
512	Banque		96 000

	29/04/N		
6756	Valeurs comptables des immobi. financières cédées	2 120 000	
261	Titres de participation		2 120 000

Cette dernière écriture pourrait être enregistrée lors de l'inventaire le 31/12/N.

Le résultat comptable de la cession des titres Italire s'élève à – 370 000 € (1 830 000 – 2 120 000 – 80 000).

Enregistrement de la cession des actions de la société Gribetta

	29/04/N		
512	Banque	10 040 000	
7756	Produits des cessions des immobi. financières		10 040 000

	20/11/N		
7756	Produits des cessions des immobilisations financières	9 500 000	
273	Titres immobilisés de l'activité de portefeuille		9 500 000

Cette dernière écriture pourrait être enregistrée lors de l'inventaire le 31/12/N.

	31/12/N		
2973	Dépréciation des titres immobi. de l'activité de portefeuille	200 000	
78662	Reprises sur dépréciation des immobilisations financières		200 000

Le résultat comptable de la cession des titres Gribetta s'élève à :
740 000 € (10 040 000 – 9 500 000 + 200 000).

Il se compose d'un gain sur cession de 540 000 € et d'une reprise de dépréciation de 200 000 €.

Application 11. Cessions de droits préférentiels de souscription et de titres à réméré, p. 307

- **Comptabilisez toutes les écritures nécessaires de l'exercice N pour la société Crouse, sachant qu'elle n'exerce pas d'activité financière de manière significative et structurée.**

Cession des droits préférentiels de souscription

L'acquéreur d'une action nouvelle doit débourser 480 € (2 × 60 + 360). La valeur réelle des actions de la société Grovert, après l'augmentation de capital est donc, en théorie, de 480 €.

La valeur réelle des actions, juste avant l'augmentation, c'est-à-dire droit de souscription attaché, est supérieure de 60 € à la valeur après augmentation de capital. Elle s'établit à 540 €. Le droit de souscription représente donc dans la valeur réelle de l'action une proportion de : 60/540, soit 1/9.

Elle comptabilise la cession de la manière suivante :

	17/03/N		
512	Banque	3 000	
7756	Produits des cessions d'immobilisations financières		3 000
	3 000 = 50 x 60		

	17/03/N		
6756	Valeur comptable des immobilisations financières cédées	1 500	
271	Titres immobilisés		1 500
	1 500 = 50 x 30		

La valeur d'origine d'un droit est estimée à 30 €, soit 270 × 60/540.

Cession des titres à réméré

	29/04/N		
512	Banque	2 000 000	
7756	Produits des cessions d'immobilisations financières		2 000 000
	2 000 000 = 20 000 x 100		

	29/04/N		
6756	Valeur comptable des immobilisations financières cédées	1 500 000	
261	Titres de participation		1 500 000
	1 500 = 20 000 x 75		

L'option de rachat est envisagée avec suffisamment de certitude, il convient, par prudence, et en application de l'article 223-1 du PCG, d'anticiper le retour des titres dans le patrimoine du vendeur en :
– neutralisant le résultat de cession ;
– constatant l'indemnité de résolution de la vente à verser à l'acquéreur, au prorata du temps écoulé ;
– constatant les éventuels intérêts courus sur les titres, qui reviendront au vendeur en cas d'exercice du réméré ;
– comptabilisant une provision (compte 1518) en cas de dépréciation de la valeur des titres (les titres n'étant plus au bilan du vendeur, il n'est pas possible d'enregistrer une dépréciation).

Les écritures comptables de neutralisation du résultat de cession ne sont pas précisées par le Plan comptable général. Il semble possible d'utiliser le compte 796. Transferts de charges financières s'il s'agit d'un résultat déficitaire ou le compte 7996 (à créer), qui pourrait s'intituler Transferts de produits financiers si le résultat est bénéficiaire. Le compte de contrepartie, à créer, pourrait être un sous-compte 47, correspondant en quelque sorte à un produit constaté d'avance ou à une charge constatée d'avance.

	31/12/N		
7996	Transfert de plus-value de réméré	500 000	
668	Autres charges financières (135 000 x 8/9)	120 000	
4686	Diverses charges à payer		120 000
47	Écart passif sur opérations de réméré		500 000

Application 12. QCM, p. 307

Retrouvez la ou les réponses exactes.

1. Les titres acquis, en tout ou partie, par offre publique d'achat (OPA) ou offre publique d'échange (OPE) et les titres représentant au moins 10 % du capital d'une entreprise sont du point de vue comptable :

☑ sauf preuve contraire des titres de participation.

2. Les droits de mutation, les honoraires, les commissions et frais d'acte liés à l'acquisition des titres :

☑ peuvent être inclus ou non dans le coût d'acquisition comptabilisé selon la méthode comptable retenue.

3. Les acquisitions de titres comportant une clause de réméré :

☑ sont enregistrées à la date de l'opération dans la comptabilité de l'acheteur.

4. Les acquisitions de droits préférentiels de souscription :

☑ font partie du coût d'acquisition des titres.

5. Les droits préférentiels de souscription :

☑ permettent aux actionnaires anciens de compenser la perte de valeur éventuelle subie par leurs actions à la suite d'une augmentation de capital par apports nouveaux.

6. L'acquisition d'une obligation, lors de son émission, est enregistrée par l'acheteur :

☑ à son prix d'émission.

☑ en valeurs mobilières de placement si elle est destinée à être cédée rapidement.

7. L'acquisition, par une société, de ses propres actions :

☑ est enregistrée au débit du compte 502 en cas d'affectation explicite à l'attribution aux salariés.

☑ est enregistrée au débit du compte 2772 en cas d'affectation explicite à une réduction de capital.

8. En principe, la valeur actuelle des titres suivants est égale au cours moyen du dernier mois :

☑ Titres immobilisés cotés

☑ Valeurs mobilières de placement

9. En cas de baisse anormale et momentanée des cours boursiers des titres immobilisés cotés (autres que les titres de participation et les titres immobilisés de l'activité de portefeuille) et des titres de placement :

☑ l'entité n'est pas obligée de constituer de dépréciation à concurrence des plus-values latentes normales constatées sur d'autres titres.

10. Les cessions des titres suivants sont comptabilisées par l'intermédiaire des comptes 675 et 775 :

☑ Les titres de participation

☑ Les autres titres immobilisés

11. Au plan comptable, en cas de cession partielle d'un ensemble de titres, conférant les mêmes droits, la valeur d'entrée de la fraction conservée peut être estimée :

☑ au coût d'achat moyen pondéré.

☑ en appliquant la méthode FIFO.

Entraînements à l'examen

1. Cession de droits de souscription, p. 309

• Enregistrez la cession des droits chez Jean-Kevin.

Valeur de l'action après l'augmentation de capital : 2 700 €

Prix d'émission 1 800 € + 3 DS à 300 € = 2 700

Valeur de l'action AVANT l'augmentation de capital : 3 000 €

valeur de l'action après l'augmentation de capital 2 700 + valeur du DS attaché 300

La valeur du DS s'élève à 10 % de la valeur de l'action. Lors de l'acquisition de l'action au prix de 1 200 €, le DS valait 120 € (10 % de 1 200).

512	Banque	3 000 000	
775	Produits de cession		3 000 000
675	VCN	1 200 000	
26	Titres de participation		1 200 000

2. Titres d'OPCVM détenus par une société soumise à l'IS, p. 309

• Effectuez les traitements comptables et fiscaux N et N+1 uniquement.

	N		
27 ou 50	Titres	62 500	
512	Banque		62 500
686	Dotation financière	5 500	
29 ou 59	Dépréciation de titres		5 500

La dotation de 5 500 n'est pas déductible. Elle doit être réintégrée. L'écart net d'évaluation de N-1 (12 000) doit être réintégré et celui de N (17 500) déduit.

N+1

512	Banque	294 000	
775	Produits de cession		294 000
675	VNC	287 500	
27 ou 50	Titres		287 500
29 ou 59	Dépréciation de titres	17 500	
786	Reprise		17 500

La reprise n'est pas imposable, il faut déduire 17 500 et réintégrer l'écart net d'évaluation N de 17 500.

3. Cession de titres à réméré, p. 309

1. Effectuez les traitements comptables de l'exercice N chez AXK.

512	Banque	2 200 000	
775	Produits de cession		2 200 000
7996	Neutralisation plus-value	250 000	
47	Contrepartie neutralisation plus-value		250 000
686	Dotation	100 000	
15	Provision pour risque		100 000
668	Charge financière	45 000	
46	Créditeur divers		45 000

2. Le montant de l'indemnité vous semble-t-il raisonnable ?

L'entité reçoit 2 200 000 € et les « remboursera » 6 mois plus tard en exerçant l'option de réméré. Le coût de cet emprunt s'élève à 54 000 € pour 6 mois soit 2,45 % d'intérêts. Le taux annuel équivalent s'établit à 4,97 %. Il conviendrait de comparer ce taux à celui qui aurait pû être obtenu pour un emprunt équivalent.

4. Titres de sociétés non soumises à l'IS, p. 310

• Effectuez les traitements comptables et fiscaux de l'exercice N chez Marvan.

13/7/N

512	Banque	68 000	
76	Produits financiers		68 000

Sur le plan fiscal, ce montant n'est pas imposable. Il convient d'effectuer une déduction.

Le 31/12/N, La SNC Boquel étant transparente, la quote-part de résultat fiscal de la SNC revenant à la SA Morvan est imposable immédiatement chez Morvan. Il convient donc de faire une réintégration de 72 000 € (120 000 × 60 %).

5. Obligations à coupon zéro, p. 310

1. Expliquez, sans écriture ni effectuer de calculs, les différents traitements comptables et fiscaux autorisés.

Traitement comptable :

Le PCG ne prévoit pas de traitement particulier pour de telles obligations. Le contrat ne prévoyant pas d'intérêts, la prime de remboursement est comptabilisée en produits lors de sa perception, à l'échéance de l'obligation.

La doctrine comptable considère que la prime constitue, en substance, des intérêts capitalisés, qu'il convient de rattacher à chacun des exercices auxquels ils se rapportent.

Traitement fiscal :

L'administration fiscale considère que la prime constitue également des intérêts capitalisés à rattacher à chacun des exercices auxquels ils se rapportent si les deux conditions suivantes sont réunies :

– la prime excède 10 % du prix d'acquisition ;

– la prime est relative à des obligations dont le prix moyen d'émission est inférieur ou égal à 90 % de la valeur de remboursement.

2. Comptabilisez toutes les écritures nécessaires et les traitements fiscaux correspondants de l'exercice N uniquement, de telle sorte que les traitements fiscaux extracomptables soient réduits au minimum.

Les obligations sont acquises à leur émission par conséquent le prix d'acquisition est égal au prix d'émission. La prime s'élève à 137,04 €.

Les deux conditions prévues par l'administration fiscale sont satisfaites car :

137,04 > 10 % × 600, et 600 < 737,04 × 90 %

Sur le plan fiscal la prime constitue des intérêts capitalisés qui doivent être imposés au titre de chaque exercice. Si les divergences entre la comptabilité et la fiscalité doivent être réduites au minimum, il convient donc d'appliquer

la doctrine comptable et comptabiliser des intérêts courus calculés au taux de 4,2 % (ce taux résulte de la résolution de l'équation suivante :
$600 \times (1 + \text{taux})^5 = 737{,}04$.

Les intérêts courus s'élèvent, pour une obligation, à :

exercice N :	600.00 × 4,2 %	= 25,20 €
exercice N+1 :	625,20 × 4,2 %	= 26,26 €
exercice N+2 :	651,46 × 4,2 %	= 27,36 €
exercice N+3 :	678,82 × 4,2 %	= 28,51 €
exercice N+4 :	707,33 × 4,2 %	= 29,71 €

Schéma d'écriture pour une obligation :

Compte	31/12/N	Débit	Crédit
2768	Titres immobilisés, intérêts courus	25,20	
76	Produits financiers		25,20

Compte	31/12/N+1	Débit	Crédit
2768	Titres immobilisés, intérêts courus	26,26	
76	Produits financiers		26,26

Compte	31/12/N+2	Débit	Crédit
2768	Titres immobilisés, intérêts courus	27,36	
76	Produits financiers		27,36

Compte	31/12/N+3	Débit	Crédit
2768	Titres immobilisés, intérêts courus	28,51	
76	Produits financiers		28,51

Il serait également possible de contrepasser les écritures passées le 31/12 de chaque année le 1/01 de l'année suivante.

Lors du remboursement de l'obligation par l'émetteur :

Compte	N+4	Débit	Crédit
512	Banque	737,04	
2768	Titres immobilisés, intérêts courus		107,33
27	Titres immobilisés		600,00
76	Produits financiers		29,71

3. Quel devrait être le cours boursier le 2/01/N+2 d'une telle obligation, si le taux d'intérêt du marché, à cette date, pour des obligations similaires, était de 4,8 % ?

$737{,}04/1{,}048^2 = 671{,}07$ €

Si le taux était resté égal à 4,2 %, le cours boursier serait de 678,82 €.

Le taux du marché étant monté, le cours de l'obligation diminue.

Chapitre 10

Les stocks et en-cours

Application 1. Détermination du coût de production, p. 331

1. Déterminez le coût de production global et unitaire du produit M au titre du 1er trimestre N.

Le coût de production du produit M comprend les éléments suivants :

– matières premières : 70 000 ;

– frais de transport des matières premières : 2 000 (coûts directement attribuables) ;

– coût de stockage des matières premières : 1 000 (ces coûts sont nécessaires pour amener les stocks dans l'état et à l'endroit où ils se trouvent) ;

– main-d'œuvre directe : 41 000 (dont congés payés : 1 000). Les congés payés sont inclus, ils constituent une charge directe ;

– frais généraux variables de production : 30 000 ;

– frais généraux fixes de production : 20 000 × 80 % = 16 000. Le niveau de production réel est de 8 000/10 000, soit 80 %. La charge sous-activité de 20 % n'est pas incorporable dans le coût de production.

Les frais suivants, qui ne concourent pas au processus de production, doivent être constatés en charges :

– frais d'administration générale ;

– frais de stockage des produits finis ;

– frais de la fonction marketing.

Le coût de production global du premier trimestre N s'élève à : 160 000 €, soit un coût de production unitaire de 160 000/8 000 = 20 €.

2. Sachant que 7 000 unités ont été vendues à fin mars N, déterminez le montant du stock de produits M au 31 mars N.

Le stock final au 31 mars N est de 1 000 unités (8 000 – 7 000).

Le stock final de produits M ressort donc à : 1 000 × 20 = 20 000.

Application 2. Valorisation de stocks – Sous-activité, p. 331

1. Déterminez le coût complet et le coût d'imputation rationnelle global et unitaire des articles produits en décembre N.

Coût complet

Le coût complet de production des articles produits en décembre N comprend l'ensemble des charges engagées :

Charges variables : 38 240
Charges fixes : 25 000
63 240 €, soit un coût complet unitaire de 24,80 € (63 240/2 550).

Coût d'imputation rationnelle

Le coût d'imputation rationnelle des articles produits en décembre N comprend l'ensemble des charges variables engagées et les frais fixes dans la limite du rapport production réelle/production normale.

Les charges fixes de production ne peuvent être incorporées dans le coût de production qu'à hauteur de : 2 550/3 000 = 85 %.

Charges variables : 38 240
Charges fixes : 25 000
59 490 €, soit un coût d'imputation rationnelle unitaire de 23,33 € (59 490/2 550).

2. Déterminez le montant du stock final et effectuez les enregistrements d'inventaire relatifs aux stocks de produits P.

Le stock final de produits P de 850 unités correspond à une partie de la production de décembre N. Il est donc valorisé au coût unitaire de 23,33 €, soit un stock total de 850 × 23,33 = 19 830 €.

	31/12/N		
71355	Variation des stocks de produits finis	55 000	
355	Stocks de produits finis		55 000
	31/12/N		
355	Stocks de produits finis	19 830	
71355	Variation des stocks de produits finis		19 830

3. Quel est l'impact de la sous-activité de décembre sur le résultat de l'exercice N ?

Le coût de la sous-activité de décembre N ressort à :
25 000 × 15 % = 3 750. Cette charge vient minorer le résultat de l'exercice.

4. Quel montant, global et unitaire, de frais fixes est exclu de la valorisation du stock final ?

Le résultat de l'exercice N est minoré de la quote-part de charges fixes qui a été exclue de la valeur du stock final, soit 3 750 × 850/2 550 = 1 250 €.
L'impact de la sous-activité est de 24,80 – 23,33 = 1,47 € par unité.

Application 3. Dépréciation de stocks, p. 332

1. Déterminez dans chacune des hypothèses ci-dessus la valeur actuelle du stock. Déduisez-en les conséquences comptables et les écritures d'inventaire à comptabiliser.

Hypothèse 1 : le prix du marché au 31/12/N ressort à 12 900 €.

La valeur actuelle correspond à la valeur vénale, c'est-à-dire au montant net des coûts de sortie qui pourrait être obtenu, à la date de clôture, de la vente des produits finis ou marchandises, lors d'une transaction conclue à des conditions normales de marché.

Les coûts de sortie correspondent aux frais restant à supporter pour parvenir à la vente.
D'où valeur actuelle = 12 900 – 300 = 12 600 €.

La valeur actuelle est inférieure à la valeur comptable. Une dépréciation doit être constatée à hauteur de l'excédent de la valeur comptable sur la valeur actuelle :
13 000 – 12 600 = 400 €.

	31/12/N		
68173	Dotations aux dépréciations des stocks et en-cours	400	
397	Dépréciations des stocks de marchandises		400

Hypothèse 2 : le prix du marché au 31/12/N ressort à 13 100 €.

La valeur actuelle du stock est de 13 100 – 300 = 12 800 €.
La valeur actuelle est inférieure à la valeur comptable. Une dépréciation doit être constatée à hauteur de l'excédent de la valeur comptable sur la valeur actuelle :
13 000 – 12 800 = 200 €.

	31/12/N		
68173	Dotations aux dépréciations des stocks et en-cours	200	
397	Dépréciations des stocks de marchandises		200

Hypothèse 3 : un prix de vente ferme de 13 500 € a été négocié avec un client, les frais restant à supporter pour la bonne exécution du contrat ressortant à 250 €.

Rappelons que l'existence d'un contrat de vente ferme peut être une exception à la constatation d'une dépréciation du stock : « À la date de clôture de l'exercice, la valeur d'entrée est toujours retenue pour les stocks et les productions en cours qui ont fait l'objet d'un contrat de vente ferme dont l'exécution interviendra ultérieurement, dès lors que le prix de vente stipulé couvre à la fois cette valeur et la totalité des frais restant à supporter pour la bonne exécution du contrat. […] » (PCG – article 322-7).

Valeur d'entrée + frais restant à supporter pour la bonne exécution du contrat = 13 000 + 250 = 13 250.

Le prix de vente ferme (13 500 €) est supérieur à cette valeur. Aucune dépréciation n'est à constater.

2. Précisez les conséquences fiscales des écritures précédentes.

Selon le CGI, les dépenses non encore engagées à la date de clôture (frais de distribution et de commercialisation) ne peuvent être retenues dans l'évaluation des stocks, ni dans le calcul d'une éventuelle dépréciation.
Une quote-part de la dépréciation comptable des stocks est donc susceptible d'être réintégrée extra-comptablement.

Hypothèse 1 : le prix du marché au 31/12/N ressort à 12 900 €.

Dépréciation comptable : 400 €.
Dépréciation fiscale : 13 000 – 12 900 = 100 €. Une réintégration extra-comptable de 300 € doit être effectuée, correspondant aux frais de distribution restant à supporter.

Hypothèse 2 : le prix du marché au 31/12/N ressort à 13 100 €.

Dépréciation comptable : 200 €.

Dépréciation fiscale : aucune (13 100 > 13 000). Une réintégration extra-comptable de 200 € doit être effectuée, correspondant à une quote-part des frais de distribution restant à supporter.

Application 4. Droits d'émission de gaz à effet de serre, p. 332

1. Selon quel modèle économique la société doit-elle gérer des quotas de CO_2 ?

La société doit gérer ses quotas selon le modèle économique « production ». Elle procède en effet à l'achat de quotas afin de se conformer aux obligations liées à ses émissions de CO_2. Elle procède à des cessions de quotas uniquement de manière occasionnelle, dans le but d'optimiser ses coûts de production, et non à des fins de négoce.

2. Procéder aux enregistrements comptables afférents aux opérations réalisées au cours de chacun des semestres.

Opérations du 1er semestre :

Achat des 1 000 quotas à 8 € l'unité.

		S1		
601		Achat de matière première (quotas)	8 000	
	512	Banque		8 000

À la clôture du premier semestre, le nombre de quotas achetés étant supérieurs au nombre de quotas nécessaire pour faire face aux émissions, la différence de 200 quotas est comptabilisée en stock.

		30/06/N		
31		stock de matières premières	1 600	
	603	variation de stock		1 600

Opérations du 2ème semestre :

Achat des 1 300 quotas à 10 € l'unité :

		1/10/N+1		
601		Achat de matière première (quotas)	13 000	
	512	Banque		13 000

Vente des 100 quotas à 15 € l'unité :

	S2		
512	Banque	1 500	
70	Vente de matières premières		1 500

A l'inventaire les émissions cumulées au cours de l'exercice se sont élevées à 2 300 alors que l'entité n'a en portefeuille que : 1 000 + 1 300 – 100 = 2 200 quotas. Il lui manque donc 100 quotas. En conséquence elle ne possède plus de stock de matières premières (quotas car ceux-ci ont été consommés) et elle a un passif de 100 quotas évalués au cours du 31/12/N soit à 17 € l'unité.
D'où les écritures suivantes au 31/12/N :

	31/12/N		
603	Variation de stock de matières premières	1 600	
31	stock de matières premières		1 600

	31/12/N		
601	Achat de matière première (quotas)	1 700	
449	Quotas d'émission à acquérir		1 700

3. Procéder parallèlement au suivi hors bilan de la comptabilité matière.

Enregistrement hors bilan en comptabilité matière (en unités) pour le 1er semestre :

Quotas en portefeuille	1 000	
Quotas à restituer à l'État le 30/04/N+1		800

Enregistrement hors bilan en comptabilité matière (en unités) pour le 2ème semestre :

Quotas en portefeuille (1 300 – 100)	1 200	
Quotas à restituer à l'État le 30/04/N+1 (1 200 + 200)		1 400

En comptabilité matière à fin N, le total des quotas en portefeuille (1 000 + 1 200)
ainsi que les quotas à restituer à l'État (800 + 1 400) sont de 2 200.
Au cours du premier trimestre N+1, la société devra acquérir les 100 quotas manquant (au prix du marché) pour éteindre son passif. Les quotas en portefeuille ainsi que ceux à restituer à l'État sont, au titre de N, de 2 300 quotas.

Application 5. QCM, p. 332

Retrouvez la ou les réponses exactes.

1. Pour un négociant en matériel informatique, un ordinateur destiné à la vente est :

☑ un stock.

2. Les charges de sous-activité sont exclues du coût des stocks :

☑ Vrai

3. Les coûts d'emprunt sont systématiquement incorporables au coût des stocks :

☑ Faux

4. Les frais de développement sont :

☑ inclus dans le coût de production des stocks s'il s'agit d'une commande spécifique.

5. Une entreprise viticole peut inclure les frais de stockage dans sa valorisation de stocks :

☑ Vrai

6. Quelles sont les méthodes de valorisation des stocks admises par le PCG ?

☑ CMP
☑ FIFO

7. Des inventaires tournants sur une partie du stock sont suffisants pour permettre de répondre à l'obligation de réalisation d'un inventaire physique :

☑ Faux

8. La valeur vénale d'un stock correspond :

☑ à sa valeur vénale ou sa valeur d'usage en fonction de la destination des biens.

9. Pour les stocks faisant l'objet d'un contrat de vente ferme dont l'exécution interviendra ultérieurement, la valeur d'entrée est maintenue en comptabilité :

☑ dès lors que le prix de vente stipulé couvre à la fois cette valeur et la totalité des frais restant à supporter pour la bonne exécution du contrat.

10. Il est tenu compte des frais de commercialisation pour déterminer la dépréciation éventuelle d'un stock :

☑ uniquement en comptabilité.

Entraînements à l'examen

1. Valorisation de stocks, p. 334

1. La SA Asnière était-elle tenue à la réalisation d'un inventaire physique complet de ses stocks au 31/12/N ?

Il convient de distinguer selon que la SA Asnière dispose ou non d'un système d'inventaire permanent.

Absence d'inventaire permanent

Un inventaire physique annuel doit être obligatoirement réalisé à la date de clôture.

Existence d'un inventaire permanent

Si l'inventaire permanent de la SA Asnière est considéré comme fiable, elle peut effectuer au choix :

– un inventaire physique annuel complet à la date de clôture ou à une date antérieure, avec un écart maximum de deux à trois mois entre la date d'inventaire et la date de clôture ;

– des inventaires physiques tournants au cours de l'exercice afin de confronter les quantités figurant sur les fiches de stocks avec les quantités réelles, de manière à ce que chaque référence en stock soit contrôlée au moins une fois par an.

Un inventaire permanent est considéré comme fiable s'il permet notamment :

– de s'assurer de l'existence et de l'appartenance des stocks ;

– de détecter leur qualité et leur degré de rotation.

2. Déterminez la valeur du stock final de matières premières et celle du stock de produits finis. Effectuez les enregistrements comptables d'inventaire.

Matières premières

Le stock est évalué au coût d'acquisition, qui comprend :

– le prix d'achat : y compris les droits de douane et autres taxes non récupérables, après déduction des rabais commerciaux, remises, escomptes de règlements et autres éléments similaires ;

– les coûts directement attribuables : frais de transport, de manutention et autres coûts directement attribuables à l'acquisition des produits finis, des matières premières et des services.

Soit :

Prix d'achat :	36 000
Escompte de règlement :	(700)
Frais de transport et manutention :	500
Total	**35 800**

Les écritures d'inventaire sont les suivantes :

	31/12/N		
6031	Variation des stocks de matières premières	56 000	
31	Stocks de matières premières		56 000
	31/12/N		
31	Stocks de matières premières	35 800	
6031	Variation des stocks de matières premières		35 800

Produits finis

Le stock est évalué au coût de production, qui comprend :

– les coûts directs : matières consommées, main-d'œuvre directe, etc. ;

– les frais généraux de production fixes : coûts indirects de production qui demeurent relativement constants, indépendamment du volume de production. La quote-part de frais fixes de production correspondant à la sous-activité n'est pas incorporable au coût de production. Elle est comptabilisée en charges de période ;

– les frais généraux de production et variables : coûts indirects de production qui varient directement, ou presque directement, en fonction du volume de production.

Soit :

– matières premières consommées :	25 000
– main-d'œuvre directe :	36 000
– frais généraux variables de production :	12 500
– frais généraux fixes de production : 15 000 € 90 % =	13 500
Total	87 000

En revanche, les frais suivants qui ne concourent pas au processus de production
doivent être constatés en charges :
– frais de direction générale ;
– frais de stockage des produits finis.
Les écritures d'inventaire sont les suivantes :

	31/12/N		
71355	Variation des stocks de produits finis	123 000	
355	Stocks de produits finis		123 000
	31/12/N		
355	Stocks de produits finis	87 000	
71355	Variation des stocks de produits finis		87 000

3. Une dépréciation du stock de produits finis est-elle nécessaire au 31/12/N ? Déduisez-en les conséquences comptables et fiscales.

Déterminons la valeur actuelle du stock qui a dû être bradé.
Lorsque le prix de vente futur est inférieur au prix du marché à l'inventaire, c'est le prix de vente futur qui doit être retenu. Cette situation se rencontre notamment lorsque des produits sont destinés à être bradés : la valeur actuelle est égale au prix de vente bradé diminué des frais de distribution.
Valeur actuelle = valeur vénale – prix de vente effectif – coûts de sortie
= (42 800 × 60 %) – 2 140 = 23 540.
La valeur actuelle est inférieure au coût de production des articles bradés (27 600 €). Une dépréciation du stock doit être constatée à hauteur de :
27 600 – 23 540 = 4 060.
Les écritures d'inventaire sont les suivantes :

	31/12/N		
3955	Dépréciations des stocks de produits finis	8 500	
78173	Reprises sur dépréciations des stocks et en-cours		8 500
	31/12/N		
68173	Dotations aux dépréciations des stocks et en-cours	4 060	
3955	Dépréciations des stocks de produits finis		4 060

Fiscalement, les charges non encore engagées sont exclues du calcul de la dépréciation.

Dépréciation fiscale = 27 600 – 25 680 = 1 920 €. Une réintégration extra-comptable de 2 140 € (4 060 – 1 920) doit être effectuée, correspondant aux frais de di tribution restant à supporter.

Parallèlement, il convient de déduire extra-comptablement la quote-part de dépréciation non déductible en N – 1 et reprise dans le résultat de l'exercice N (650).

2. Stocks, p. 335

1. Déterminez la valeur du stock final de produits finis.

Le stock est évalué au coût de production, soit :

– Coût d'achat des matières premières consommées :	600 000
– Charges directes variables de production :	2 000 000
– Charges indirectes variables de production :	400 000
– Charges indirectes fixes de production :	
compte tenu du niveau réel d'activité : 100 000 × 80 % :	80 000
Coût de production total……………………………………	3 080 000

En revanche, les frais stockage des produits finis qui ne concourent pas au processus de production doivent être constatés en charges.

2. Effectuez les enregistrements comptables d'inventaire au 31/12/N.

Les écritures d'inventaire sont les suivantes :

	31/12/N		
71355	Variation des stocks de produits finis	3 150 000	
355	Stocks de produits finis		3 150 000
	31/12/N		
355	Stocks de produits finis	3 080 000	
71355	Variation des stocks de produits finis		3 080 000

3. Déterminez l'éventuelle dépréciation du stock de produits finis au 31/12/N ?

La valeur actuelle des stocks de produits X et Y correspond à leur valeur probable de réalisation, nette des frais restant à supporter pour parvenir à la vente.

La dépréciation correspond à l'excédent de la valeur comptable sur la valeur actuelle.

	Article X	Article Y
Coût de production global (1)	95 000	160 000
Prix de vente estimé maximum (2)	110 000	176 000
Charges de distribution non encore engagées (3)	12 000 (120 000 × 10 %)	40 000 (200 000 × 20 %)
Valeur actuelle (2) — (3)	98 000	136 000
Dépréciation : si (1) > (2), (2) — (1)	Non applicable	24 000

4. Proposez les enregistrements comptables d'inventaire au 31/12/N concernant la dépréciation du stock de produits finis.

Les écritures d'inventaire sont les suivantes :

	31/12/N		
3955	Dépréciations des stocks de produits finis	19 000	
78173	Reprises sur dépréciations des stocks et en-cours		8 500
	31/12/N		
68173	Dotations aux dépréciations des stocks et en-cours	24 000	
3955	Dépréciations des stocks de produits finis		4 060

Chapitre 11

Les actifs et passifs en monnaies étrangères

NB : Texte à jour de la réglementation en vigueur jusqu'au 31 décembre 2016. Pour les exercices ouverts en 2017, voir les changements précisés sur le site compagnon de l'ouvrage.

Application 1. Opération en devises sur un exercice, sans couverture, p. 355

– Hypothèse n° 1 : 1 JPY = 0,0067 €.

1. Enregistrez la facture puis le règlement au journal de l'entreprise Maillard.

	14/09/N		
607	Achats de marchandises	525 000	
401	Fournisseurs		525 000
	750 000 x 0,0070 = 525 000		

L'entreprise règle 75 000 000 € 0,0067 = 502 500 €. Elle réalise un gain de change de 22 500 €.

	31/10/N		
401	Fournisseurs	525 000	
766	Gains de change		22 500
512	Banque		502 500

Le gain enregistré au crédit du compte 766 est imposable. Aucun retraitement extra-comptable n'est à effectuer.

2. Indiquez si l'entreprise Maillard a eu raison de ne pas couvrir son acquisition par un achat à terme de JPY au cours de 1 JPY = 0,0070 €.

Dans cette hypothèse, l'entreprise Maillard a eu raison de ne pas couvrir son achat car le cours du yen a évolué favorablement pour elle.

– **Hypothèse n° 2 : 1 JPY = 0,0078 €.**

1. Enregistrez la facture puis le règlement au journal de l'entreprise Maillard.

	14/09/N		
607	Achats de marchandises	525 000	
401	Fournisseurs		525 000
	750 000 x 0,0070 = 525 000		

L'entreprise règle 75 000 000 × 0,0078 = 585 000 €. Elle réalise une perte de change de 60 000 €.

	31/07/N		
401	Fournisseurs	525 000	
666	Pertes de change	60 000	
512	Banque		585 000

La perte comptabilisée au débit du compte 666. Pertes de change est déductible. Aucun retraitement extra-comptable n'est à effectuer.

2. Indiquez si l'entreprise Maillard a eu raison de ne pas couvrir son acquisition par un achat à terme de JPY au cours de 1 JPY = 0,0070 €.

Dans cette hypothèse, l'entreprise Maillard a eu tort de ne pas couvrir son achat car le cours du yen a évolué défavorablement pour elle.

Application 2. Opération en devises sur un exercice, avec couverture, p. 355

1. Indiquez si l'entreprise Collin a eu raison de couvrir son acquisition par un achat à terme.

L'entreprise Collin a eu raison de se couvrir par un achat à terme car, en l'absence de couverture, elle aurait dû régler 75 000 € au lieu de 72 000 €.

2. Enregistrez la facture puis le règlement au journal de l'entreprise Collin.

Tant que la vente n'est pas comptabilisée, la couverture constitue un engagement hors bilan (l'entreprise a donné l'engagement d'acheter 100 000 $ au cours de 0,72 € par dollar et a reçu l'engagement de recevoir des dollars). Lors de l'enregistrement comptable de l'achat, le 2/10/N, celui-ci est comptabilisé au cours fixé par l'opération de couverture, soit 1 $ contre 0,72 €.

		2/10/N		
607	Achats de marchandises		72 000	
401		Fournisseurs		72 000

Le règlement génère l'écriture suivante :

		15/12/N		
401	Fournisseurs		72 000	
512		Banque		72 000

Application 3. Opération en devises s'échelonnant sur plusieurs exercices, sans couverture, p. 355

• Pour chaque hypothèse, comptabilisez au journal de la compagnie Dijon'Air toutes les écritures relatives à cette acquisition.

L'acquisition des avions est comptabilisée au cours du jour de l'opération :

		10/11/N		
2182	Matériel de transport		30 400 000	
404		Fournisseurs d'immobilisations		30 400 000
	40 000 000 x 0,76 = 30 400 000 €			

Hypothèse n° 1 : le 31/12/N, le taux de conversion est de 1 € = 1,35 $.
Le 31/12/N, la dette est évaluée sur la base du dernier cours de change :

		10/11/N		
404	Fournisseurs d'immobilisations		770 370	
477		Différence de conversion – PASSIF		770 370
	(40 000 000 / 1,35 – 30 400 000 = – 770 370			

Fiscalement, l'écart de conversion passif de 770 370 € est imposable. Une réintégration extra-comptable de ce montant doit être effectuée.

Le 1/01/N+1, l'écriture d'inventaire est contre-passée :

		1/10/N+1		
477	Différence de conversion – PASSIF		770 370	
404		Fournisseurs d'immobilisations		770 370

Le débit du compte 477. Différence de conversion PASSIF est déductible fiscalement. Il doit faire l'objet d'une déduction extra-comptable à la clôture de l'exercice N+1.

Le 31/01/N+1, l'entreprise règle sa dette :

	31/01/N+1		
404	Fournisseurs d'immobilisations	30 400 000	
666	Pertes de change	1 200 000	
512	Banque		31 600 000
	40 000 000 x 0,79 = 31 600 000 €		

La perte de change est déductible fiscalement.

Hypothèse n° 2 : le 31/12/N, le taux de conversion est de 1 € = 1,28 $.
Le 31/12/N, la dette est évaluée sur la base du dernier cours de change :

	31/12/N		
476	Différence de conversion – ACTIF	850 000	
404	Fournisseurs d'immobilisations		850 000
	(40 000 000 / 1,28) – 30 4000 000 = 850 000 €		
	31/12/N		
6865	Dotation aux provisions financières	850 000	
1515	Provision pour pertes de change		850 000

Fiscalement, l'écart de conversion actif de 850 000 € est déductible. Une déduction extra-comptable de ce montant doit être effectuée. En revanche, la dotation aux provisions financières n'est pas déductible, elle doit être réintégrée de manière extra-comptable.

Le 1/01/N+1, l'écriture d'inventaire est contre-passée :

	1/01/N+1		
404	Fournisseurs d'immobilisations	850 000	
476	Différence de conversion – ACTIF		850 000

Le crédit du compte 476. Différence de conversion ACTIF est imposable fiscalement. Il doit faire l'objet d'une réintégration extra-comptable à la clôture de l'exercice N+1.

Le 31/01/N+1, l'entreprise règle sa dette :

	31/01/N+1		
404	Fournisseurs d'immobilisations	30 400 000	
666	Pertes de change	1 200 000	
512	Banque		31 600 000
	40 000 000 x 0,79 = 31 600 000 €		

La perte de change est déductible fiscalement.

Le 31/12/N+1, la provision est reprise :

	31/12/N+1		
1515	Provisions pour pertes de change	850 000	
7865	Reprise sur provisions financières		850 000

La reprise sur provision n'est pas imposable puisque la dotation n'a pas été admise en déduction. Elle doit faire l'objet d'une déduction extra-comptable.

Application 4. Emprunt en devises, p. 356

1. Temer'Air peut-elle recourir à la dérogation relative aux emprunts affectés à l'acquisition d'immobilisations ? Pourquoi ?

« [...] Lorsqu'un emprunt en devises, sur lequel est constatée une perte latente, est affecté à l'acquisition d'immobilisations situées dans le pays ayant pour unité monétaire la même devise que celle de l'emprunt, ou à l'acquisition de titres représentatifs de telles immobilisations, il n'est pas constitué de provision globale pour la perte latente attachée à l'emprunt affecté. [...] » (PCG – article 420-6).

Cette dérogation à la constitution d'une provision égale à la perte de change réalisée sur la dette d'emprunt se justifie par le fait que la hausse de la dette est compensée, au moins pour partie, par l'augmentation de la valeur de l'immobilisation financée par cet emprunt.

L'entreprise Temer'Air contracte un emprunt en yens pour acquérir des immobilisations en euros. Par conséquent, les devises étant différentes, les conditions requises pour bénéficier de cette dérogation ne sont pas remplies.

2. Peut-elle recourir à une autre dérogation ? Laquelle ?

Temer'Air peut recourir, de manière facultative, à la dérogation prévue pour les emprunts en devises obtenus à des conditions plus avantageuses qu'un emprunt en monnaie nationale. En effet, le taux d'intérêt proposé par la banque japonaise est plus avantageux que le taux proposé par les banques françaises.

3. Comptabilisez au journal de la compagnie Temer'Air toutes les écritures, de l'exercice N, relatives à cet emprunt en envisageant les deux hypothèses suivantes :

– Temer'Air n'applique pas la dérogation autorisée par l'article 420-6 du PCG ;
– Temer'Air applique la dérogation autorisée par l'article 420-6 du PCG.

À la réception de l'emprunt :

	1/10/N		
512	Banque	14 400 000	
164	Emprunt auprès des établissements de crédit		14 400 000
	2 000 000 000 x 0,007 2 = 14 400 000		

– Temer'Air n'applique pas la dérogation autorisée par l'article 420-6 du PCG.

Si la société Temer'Air n'applique pas la dérogation offerte par l'article 420-6, le 31/12/N, les intérêts courus, les écarts de conversion et la provision pour pertes de change sont enregistrés de la manière suivante :

	31/12/N		
661	Charges d'intérêt	57 750	
1688	Intérêts courus		57 750
	2 000 000 000 x 1,5 % x 3/12 x 0,007 7 = 57 750		
	31/12/N		
476	Différence de conversion – ACTIF	1 000 000	
164	Emprunt auprès des établissements de crédit		1 000 000
	2 000 000 000 x (0,007 2 – 0,007 7) = 1 000 000		
	31/12/N		
6865	Dotations aux provisions financières	1 000 000	
1515	Provisions pour pertes de change		1 000 000

– Temer'Air applique la dérogation autorisée par l'article 420-6 du PCG.

Si la société Temer'Air applique la dérogation offerte par l'article 420-6, le 31/12/N, les intérêts courus, les écarts de conversion et la provision pour pertes de change sont enregistrés de la manière suivante :

	31/12/N		
661 1688	Charges d'intérêt Intérêts courus 2 000 000 000 x 1,5 % x 3/12 x 0,007 7 = 57 750	57 750	 57 750
476 164	Différence de conversion – ACTIF Emprunt auprès des établissements de crédit 2 000 000 000 x (0,007 2 – 0,007 7) = 1 000 000	1 000 000	 1 000 000
6865 1515	Dotations aux provisions financières Provisions pour pertes de change	122 250	 122 250

Si la société Temer'Air applique la dérogation offerte par l'article 420-6, le 31/12/N, les intérêts courus et les écarts de conversion sont inchangés. En revanche, la provision est réduite à 122 250 €. La somme de 122 250 est obtenue par le raisonnement suivant.

Charges calculées sur emprunt de 14 400 000 € au taux de 5 % :

14 400 000 × 5 % × 3/12 = 180 000 €.

Il est possible de plafonner la provision à : 180 000 – 57 750 = 122 250 € (au lieu de 1 000 000). Cette limitation de la provision repose sur l'hypothèse que les intérêts et la perte de change qui seront effectivement supportés en raison de cet emprunt en devises étrangères seront inférieurs aux intérêts relatifs à un emprunt en euros à 5 %.

Application 5. QCM, p. 356

Retrouvez la ou les réponses exactes.

1. En cas d'acquisition d'actif en monnaie étrangère, le taux de conversion utilisé est :

☑ en principe, le taux de change à la date d'entrée.

☑ le taux de change de la couverture si celle-ci a été prise avant l'opération.

2. Les pertes de change réalisées sont comptabilisées :

☑ au débit du compte 666. Pertes de change.

3. Les pertes de change latentes sont comptabilisées :

☑ au débit du compte 476. Différence de conversion – ACTIF.

4. Les gains de change latents sont comptabilisés :

☑ au crédit du compte 477. Différence de conversion – PASSIF.

5. Les écarts de conversion actifs comptabilisés :

☑ peuvent donner lieu à la comptabilisation d'une provision d'un montant inférieur.

6. Les liquidités ou exigibilités immédiates en devises existant à la clôture de l'exercice sont converties en monnaie nationale sur la base du dernier cours de change au comptant. Les écarts de conversion constatés sont comptabilisés dans le compte de résultat de l'exercice :

☑ Vrai

7. Lorsque les circonstances suppriment en tout ou partie le risque de perte :

☑ les provisions sont ajustées en conséquence.

8. Dans les situations suivantes les provisions doivent ou peuvent être ajustées :

☑ Lorsque l'opération traitée en devises est assortie par l'entité d'une opération symétrique destinée à couvrir les conséquences de la fluctuation du change, appelée couverture de change, la provision n'est constituée qu'à concurrence du risque non couvert.

☑ Lorsqu'un emprunt en devises, sur lequel est constatée une perte latente, est affecté à l'acquisition d'immobilisations situées dans le pays ayant pour unité monétaire la même devise que celle de l'emprunt, ou à l'acquisition de titres représentatifs de telles immobilisations, il n'est pas constitué de provision globale pour la perte latente attachée à l'emprunt affecté.

☑ Lorsque pour des opérations dont les termes sont suffisamment voisins les pertes et les gains latents peuvent être considérés comme concourant à une position globale de change, le montant de la dotation peut être limité à l'excédent des pertes sur les gains.

☑ Lorsque les charges financières liées à un emprunt en devises sont inférieures à ce qu'elles auraient été si l'emprunt avait été contracté en monnaie nationale, le montant de la dotation annuelle au compte de provision peut être limité à la différence entre ces charges calculées et les charges réellement supportées.

☑ Lorsque les pertes latentes de change sont attachées à une opération affectant plusieurs exercices, l'entité peut procéder à l'étalement de ces pertes.

Entraînement à l'examen

Couvertures, spéculations et opérations en dollars, p. 358

1. Expliquez en quelques lignes l'objectif des opérations du 7 novembre et du premier décembre.

Le 7 novembre, la société Isaweb est exposée au risque de change car la commande est libellée en dollars et non en euros. En achetant à terme des dollars, elle bloque le cours du dollar à 0,8 € et se couvre ainsi contre une évolution plus défavorable du dollar. En revanche, elle perd la possibilité de bénéficier d'une évolution favorable du taux de change.
Le 1er décembre, la société Isaweb préfère emprunter en dollar à un taux plus faible qu'un emprunt en euro, bien qu'elle soit exposée au risque d'une évolution défavorable du cours du dollar par rapport à l'euro, car elle estime que le gain réalisé sur les intérêts (grâce au taux faible obtenu) sera supérieur aux pertes qu'elle pourrait supporter en raison de l'évolution du cours du dollar. Cette décision n'est pas exempte de risque.

2. Comptabilisez au journal de la société Isaweb, en négligeant la TVA, toutes les écritures de l'exercice N relatives à ces opérations en envisageant toutes les possibilités offertes par le PCG.

Opération 1 :
Nous retenons le cours du jour de livraison (et de facturation)

		5/11		
607		Achat de marchandises	40 000 000	
	401	Fournisseur		40 000 000
		50 000 000 × 0,8 = 40 000 000		

Le 7/11, en achetant à terme 25 000 000 $ la moitié de sa dette sera réglée avec des dollars ayant coûté 20 000 000 €, comme cela avait été constaté le 27/10. Il n'y a plus aucun risque de change sur cette moitié de dette. En revanche, la seconde moitié de la dette est toujours exposée au risque de change. Le 31/12, le cours du dollar étant de 1 $ = 1 €, la dette de l'entreprise s'établit à : 25 000 000 × 0,8 + 25 000 000 × 1 = 45 000 000 €. Elle risque donc de s'appauvrir de 5 000 000 €. Les écritures suivantes doivent être constatées :

	31/12		
476	Écart de conversion actif (perte)	5 000 000	
401	Fournisseur		5 000 000
686	Dotation financière	5 000 000	
1515	Provision pour perte de change		5 000 000

Opération 2 :

	28/11		
411	Clients	170 000	
707	Vente de marchandises 200 000 × 0,85 = 170 000		170 000

	31/12		
512	Banque	200 000	
411	Clients		170 000
766	Gain de change		30 000

La société encaisse 200 000 $ qu'elle convertit en 200 000 €. Elle réalise un gain de 30 000 €.

Opération 3 :

	01/12		
512	Banque	20 000 000	
164	Emprunt 24 000 000 × 1/1,2 = 20 000 000		20 000 000

	01/12		
607	Achat de marchandise	20 000 000	
164	Emprunt 24 000 000 × 1/1,2 = 20 000 000		20 000 000

L'énoncé ne précise pas si le satellite constitue une marchandise ou une immobilisation pour la société Isaweb. Il conviendrait d'accepter le débit d'un compte d'immobilisation à la place du compte d'achat de marchandise.

Le 31/12, le cours du dollar est de 1 $ = 1 €. La dette d'emprunt s'élève alors à 24 000 000 €. Il convient donc de constater la hausse de cette dette en enregistrant un écart de conversion actif de 4 000 000 € et les intérêts courus.

		31/12		
476		Écart de conversion actif (perte)	4 000 000	
164		Emprunt		4 000 000
661		Intérêts	20 000	
1688		Emprunt, intérêts courus 24 000 000 × 1 % × 1/12 × 1 = 20 000		20 000

En principe, une provision pour perte de change devrait être constatée pour 4 000 000 €. Toutefois, l'article 420-6 du PCG prévoit que « Lorsque les charges financières liées à un emprunt en devises sont inférieures à ce qu'elles auraient été si l'emprunt avait été contracté en monnaie nationale, le montant de la dotation annuelle au compte de provision peut être limité à la différence entre ces charges calculées et les réellement supportées. »

Si l'entreprise Isaweb avait emprunté en euros elle aurait supporté pour un mois 50 000 € d'intérêts (20 000 000 × 3 % × 1/12). La différence entre ces charges calculées (50 000) et les charges réellement supportées (20 000) s'établit à 30 000 €. Il est possible de limiter la dotation à ce montant.

		31/12		
686		Dotation financière	30 000	
1515		Provision pour perte de change		30 000

Deux solutions sont possibles : constater une dotation de 4 000 000 € ou de 30 000 €.

Chapitre 12

Les subventions

Application 1. Subvention d'exploitation ou d'équilibre, p. 375

1. Comptabilisez au journal de la société, pour chaque hypothèse, les opérations de l'exercice N.

Hypothèse 1 : il s'agit d'une subvention d'exploitation.

Comptabilisation de l'attribution de la subvention

	13/07/N		
441	État – Subventions à recevoir	16 000	
74	Subventions d'exploitation		16 000

Encaissement de la subvention

	31/08/N		
512	Banque	16 000	
441	État – Subventions à recevoir		16 000

Hypothèse 2 : il s'agit d'une subvention d'équilibre.

Comptabilisation de la confirmation d'attribution de la subvention

	13/07/N		
441	État – Subventions à recevoir	16 000	
7715	Subventions d'équilibre		16 000

Encaissement de la subvention

	31/08/N		
512	Banque	16 000	
441	État – Subventions à recevoir		16 000

2. Indiquez, pour chaque hypothèse, le traitement fiscal de la subvention.

Quelle que soit l'hypothèse, la subvention est à rattacher aux résultats imposables de l'exercice au cours duquel elle est acquise, soit l'exercice N (CGI – article 38-1).

3. Présentez, pour chaque hypothèse, un extrait du compte de résultat de l'exercice N.

Hypothèse 1 : il s'agit d'une subvention d'exploitation.

Extrait du compte de résultat de l'exercice N

Compte de résultat de l'exercice N			
Charges		Produits d'exploitation	
		Subvention d'exploitation	16 000
Totaux		**Totaux**	**16 000**

La subvention d'exploitation accroît le résultat d'exploitation.

Hypothèse 2 : il s'agit d'une subvention d'équilibre.

Extrait du compte de résultat de l'exercice N

Compte de résultat de l'exercice N			
Charges		Produits exceptionnels	
		Subvention d'équilibre	16 000
Totaux		**Totaux**	**16 000**

La subvention d'équilibre accroît le résultat exceptionnel.

Application 2. Subvention d'investissement relative à une immobilisation amortissable, p. 375

1. Enregistrez toutes les écritures comptables, relatives au matériel et à la subvention, de l'exercice N.

Compte	Libellé	Débit	Crédit
	01/01/N		
441	État - Subventions à recevoir	80 000	
131	Subventions d'investissement - Équipement		80 000
	01/01/N		
2154	Matériel industriel	240 000	
44562	TVA sur immobilisations	48 000	
512	Banque		288 000
	26/01/N		
512	Banque	80 000	
441	État - Subventions à recevoir		80 000

		26/01/N		
681 28154	Dotation aux amortissements (1) Amortissements du matériel industriel		30 000	 30 000

(1) 30 000 = 240 000/8

		26/01/N		
139 777	Subventions d'investissement inscrites au résultat (1) Quote-part des subventions virée au résultat		10 000	 10 000

(1) 10 000 = 30 000 × 80 000/240 000

2. Présentez un extrait du compte de résultat et du bilan au 31/12/N.

Extrait du compte de résultat de l'exercice N

Compte de résultat de l'exercice N			
Charges d'exploitation		**Produits d'exploitation**	
Dotation d'exploitation	30 000	Subvention d'équilibre	
Charges exceptionnelles		**Produits exceptionnels**	
Dotation exceptionnelle		Quote-part de subvention	10 000
Totaux	**30 000**	**Totaux**	**10 000**

Le résultat d'exploitation est réduit de 30 000 € par la dotation d'exploitation.

Le résultat (hors incidence fiscale) est réduit de 20 000 €, c'est-à-dire de 2/3 du total des dotations.

Extrait du bilan au 31/12/N

Bilan au 31/12/N					
Actif				**Passif**	
	Valeur d'origine	Amortissements	Valeur nette comptable	Capitaux propres	
Matériel industriel	24 000	30 000	210 000	Subventions d'investissement	70 000
Totaux	**24 000**	**30 000**	**210 000**	**Totaux**	

Application 3. Subvention d'investissement relative à une immobilisation amortissable décomposée, p. 375

• Enregistrez les opérations de l'exercice N, sachant que la société Avril a décidé :

– d'étaler la subvention en comptabilité,
– et d'appliquer en fiscalité la méthode simplifiée qui consiste à retenir la durée moyenne d'amortissement des composants et de la structure.

Remarque

La société Avril souhaite déduire fiscalement le maximum de dotations aux amortissements.

	09/N		
441		600 000	
131			600 000

	1/10/N		
2131	Construction – Structure	1 800 000	
2132	Construction – Toiture	360 000	
2133	Construction – Agencements	240 000	
44562	TVA sur immobilisations	480 000	
512	Banque		2 880 000

	2/10/N		
512	Banque	600 00	
131	Subventions d'investissement – Équipement		600 000

	31/12/N		
681	Dotations aux amortissements (1)	25 500	
28131	Amortissement du composant structure		15 000
28132	Amortissement du composant toiture		4 500
28133	Amortissement du composant agencements		6 000

(1) 15 000 = 1 800 000 × 1/30 × 3/12
4 500 = 360 000 × 1/20 × 3/12
6 000 = 240 000 × 1/10 × 3/12

	31/12/N		
687	Dotations aux amortissements dérogatoires (1)	3 000	
145	Amortissements dérogatoires		3 000

(1) 3 000 = 1 800 000 × 1/25 × 3/12 – 15 000

L'immeuble n'étant pas un immeuble de placement, et l'entreprise souhaitant déduire le maximum de dotations possibles, la structure est amortie fiscalement sur la durée d'usage fiscale applicable à l'immobilisation prise dans son ensemble.

	31/12/N		
139 777	Subventions d'investissement inscrites au compte de résultat Quote-part des subventions virée au résultat	7 125	 7 125

La quote-part de subvention attribuable à la structure est de :
600 000 × 1 800 000/2 400 000 = 450 000.
D'où une reprise de cette quote-part de subvention en résultat de :
(15 000 + 3 000) × 450 000/1 800 000 = 4 500.

La quote-part de subvention attribuable à la toiture est de :
600 000 × 360 000/2 400 000 = 90 000.
D'où une reprise de cette quote-part de subvention en résultat de :
4 500 × 90 000/360 000 = 1 125.

La quote-part de subvention attribuable aux agencements est de :
600 000 × 2 40 000/2 400 000 = 60 000.
D'où une reprise de cette quote-part de subvention en résultat de :
6 000 × 60 000/240 000 = 1 500.

Soit un total de 7 125 × (4 500 + 1 125 + 1 500). Ce résultat peut être obtenu également en multipliant la dotation totale par le quotient subvention/immobilisation, soit :
28 500 × 600 000/2 400 000.

La durée moyenne d'amortissement fiscale est de 22,75 ans, soit :
(1 800 000 × 25 + 360 000 × 20 + 240 000 × 10) 2 400 000. Le montant de la subvention imposable annuellement est de 26 374 soit 600 000 × 1/22,75. Pour l'exercice N, le montant imposable est réduit prorata temporis à 6 593. Il convient donc de déduire de manière extra-comptable 532, soit (7 125 – 6 593).

Application 4. Subvention d'investissement relative à une immobilisation non amortissable, p. 376

• Enregistrez les opérations de l'exercice N, en envisageant successivement les hypothèses suivantes :

Hypothèse 1 : une clause d'inaliénabilité de 20 ans est prévue par le contrat d'attribution de la subvention.

	26/04/N		
211	Terrains	4 000 000	
512	Banque		4 000 000
	12/03/N		
512	Banque	1 000 000	
131	Subventions d'investissement – Équipement		1 000 000
	31/12/N		
139	Subventions d'investissement inscrites au compte de rés.	50 000	
777	Quote-part des subventions virée au résultat		50 000
	50 000 = 1 000 000 / 20		

Hypothèse 2 : aucune clause d'inaliénabilité n'est prévue.

	26/04/N		
211	Terrains	4 000 000	
512	Banque		4 000 000
	12/03/N		
512	Banque	1 000 000	
131	Subventions d'investissement – Équipement		1 000 000
	31/12/N		
139	Subventions d'investissement inscrites au compte de résultat	100 000	
777	Quote-part des subventions virée au résultat		100 000
	100 000 = 1 000 000 / 10		

Application 5. QCM, p. 376

Retrouvez la ou les réponses exactes.

1. Une subvention, dont bénéficie l'entreprise pour lui permettre de compenser l'insuffisance de certains produits d'exploitation ou de faire face à certaines charges d'exploitation, est qualifiée par le plan comptable de :

☑ subvention d'exploitation.

2. Une subvention dont bénéficie l'entreprise pour compenser, en tout ou partie, la perte globale qu'elle aurait constatée si cette subvention ne lui avait pas été accordée, est qualifiée par le plan comptable de :

☑ subvention d'équilibre

3. Une subvention reçue par une entreprise est soumise à la TVA lorsque la subvention constitue la contrepartie d'une opération effectuée au profit de l'organisme attribuant la subvention, sauf exonération expresse de l'opération à la TVA, ou le complément de prix d'une opération imposable à la TVA :

☑ Vrai

4. Les subventions d'exploitation ou d'équilibre reçues par une entreprise sont comptabilisées par cette dernière :

☑ obligatoirement en produit.

5. Les subventions d'exploitation ou d'équilibre reçues :

☑ sont imposables sans possibilité d'étalement de leur imposition.

6. Les subventions d'investissement reçues :

☑ peuvent, sous certaines conditions, être imposées de manière étalée.

7. Les subventions d'investissement reçues par une entreprise sont comptabilisées par cette dernière, dès lors qu'elles sont acquises :

☑ au choix au crédit du compte 777. Quote-part des subventions d'investissement virée au résultat de l'exercice ou au crédit du compte 131. Subventions d'investissement.

8. Une subvention d'investissement finançant partiellement une immobilisation amortissable non décomposée, est reprise annuellement en résultat comptable, par l'entreprise qui l'a reçue, pour un montant égal à :

☑ la dotation aux amortissements de l'immobilisation × subvention/immobilisation.

9. Une subvention d'investissement finançant partiellement une immobilisation non amortissable, est reprise annuellement en résultat comptable, par l'entreprise qui l'a reçue, pour un montant égal à :

☑ la subvention divisée par 10, s'il n'y a pas de clause d'inaliénabilité.

☑ la subvention divisée par le nombre d'années pendant lequel l'immobilisation est inaliénable.

Entraînement à l'examen

Subventions d'investissement, p. 378

- **Enregistrez toutes les écritures relatives à l'exercice N.**

Acquisition de l'immobilisation amortissable :

	01/10		
215	Matériel	1 200 000	
44562	État, TVA déductible	240 000	
512	Banque		1 440 000

Réception de la subvention

	20/12		
512	Banque	400 000	
131	Subvention d'investissement		400 000

Travaux d'inventaire

	31/12		
681	Dotation aux amortissements	30 000	
2815	Amortissement de matériel 1 200 000 × 10 % × 3/12 = 30 000		30 000
139	Subvention inscrite au compte de résultat	10 000	
777	Quote-part de subvention virée au résultat 30 000 × 400 000 / 1 200 000 = 10 000		10 000

Acquisition du terrain

	19/12		
211	Terrain	900 000	
512	Banque		900 000

Réception de la subvention

	27/12		
512	Banque	150 000	
131	Subvention d'investissement		150 000

	31/12		
139	Subvention inscrite au compte de résultat	15 000	
777	Quote-part de subvention virée au résultat 150 000 × 1/10		15 000

La subvention relative à une immobilisation non amortissable est étalée sur la durée de la clause d'inaliénabilité ou à défaut le montant repris (au résultat) est égal au dixième du montant de la subvention.

Chapitre 13

Les abandons de créances

Application 1. Abandon de créance et TVA, p. 392

1. L'abandon vous semble-t-il justifié ? Pourquoi ? Si tel n'était pas le cas, quelles en seraient les conséquences fiscales pour la société Gianetti ?

La SARL Grafois constitue apparemment un débouché important pour la société Gianetti. Cette dernière va, en outre, bénéficier d'une contrepartie non négligeable en pouvant utiliser un ensemble immobilier, donc l'abandon semble justifié.

S'il ne relève pas d'une gestion normale, l'abandon n'est pas déductible fiscalement pour la société Gianetti.

2. L'abandon est considéré relever d'une gestion normale. Qualifiez cet abandon de créance.

Il s'agit d'un abandon à caractère commercial car :
– la créance abandonnée est d'origine commerciale ;
– le motif de l'abandon est commercial (conserver un débouché) ;
– le lien entre les deux sociétés semble uniquement commercial.

3. L'abandon est-il soumis à la TVA ? Pourquoi ?

Oui, car il existe une contrepartie qui consiste en la mise à disposition de locaux.

4. Enregistrez l'abandon dans la comptabilité de chacune des sociétés, en précisant les conditions requises pour déduire la TVA.

Enregistrement de l'abandon chez Grafois

401	Société Gianetti	20 000,00	
4457	Taxes sur le chiffre d'aff. collectées par l'entreprise		3 333,00
7788	Produits exceptionnels divers		16 667,00

Enregistrement de l'abandon chez Gianetti

6788	Charges exceptionnelles diverses	16 667,00	
44566	TVA sur autres biens et services	3 333,00	
411	Client Grafois		20 000,00

La TVA est déductible à condition que la société Grafois établisse une facture la mentionnant et que Gianetti soit redevable de la TVA sur ses activités.

Application 2. Abandon de créance à caractère financier, p. 392

1. Déterminez, pour chaque hypothèse, la valeur de la situation nette comptable après l'abandon.

L'abandon de créance représente un enrichissement pour la société qui en bénéficie. Il a pour effet d'accroître sa situation nette :
– hypothèse 1 : – 140 000 + 100 000 = – 40 000. La situation nette est négative avant et après l'abandon ;
– hypothèse 2 : – 60 000 + 100 000 = 40 000. La situation nette, négative avant l'abandon, devient positive ;
– hypothèse 3 : 40 000 + 100 000 = 140 000. La situation nette est positive avant et après l'abandon.

2. Indiquez quels sont les traitements comptable et fiscal de l'abandon, selon l'hypothèse retenue, pour la société qui consent l'abandon, puis pour la société qui en bénéficie.

a. Hypothèse 1 : – 140 000 € avant l'abandon et – 40 000 € après.

Traitements comptable et fiscal pour la SA Calbocci

664	Perte sur créances liées à des participations	100 000	
267	Créances rattachées à des participations		100 000

Fiscalement, l'abandon est totalement déductible, car la situation nette de la SARL Alpy est négative avant et après l'abandon. Ce dernier n'est donc pas compensé pour partie par un accroissement de la valeur des titres Alpy.

Traitements comptable et fiscal pour la SARL Alpy

171	Dettes rattachées à des participations (groupe)	100 000	
7788	Produits exceptionnels divers		100 000

Fiscalement, l'abandon est totalement imposable, car il constitue un enrichissement pour la SARL Alpy.

b. Hypothèse 2 : – 60 000 € avant l'abandon et 40 000 € après.

Traitements comptable et fiscal pour la SA Calbocci

Au niveau comptable, deux solutions semblent envisageables. La première, conforme au PCG, consiste à enregistrer la totalité de l'abandon en charge financière. La seconde, à comptabiliser la partie non déductible de l'abandon en complément d'apport.

664	Perte sur créances liées à des participations	100 000	
267	Créances rattachées à des participations		100 000

ou

664	Perte sur créances liées à des participations	68 000	
261	Titres de participation	32 000	
267	Créances rattachées à des participations		100 000

Fiscalement, l'abandon est déductible à concurrence du montant de la situation nette négative avant l'abandon, auquel s'ajoute le montant de la situation nette positive dans la proportion de la fraction du capital appartenant aux autres associés (ici 20 %) : 60 000 + (40 000 × 20 %) = 68 000.

Une réintégration de 32 000 € doit être effectuée si la totalité de l'abandon a été comptabilisée en charge.

Traitements comptable et fiscal pour la SARL Alpy

171	Dettes rattachées à des participations (groupe)	100 000	
7788	Produits exceptionnels divers		100 000

L'abandon de créance enrichit la société Alpy. Il est en principe imposable.

Toutefois, lorsque la société bénéficiaire de l'abandon est soumise à l'IS et est détenue par une société mère créancière, la fraction de l'abandon qui n'est pas déductible pour la société qui le consent n'est pas imposable au niveau de la sociétéqui en bénéficie à condition que celle-ci prenne l'engagement d'augmenter son capital pour un montant au moins égal à l'abandon consenti avant la clôture du second exercice suivant celui de l'abandon au profit de la société mère, d'un montant au moins égal à la fraction non déductible (article 216A du CGI).

c. Hypothèse 3 : 40 000 € avant l'abandon et 140 000 € après.

Traitements comptable et fiscal pour la SA Calbocci

Au niveau comptable, deux solutions semblent envisageables. La première, conforme au PCG, consiste à enregistrer la totalité de l'abandon en charge financière. La seconde, à comptabiliser la partie non déductible de l'abandon en complément d'apport.

664	Perte sur créances liées à des participations	100 000	
267	Créances rattachées à des participations		100 000

ou

664	Perte sur créances liées à des participations	20 000	
261	Titres de participation	80 000	
267	Créances rattachées à des participations		100 000

L'appauvrissement provoqué par l'abandon de créance est compensé, pour partie, par la hausse de la valeur des titres, de la société bénéficiaire de l'abandon, détenus par la société qui consent l'abandon. L'abandon n'est déductible qu'en proportion de la fraction du capital appartenant aux autres associés (ici 20 %) :
100 000 × 20 % = 20 000. Une réintégration de 80 000 € doit être effectuée si la totalité de l'abandon a été comptabilisée en charge.

Traitements comptable et fiscal pour la SARL Alpy

171	Dettes rattachées à des participations (groupe)	100 000	
7788	Produits exceptionnels divers		100 000

L'abandon de créance enrichit la société Alpy. Il est en principe imposable. Toutefois, lorsque la société bénéficiaire de l'abandon est soumise à l'IS et est détenue par une société mère créancière, la fraction de l'abandon qui n'est pas déductible pour la société qui le consent n'est pas imposable au niveau de la société qui en bénéficie à condition que celle-ci prenne l'engagement d'augmenter son capital pour un montant au moins égal à l'abandon consenti avant la clôture du second exercice suivant celui de l'abandon au profit de la société mère, d'un montant au moins égal à la fraction non déductible (article 216A du CGI).

3. La situation nette réelle pourrait-elle être retenue à la place de la situation nette comptable ?

En principe, la situation nette est déterminée à partir des valeurs comptables. Elle est égale au montant des capitaux propres définis par le PCG (article 934-1) sous déduction des frais d'établissement. Elle est appréciée à la date de clôture de l'exercice de la société qui consent l'abandon (CE, 31 juillet 2009). Toutefois, s'il existe un écart significatif entre la situation nette comptable et la situation nette réelle :
– l'entreprise qui consent l'abandon est autorisée à retenir la situation nette réelle si elle est inférieure à la situation nette comptable ;
– l'administration peut retenir la situation nette réelle si elle est supérieure à la situation nette comptable.

4. Que se passerait-il au niveau fiscal si la SARL Alpy n'était pas soumise à une procédure collective ou de conciliation ?

Pour les exercices clos à compter du 04/07/2012, les abandons à caractère financier ne sont plus déductibles au niveau de celui qui les consent si le bénéficiaire n'est pas soumis à une procédure collective ou de conciliation.

Application 3. Abandons de créances simultanés, p. 392

1. Déterminez le montant de la situation nette après l'abandon.

L'abandon de créance représente un enrichissement pour la société qui en bénéficie. Il a pour effet d'accroître sa situation nette à hauteur de :
– 180 000 + 90 000 + 150 000 = 60 000.
La situation nette, négative avant l'abandon, devient positive après.

2. Le fait que les deux abandons aient lieu simultanément ou de manière rapprochée est-il important ? Pourquoi ?

Le traitement fiscal de l'abandon de créance dépend de la valeur de la situation nette de la société qui en bénéficie. Cette situation nette est modifiée par un abandon. Par conséquent, si deux abandons sont réalisés, chacun d'entre eux la modifie. Pour retenir la même situation nette pour chacun des abandons et déterminer leur régime fiscal, il convient que ceux-ci soient simultanés ou rapprochés.

3. Indiquez le traitement fiscal de l'abandon de créance effectué par chacun des associés.

Chaque associé participant à l'abandon peut déduire :
– le montant de la situation nette négative multiplié par le quotient de son propre abandon par le montant total de l'abandon, auquel s'ajoute
– la fraction non encore déduite de son propre abandon multipliée par la proportion de la fraction du capital appartenant aux associés qui ne participent pas à l'abandon.

L'abandon de la SA Cairely est déductible à hauteur de :
(180 000) × 90 000/240 000 = 67 500 €
+
(90 000 – 67 500) × (100 % – 30 % – 40 %) = 6 750 €.
Soit un total de 74 250 €. Le reste (15 750 €) n'est pas déductible car il s'agit d'un supplément d'apport.

L'abandon de la SARL Jaipur est déductible à hauteur de :
(180 000) × 150 000/240 000 = 112 500 €
+
(150 000 – 112 500) × (100 % – 30 % – 40 %) = 11 250 €.
Soit un total de 123 750 €. Le reste (26 250 €) n'est pas déductible car il s'agit d'un supplément d'apport.

Remarque : le total des abandons déductibles s'élève donc à 74 250 + 123 750 = 198 000 €, soit le montant de la situation nette négative avant l'abandon (180 000 €) plus le montant de la situation nette positive, après l'abandon, multiplié par la proportion de la fraction du capital appartenant aux associés qui ne participent pas à l'abandon (60 000 × 30 %).

4. Indiquez le traitement comptable effectué par la SA Cairely.

Au niveau comptable, deux solutions semblent envisageables :
– la première, conforme au PCG, consiste à enregistrer la totalité de l'abandon en charge financière :

		31/05/N		
664		Perte sur créances liées à des participations	90 000	
	267	Créances rattachées à des participations		90 000

– la seconde comptabilise la partie non déductible de l'abandon en complément d'apport :

	31/05/N		
664	Perte sur créances liées à des participations	74 250	
261	Titres de participation	15 750	
267	Créances rattachées à des participations		90 000

5. Le fait que la société Kascout soit soumise à une procédure collective a-t-il de l'importance ?

Pour les exercices clos à compter du 04/07/2012, les abandons à caractère financier ne sont plus déductibles au niveau de celui qui les consent si le bénéficiaire n'est pas soumis à une procédure collective ou de conciliation.

Application 4. QCM, p. 393

• Retrouvez la ou les réponses exactes.

1. Un abandon de créance entre deux sociétés appartenant au même groupe :

☑ peut être qualifié d'abandon commercial ou d'abandon financier selon les motifs et les circonstances qui ont conduit à sa réalisation.

2. Lorsque les deux sociétés ont des relations commerciales et également des liens capitalistiques, en particulier du type « société mère et filiale » :

☑ si le caractère commercial est prépondérant, l'abandon est commercial, sinon il est financier.

3. Un abandon à caractère commercial relevant d'une gestion normale :

☑ est imposable pour la société qui en bénéficie.

☑ est déductible pour la société qui le consent.

4. Un abandon de créance à caractère commercial relevant d'une gestion normale :

☑ est enregistré en charge exceptionnelle dans la comptabilité de la société qui le consent.

☑ est enregistré en produit exceptionnel dans la comptabilité de la société qui en bénéficie.

5. Un abandon de créance commerciale relevant d'une gestion anormale :

☑ est imposable au niveau de la société qui en bénéficie.

☑ n'est pas déductible au niveau de la société qui le consent.

6. Le traitement fiscal d'un abandon de créance à caractère financier accordé à une société soumise à une procédure collective ou de conciliation et relevant d'une gestion normale :

☑ varie, au niveau de la société qui consent l'abandon, selon le montant de la situation nette de la société qui bénéficie de l'abandon.

7. La situation nette déterminée à partir des valeurs comptables est égale :

☑ au montant des capitaux propres définis par le PCG (article 934-1) sous déduction des frais d'établissement.

8. S'il existe un écart significatif entre la situation nette comptable et la situation nette réelle :

☑ l'entreprise qui consent l'abandon est autorisée à retenir la situation nette réelle si elle est inférieure à la situation nette comptable.

☑ l'administration peut retenir la situation nette réelle si elle est supérieure à la situation nette comptable.

9. Si la situation nette de la société qui bénéficie de l'abandon est négative avant et après l'abandon :

☑ l'abandon est totalement déductible pour la société qui l'av consenti si le bénéficiaire est soumis à une procédure collective.

☑ l'abandon n'est pas du tout déductible pour la société qui l'a consenti si le bénéficiaire n'est pas soumis à une procédure collective ou de conciliation.

10. Un abandon de créance à caractère financier, relevant d'une gestion normale :

☑ est enregistré en produit exceptionnel dans la comptabilité de la société qui en bénéficie.

Entraînements à l'examen

1. Abandon de créance à caractère financier, p. 395

1. L'abandon vous semble-t-il justifié ? Pourquoi ? Si tel n'était pas le cas, quelles en seraient les conséquences fiscales ?

La SARL Goimard a investi 130 000 € lors de l'acquisition de 45 % des titres de la SA Delamarche, et lui a prêté, sans intérêts, 120 000 €. L'objectif de ces dépenses, qui consiste à améliorer la rentabilité des services commerciaux de chacune des sociétés, est stratégique. Par ailleurs, en analysant le bilan de la SA Delamarche, nous pouvons constater que cette dernière :

– a perdu plus de la moitié de son capital ;
– n'a pratiquement plus de disponibilités ;
– a perdu, selon l'énoncé, la confiance de ses fournisseurs, qui ne lui accordent plus de crédit ;
– aura, probablement, beaucoup de difficultés à obtenir un prêt bancaire en raison de sa situation financière précaire.

En conséquence, sans aide de la part de ses actionnaires principaux, la SA Delamarche risque d'être contrainte de cesser ses activités. Si cette perspective se réalisait, la SARL Goimard subirait une perte financière et verrait sa stratégie remise en cause. Pour tous ces motifs, l'abandon consenti paraît justifié.

S'il était considéré ultérieurement, par exemple lors d'un contrôle fiscal, que cet abandon ne relevait pas d'une gestion normale, sa déductibilité antérieure serait annulée, le cas échéant.

2. Cet abandon est-il à caractère financier ? Pourquoi ? Le fait que la société Delamarche soit soumise à une procédure collective a-t-il de l'importance ?

L'abandon est consenti pour des raisons d'ordre stratégique, les liens unissant les deux sociétés sont exclusifs de toute relation commerciale et la créance abandonnée est financière. Par conséquent, l'abandon a un caractère financier.

Pour les exercices clos à compter du 04/07/2012, les abandons à caractère financier ne sont plus déductibles au niveau de celui qui les consent si le bénéficiaire n'est pas soumis à une procédure collective ou de conciliation.

3. Déterminez quelle est la valeur de la situation nette de la SA Delamarche avant, puis après l'abandon.

En principe, la situation nette est déterminée à partir des valeurs comptables. Elle est égale au montant des capitaux propres définis par le PCG sous déduction des frais d'établissement. Elle est appréciée à la date de clôture de l'exercice de la société qui consent l'abandon (CE, 31 juillet 2009) ou à la date de l'abandon selon la doctrine administrative. Toutefois, s'il existe un écart significatif entre la situation nette comptable et la situation nette réelle :
– l'entreprise qui consent l'abandon est autorisée à retenir la situation nette réelle si elle est inférieure à la situation nette comptable ;
– l'administration peut retenir la situation nette réelle si elle est supérieure à la situation nette comptable.
Nous supposerons que la situation nette apparaissant au bilan établi le 30/06/N est très proche de la situation nette réelle.
La situation nette avant l'abandon s'élève à :
300 000 – 240 000 – 20 000 + 42 000 – 2 000 = 80 000.
Elle est positive.
La situation nette après l'abandon s'élève à : 80 000 + 120 000 = 200 000.
Elle s'est accrue de 120 000 €, c'est-à-dire du montant de l'abandon.

4. Comptabilisez l'abandon et indiquez son traitement fiscal dans chacune des sociétés, sachant que la valeur d'utilité des titres Delamarche est égale par hypothèse à 97 500 €.

a. Traitements comptable et fiscal pour la SARL Goimard, société qui consent l'abandon

– En comptabilité : l'abandon de créance constitue une charge financière à enregistrer au compte 664. Perte sur créances liées à des participations. Corrélativement, une reprise de dépréciation des titres doit être effectuée si une dépréciation, précédemment comptabilisée, n'est plus totalement ou partiellement justifiée :

	1/07/N		
664	Perte sur créances liées à des participations	120 000	
267	Créances rattachées à des participations		120 000

Il convient également de reprendre une partie de la dépréciation antérieurement constatée :

	1/07/N		
2961	Titres de participation	32 500	
7866	Reprises sur dépréciations des éléments financiers		32 500

32 500 = 97 500 – 65 000

ou

	1/07/N		
664	Perte sur créances liées à des participations	66 000	
261	Titres de participation	54 000	
267	Créances rattachées à des participations		120 000

Ce schéma d'écriture ne nécessite pas de réintégration fiscale du montant non déductible de l'abandon, puisqu'il n'est pas comptabilisé en charge, ni de reprise de dépréciation.

– en fiscalité : l'abandon n'est déductible qu'en proportion de la fraction du capital appartenant aux autres associés :

120 000 × (100 % – 45 %) = 66 000 €. Une réintégration de 54 000 € doit être effectuée si la totalité de l'abandon a été comptabilisée en charge. En revanche, aucune réintégration n'est nécessaire si la partie non déductible a été enregistrée en complément d'apport au débit du compte 261. Titres de participation.

Un complément de dépréciation de 21 500 € est nécessaire :

[(130 000 + 54 000 – 65 000) – 97 500].

b. Traitements comptable et fiscal pour la SA Delamarche, société qui bénéficie de l'abandon

– en comptabilité : la dette envers la société qui consent l'abandon est réduite du montant de celui-ci par le crédit du compte 7788. Produits exceptionnels divers :

171	Dettes rattachées à des participations (groupe)	120 000	
7788	Produits exceptionnels divers		120 000

– en fiscalité : l'abandon de créance enrichit la société. Il est en principe imposable. Toutefois, lorsque la société bénéficiaire de l'abandon est soumise à l'IS et est détenue par une société mère créancière, la fraction de l'abandon qui n'est pas déductible pour la société qui le consent n'est pas imposable au niveau de la société qui en bénéficie à condition que celle-ci prenne l'engagement d'augmenter son capital pour un montant au moins égal à l'abandon consenti avant la clôture du second exercice suivant celui de l'abandon au profit de la société mère, d'un montant au moins égal à la fraction non déductible (article 216A du CGI).

5. Comment appelle-t-on la clause stipulant qu'au cas où les capitaux propres atteindraient 300 000 €, la créance redeviendrait exigible ?

Il s'agit d'une clause de retour à meilleure fortune. Elle a pour objet de permettre au créancier ayant précédemment abandonné sa créance de contraindre le bénéficiaire de l'abandon à régler sa dette antérieure en cas de redressement financier. En présence d'une telle clause, l'abandon de créance est en fait réalisé sous condition résolutoire.

2. Abandons multiples, p. 396

1. Déterminez le montant d'abandon déductible au niveau de chaque associé. La situation est-elle fiscalement équitable ?

Rappels : La filiale est en redressement judiciaire et l'abandon a un caractère financier.

Situation nette avant abandon : – 120 000
Situation nette après abandon : + 180 000 (soit – 120 000 + 200 000 + 100 000)

S'il n'y avait qu'un seul associé ayant abandonné 300 000 €, et détenant 70 % des titres de la société bénéficiaire de l'abandon, le montant déductible s'élèverait à 174 000 € :
120 000 + 180 000 × 30 %

Situation nette négative + situation positive × % détenu par les associés ne participant pas à l'abandon

Dans le cas présent, deux associés ont accordé un abandon de créance.

Le montant déductible, au niveau de chacun de ces deux associés, est déterminé de la manière suivante :

Montant de la situation négative × quotient de son propre abandon sur le montant total de l'abandon
+
fraction non encore déduite de son propre abandon × proportion de la fraction du capital appartenant aux associés qui ne participent pas à l'abandon.

Application :

La société mère qui détient 40 % des titres de la filiale et qui abandonne 200 000 € peut déduire :

120 000 × 200 000/300 000	+	(200 000 – 80 000) × 30 %	=	116 000 €
80 000	+	36 000		

L'autre associé qui détient 30 % et abandonne 100 000 € peut déduire :

120 000 × 100 000/300 000	+	(100 000 – 40 000) × 30 %	=	58 000 €
40 000	+	18 000		

Nous pouvons remarquer que le montant total déductible s'établit à 174 000 €
(116 000 + 58 000)

Remarque :

Il aurait été également possible d'obtenir le montant déductible de chaque associé en multipliant le total déductible (174 000) par le quotient de l'abandon de l'associé considéré sur le montant total de l'abandon :
174 000 × 200 000/300 000 = 116 000
174 000 × 100 000/300 000 = 58 000

2. Quels montants les associés auraient-ils dû abandonner pour respecter l'équité fiscale entre eux ?

Appelons A la somme abandonnée par la société mère et B l'abandon consenti par l'autre associé.
Pour que la situation soit équitable, il faut que chaque associé puisse déduire l'appauvrissement qu'il supporte. L'appauvrissement est égal au montant de l'abandon moins la hausse de la valeur des titres générée par l'abandon des deux associés.

La mère abandonne 200 000 € et ses titres reprennent 180 000 × 40 % de valeur, soit 72 000 €. L'appauvrissement net s'élève à 128 000 €. Elle peut déduire 116 000 €, soit 12 000 de moins.
Pour l'autre associé, l'abandon s'établit à 100 000 €.
Il s'appauvrit de 100 000 moins 180 000 × 30 %, soit 54 000 €.
L'appauvrissement net est de 46 000 €.
Pourtant, cet associé peut déduire 12 000 € de plus. La situation n'est pas équitable.
Pour qu'elle le soit, sachant que le total des abandons restera égal à 300 000 €, il faut que :

La mère abandonne A tel que :

$A - 180\,000 \times 40\,\% = (120\,000 \times A/300\,000) + (A - 120\,000 \times A/300\,000) \times 30\,\%$

$A - 72\,000 = 0{,}4A + 0{,}3A - 0{,}12A$

$A - 0{,}58A = 72\,000$ soit $0{,}42A = 72\,000$

D'où A = 171 429 € au lieu de 200 000 €

L'autre associé abandonne B tel que :

$B - 180\,000 \times 30\,\% = (120\,000 \times B/300\,000) + (B - 120\,000 \times B/300\,000) \times 30\,\%$

$B - 54\,000 = 0{,}4B + 0{,}3B - 0{,}12B$

$B - 0{,}58B = 54\,000$ soit $0{,}42B = 54\,000$

D'où B = 128 571 € au lieu de 100 000 €.

Nous pouvons vérifier que la somme des deux abandons est bien égale à 300 000 €.

Chapitre 14

Participation et intéressement des salariés

Application 1. Participation des salariés, p. 416

1. Déterminez et comptabilisez le montant de la participation au titre de l'exercice N.

La participation des salariés calculée selon le régime de droit commun est égale à :

$$1/2\ (B - 5\ \%\ C) \times S/VA$$

Déterminons les différents paramètres de cette formule :
– B = bénéfice fiscal taxable au taux de droit commun – IS correspondant, sans imputation des crédits d'impôt = 500 400 – (500 400 × 33 1/3 %) = 333 600.
– C = capitaux propres =

capital libéré : 250 000 + (60 000 × 7/12)	285 000
réserves	45 000
report à nouveau	2 000
provision pour hausse de prix	8 000
provision pour engagements de retraite	75 500
Total	**415 500**

En cas d'augmentation ou de réduction de capital en cours d'exercice, le montant du capital et des primes liées est pris en compte *prorata temporis*, soit 7/12 pour l'augmentation de capital réalisée au 1/06/N.

Les subventions d'investissement et les amortissements dérogatoires sont exclus du calcul des capitaux propres.

La provision pour litige ne doit pas être prise en compte car elle n'a pas supporté l'impôt.

La provision pour engagements de retraite est à prendre en compte car elle n'est pas déductible, sous déduction de la dotation de l'exercice N : 82 000 – 6 500 = 75 500.

– S = salaires bruts versés = 950 000

– V = valeur ajoutée = résultat courant avant impôt :

820 000 – 10 800 + 23 000	832 200
charges de personnel	1 430 000
impôts et taxes	152 000
dotations aux amortissements, dépréciations et provisions d'exploitation	33 000
charges financières	10 800
Total	**2 458 000**

Participation de N avant prise en compte du forfait social
= 1/2 (333 600 – 5 % × 415 500) × 950 000/2 458 000
= 60 452 € (arrondi à l'euro le plus proche).

Participation de N tenant compte du forfait social :
R' = R/(1 + 1/3 taux × S/VA) = 60 452/ (1 + 1/3 × 20 % × 95 000/245 800) = 58 934.

	31/12/N		
691	Participation des salariés aux résultats	58 934	
4284	Dettes provisionnées pour participation des salariés aux résultats		58 934
6451	Cotisations à l'URSSAF (58 934 × 20 %)	11 787	
4386	Organismes sociaux - Autres charges à payer		11 787

2. Enregistrez l'écriture consécutive à l'AGO ayant approuvé les comptes le 14/06/N+1.

Après l'approbation des comptes par l'AGO, la participation est constatée en réserve spéciale. La société Gondellier précompte la CSG et la CRDS qui sont reversées à l'URSSAF.

	16/06/N+1		
4284	Dettes approvisionnées pour participation des salariés aux résultats	58 934	
4246	Participation des salariés – Réserve spéciale		58 934
	14/06/N+1		
4246	Participation des salariés – Réserve spéciale	4 715	
4386	Organismes sociaux. Autres charges à payer	11 787	
431	Sécurité sociale (*)		16 502

(*) 58 934 × 20 % = 11 787 € + 4 715 € = 16 502 €.

Remarque : ces deux écritures peuvent être contractées en une seule.

3. Comptabilisez l'affectation de la participation au fonds de participation créé par l'entreprise.

Les fonds sont versés conformément à l'accord de participation à un organisme bancaire extérieur.

	14/06/N+1		
4246	Participation des salariés – Réserve spéciale	54 219	
1662	Fonds de participation		54 219

Application 2. Participation des salariés, p. 416

1. Comptabilisez le montant de la participation au titre de l'exercice N.

La participation de l'exercice N est une charge comptable de l'exercice au cours duquel les salariés ont travaillé. Elle constitue une charge à payer au 31/12/N :

	31/12/N		
691	Participation des salariés aux résultats	130 435	
4284	Dettes provisionnées pour participation des salariés aux résultats		130 435
	31/12/N		
6451	Cotisations à l'URSSAF (130 435 × 20 %)	26 087	
4386	Organismes sociaux. Autres charges à payer		26 087

2. Enregistrez l'écriture consécutive à l'AGO ayant approuvé les comptes le 31/05/N+1.

Après l'approbation des comptes par l'AGO, la participation est constatée en réserve spéciale. La société Arwind précompte la CSG et la CRDS qui sont reversées à l'URSSAF.

	31/05/N+1		
4284	Dettes approvisionnées pour participation des salariés aux résultats	130 435	
4246	Participation des salariés – Réserve spéciale		130 435
	31/05/N+1		
4246	Participation des salariés – Réserve spéciale	10 435	
4386	Organismes sociaux. Autres charges à payer	26 087	
431	Sécurité sociale (*)		36 522

(*) 130435 × 20 % = 26087 € + 10435 € = 36522 €.

Remarque : ces deux écritures peuvent être contractées en une seule.

3. Comptabilisez l'affectation de la participation dans les différentes hypothèses envisagées.

Hypothèse 1 : création d'actions nouvelles par une augmentation de capital.
La valeur d'une action Arwind étant estimée à 125 €, l'entité doit créer : (130 435 – 10 435)/125 = 960 actions.

La capitalisation de la dette de la société Arwind envers ses salariés s'analyse en une augmentation de capital en numéraire libérée par compensation de créance. L'opération est comptabilisée comme suit :

4246	Participation des salariés – Réserve spéciale	120 000	
1013	Capital souscrit – appelé, versé (960 x 100)		96 000
1041	Prime d'émission (120 000 – 96 000)		24 000

Hypothèse 2 : attribution d'actions préalablement rachetées par la société Arwind le 15/04/N+1 au prix de 130 €.
La valeur d'une action Arwind étant estimée à 125 €, l'entité doit racheter : (130 435 – 10 435)/125 = 960 actions.

L'achat d'actions propres par une entité en vue d'une attribution aux salariés doit être enregistré en valeurs mobilières de placement au débit du compte 502. Actions propres (voir le chapitre 9 sur le portefeuille titres). L'écart entre le prix d'achat et la valeur de l'action est inscrit :
– en cas de perte, au débit du compte 6783. Malis provenant du rachat par l'entreprise d'actions et d'obligations émises par elle-même ;
– en cas de profit, au crédit du compte 7783. Bonis provenant du rachat par l'entreprise d'actions et d'obligations émises par elle-même.

	15/04/N+1		
502	Actions propres	124 800	
512	Banque		124 800
	31/05/N+1		
4246	Participation des salariés – Réserve spéciale	120 000	
502	Actions propres		124 800
6783	Mali provenant du rachat par l'entreprise d'actions et d'obligations émises par elle-même	4 800	

Hypothèse 3 : création d'un fonds d'investissement dans la société Arwind. Les sommes affectées au fonds portent intérêt au taux de 6 %.
En cas de création d'un fonds d'investissement, les salariés ont un droit de créance sur l'entreprise Arwind.

L'opération est comptabilisée comme suit :

	31/05/N+1		
4246	Participation des salariés – Réserve spéciale	120 000	
1662	Fonds de participation		120 000

Hypothèse 4 : versement à un organisme étranger à l'entreprise.
Les fonds sont gérés hors de l'entité. Le versement est effectué par un compte de trésorerie.
L'écriture comptable est la suivante :

	31/05/N+1		
4246	Participation des salariés – Réserve spéciale	120 000	
512	Banque		120 000

Hypothèse 5 : absence d'accord de participation.
La participation reste bloquée dans l'entreprise dans des comptes individuels par salarié.
L'écriture comptable est la suivante :

	31/05/N+1		
4246	Participation des salariés – Réserve spéciale	120 000	
1661	Comptes bloqués		120 000

4. Dans l'hypothèse 3, enregistrez les intérêts dus au titre de la participation au 31/12/N+1 et les écritures liées au déblocage des fonds le 31/05/N+6, sachant que les produits de la participation ont été réinvestis dans le fonds

Les écritures d'inventaire de l'exercice N+1 doivent tenir compte des intérêts courus au titre de la participation de N : 120 000 × 6 % × 7/12 = 4 200 €.

	31/12/N+1		
661	Charges d'intérêt	4 200	
16886	Intérêts courus sur participation		4 200

Les intérêts ayant été réinvestis dans le fonds, ils ont été capitalisés au taux de 6 %. Les intérêts bruts au 31/05/N+6 s'élèvent donc à :
(120 000 × 1,065) – 120 000 = 40 587.
Les produits de la participation sont soumis à la CSG (8,2 % en tant que revenu du patrimoine), à la CRDS (0,5 %), au prélèvement social de 4,5 %, à la contribution additionnelle au prélèvement social de 0,3 %, et à la contribution RSA (revenu de solidarité active) de 2 %, soit 15,5 % au total.

L'opération est comptabilisée comme suit :

	31/05/N+6		
1662	Fonds de participation	160 587	
4248	Participation des salariés – Comptes courants		160 587
	31/05/N+6		
4248	Participation des salariés – Comptes courants	160 587	
442	État – Impôts et taxes recouvrables sur des tiers		6 291
512	Banque		154 296

5. Dans l'hypothèse 4, comptabilisez les frais de gestion du fonds débités par l'organisme financier le 30/05/N+1 pour 2 400 € TTC.

La prise en charge par l'entreprise des frais de gestion de l'organe de placement gérant les fonds déposés dans le cadre de la participation est enregistrée au débit du compte de charges externes 628. Divers.

L'écriture comptable est la suivante :

	30/05/N+1		
628	Divers	2 000	
44566	TVA déductible sur autres biens et services	400	
512	Banque		2 400

Application 3. Intéressement des salariés, p. 417

• Déterminez les enregistrements comptables relatifs à l'intéressement de l'exercice N.

Les écritures à comptabiliser concernant la participation de l'exercice N sont les suivantes :
– au 31/12/N : constatation de la charge d'intéressement afférente à l'exercice N et du forfait social de 20 %.

	31/12/N		
6414	Indemnités et avantages divers	271 032	
6451	Cotisations à l'URSSAF	54 206	
4286	Personnels – Autres charges à payer		271 032
4386	Organismes sociaux. Autres charges à payer		54 206

– après l'approbation des comptes par l'AGO, l'intéressement est constaté en dettes vis-à-vis des salariés. La société Rimbault précompte la CSG et la CRDS qui sont reversées à l'URSSAF ainsi que le forfait social.

	25/05/N+1		
4286	Personnel – Autres charges à payer	271 032	
4386	Organismes sociaux. Autres charges à payer	54 206	
431	Sécurité sociale (*)		75 889
421	Personnel – Rémunérations dues		249 349

(*) 271 032 × 20 % = 54 206 € + 21 683 € = 75 889 €.

– lors du versement des fonds : l'accord d'intéressement prévoit une répartition uniforme à l'ensemble des salariés. L'effectif étant de 25 personnes, l'intéressement attribué à chaque salarié est de : 249 349/25 = 9 974 €.

	30/05/N+1		
421	Personnel – Rémunérations dues	249 349	
512	Banque		49 869,80
4247	Personnel – PEE		199 479,20

Application 4. PEE – PERCO, p. 417

1. Rappelez la principale différence entre l'alimentation d'un PEE et celle d'un PERCO. L'abondement de l'entreprise est-il soumis au même régime social pour l'entreprise et pour le salarié dans les deux cas ?

Pour le salarié, la différence essentielle entre un PEE et un PERCO réside dans la période d'indisponibilité des droits :
– les sommes attribuées au titre de l'intéressement et de la participation à un PEE (ou PEI) sont exonérées de l'impôt sur le revenu sous réserve d'indisponibilité des fonds pendant cinq ans ;
– les sommes ou valeurs inscrites aux comptes des participants sur un PERCO (ou PERCOI) doivent être détenues jusqu'au départ à la retraite sauf possibilités limitatives de déblocage anticipé. La délivrance des sommes ou valeurs inscrites aux comptes des participants s'effectue sous forme de rente viagère ou en capital.

L'abondement à un PEE ou un PERCO n'est pas pris en considération pour l'application de la législation du travail et de la sécurité sociale. Il est donc exonéré de charges sociales, mais soumis au forfait social de 20 %.

Pour le salarié, les sommes affectées au plan sont exonérées de cotisations sociales, mais sont soumises à la contribution sociale généralisée (CSG) et à la contribution au remboursement de la dette sociale (CRDS) (retenues respectives de 7,5 % et 0,5 % des sommes attribuées).

2. Déterminez les enregistrements comptables relatifs au PEE de M. Étienne et au PERCO de M. Serge.

M. Étienne, salarié de la société Jacquin, a alimenté son PEE de la manière suivante le 30 juin N :
– affectation de son intéressement au titre de N : 3 000 € ;
– contribution volontaire payée par chèque : 1 500 € ;
– abondement de l'entreprise Jacquin : 2 500 €.

	30/06/N		
421	Personnel – Rémunérations dues	3 000	
512	Banque	1 500	
647	Autres charges sociales	2 500	
6451	Cotisations à l'URSSAF	500	
4247	Personnel – PEE (compte de M. Étienne)		6 800
431	Sécurité sociale (500 + 200)		700

La contribution volontaire du salarié n'est pas soumise à la CSG, ni à la CRDS.
Concernant son abondement, la société Jacquin précompte la CSG et la CRDS qui sont reversées à l'URSSAF : 2 500 × 8 % = 200 €. L'abondement est soumis au forfait social de 20 %.
M. Serge, autre salarié de la société Jacquin, a alimenté son PERCO de la manière suivante à la même date :
– affectation de son intéressement au titre de N : 4 000 € ;
– contribution volontaire par prélèvement sur son salaire : 2 500 € ;
– abondement de l'entreprise JACQUIN : 3 500 €.

	30/06/N		
421	Personnel - Rémunérations dues (4 000 + 2 500)	6 500	
647	Autres charges sociales	3 500	
6451	Cotisations à l'URSSAF	700	
4247	Personnel - PERCO (compte de M. Serge)		9 720
431	Sécurité sociale (700+280)		980

Concernant son abondement, la société Jacquin précompte la CSG et la CRDS qui sont reversées à l'URSSAF : 3 500 × 8 % = 280 €.
L'abondement est soumis au forfait social de 20 % : 3 500 × 20 % = 700.

Application 5. QCM, p. 417

Retrouvez la ou les réponses exactes.

1. La participation des salariés est un système :
☑ obligatoire pour les entreprises au-delà d'une certaine taille.

2. La formule de calcul de la participation des salariés est
☑ fixée par la loi, mais constitue une base minimum.

3. La participation des salariés est une charge comptable de l'entreprise de :
☑ l'exercice au cours duquel les salariés ont travaillé.

4. Les sommes attribuées aux salariés dans le cadre de la participation sont soumises :
☑ à la CSG.
☑ à la CRDS.

5. Le bénéfice retenu pour le calcul de la participation est un bénéfice :
☑ fiscal.

6. La participation des salariés est enregistrée :
☑ à un compte spécifique.

7. L'intéressement est un système :
☑ facultatif.

8. La formule de calcul de la participation des salariés est :
☑ fixée par l'entreprise en étant liée aux résultats ou aux performances de celle-ci.

9. L'abondement constitue pour l'entreprise :
☑ une charge de personnel déductible.

10. Les sommes affectées par un salarié à un PERCO sont bloquées en principe :
☑ jusqu'au départ en retraite du salarié.

Entraînement à l'examen

Intéressement – PEE-PERCO, p. 419

1. À quel exercice comptable doit être rattaché l'intéressement ? Sous quelle forme doit-il être constaté ?

Comptablement, les droits des salariés sont acquis au titre de la période au cours de laquelle ils ont travaillé. L'intéressement au titre de l'exercice N constitue donc une charge comptable dudit exercice.

Le montant du passif n'est pas fixé de façon précise, le montant de l'intéressement étant définitivement fixé par l'organe chargé d'approuver les comptes, mais l'incertitude est moindre que pour une provision. Le passif constitue donc une charge à payer.

2. Déterminez les enregistrements comptables relatifs à l'ensemble de ces opérations dans les comptes des exercices N et N+1.

Au 31 décembre N : constatation de la charge d'intéressement afférente à l'exercice N.

	31/12/N		
6414	Indemnités et avantages divers	100 000	
6451	Cotisations à l'URSSAF	20 000	
4286	Personnel - Autres charges à payer		100 000
4386	Organismes sociaux - Autres charges à payer		20 000

Après l'approbation des comptes par l'AGO, l'intéressement est constaté en dettes vis-à-vis des salariés. La société Mendes précompte la CSG et la CRDS qui sont reversées à l'URSSAF.

	18/06/N+1		
4286	Personnel - Autres charges à payer	100 000	
4386	Organismes sociaux - Autres charges à payer	20 000	
431	Sécurité sociale (*)		28 000
421	Personnel - Rémunérations dues		92 000

(*) 20 000 + (100 000 × 8 %) = 28 000 €.

Le versement des fonds est ensuite réalisé, selon les options choisies par les salariés :

	18/06/N+1		
421	Personnel - Rémunérations dues	92 000	
512	Banque		9 200
4247	Personnel - PERCO		46 000
4247	Personnel - PEE		36 800

Abondement de la société Mendes au profit de ses salariés :

La société Mendes précompte la CSG et la CRDS qui sont reversées à l'URSSAF. L'abondement est par ailleurs soumis au forfait social de 20 %.

	31/12/N		
647	Autres charges sociales	10 000,00	
641	Cotisations à l'URSSAF	2 000,00	
431	Sécurité sociale (*)		2 800,00
4247	Personnel - PERCO		9 200,00

(*) (10 000 × 8 %) + (10 000 × 20 %) = 2 800 €.

La société Mendès prend à sa charge les frais de gestion du fonds.

	20/06/N+1		
628	Divers	1 000,00	
44566	TVA déductible sur autres biens et services	200,00	
512	Banque		1 200,00

Chapitre 15

Les rattachements obligatoires : provisions et événements postérieurs à la clôture de l'exercice

Application 1. Provision ou pas provision ?, p. 446

Examinez les situations suivantes et précisez si elles doivent donner lieu à la constatation d'une provision dans les comptes de l'exercice N en respect des dispositions du PCG. Indiquez, le cas échéant, le montant de la provision à comptabiliser.

Vous justifierez votre réponse sur la base des trois critères à réunir simultanément pour pouvoir constater un passif.

« Une provision est un passif dont l'échéance ou le montant n'est pas fixé de façon précise » (PCG – article 321-5).
Comme pour tout passif, la comptabilisation d'une provision implique le respect de trois conditions cumulatives :
– l'existence d'une obligation à l'égard d'un tiers à la date de clôture ;
– la probabilité d'une sortie de ressources ;
– l'absence d'une contrepartie au moins équivalente.

1. Une entreprise a décidé en N de réaliser des travaux début N+1. Elle a signé le devis du fournisseur en décembre N.

Aucune provision ne peut être constituée.

L'obligation de l'entreprise à la date de clôture est matérialisée par la signature du devis. La sortie de ressources est certaine. En revanche, elle aura pour contrepartie les travaux réalisés en N+1. L'entité attend donc des avantages économiques du tiers en contrepartie de son obligation.

2. Une entreprise a décidé de licencier pour insuffisance professionnelle un salarié en décembre N. L'entretien a lieu le 28/12/N. La lettre de licenciement est adressée le 10/01/N+1.

Aucune provision ne peut être constituée.

L'obligation à l'égard du salarié n'existe pas à la date de clôture : l'entretien préalable est le début de la démarche de licenciement mais c'est l'envoi de la lettre de licenciement, réalisé en N+1, qui matérialise l'engagement envers le salarié. Il n'y a pas lieu de comptabiliser un passif.

3. En novembre N, une entreprise décide le transfert de ses locaux en février N+1. Les coûts de déménagement sont estimés à 10 000 €.

Aucune provision ne peut être constituée.

L'obligation de l'entreprise à la date de clôture est matérialisée par la décision du déménagement. La sortie de ressources est certaine. En revanche, elle aura pour contre-partie une prestation du tiers en N+1. La dépense sera donc une charge de l'exercice N+1.

4. En décembre N, une entreprise décide et engage une campagne publicitaire pour l'exercice suivant. Les frais sont estimés à 60 000 €.

Aucune provision ne peut être constituée.

L'obligation de l'entreprise à la date de clôture est matérialisée par l'engagement de réalisation de la campagne publicitaire. La sortie de ressources est certaine. En revanche, elle aura pour contrepartie la prestation publicitaire qui interviendra en N+1. La dépense sera donc une charge de l'exercice N+1.

5. Une entreprise est contrainte de déménager et résilie le bail envers son bailleur en décembre N. Les coûts supportés par l'entité sont :

– indemnité de résiliation du bail : 30 000 € ;
– coût de remise en état des locaux laissés : 10 000 € ;
– coût de déménagement des biens qui ne seront plus utilisés : 3 000 € ;
– coût de déménagement des biens qui seront réutilisés : 20 000 €.

Une provision de 43 000 € est à constituer.

L'obligation de l'entreprise à la date de clôture est matérialisée par la résiliation du bail avant la date de clôture. La sortie de ressources est certaine. Doivent être provisionnées uniquement les dépenses pour lesquelles aucune contrepartie n'est attendue, à savoir :

– indemnité de résiliation du bail : 30 000 € ;
– coût de remise en état des locaux laissés : 10 000 € ;
– coût de déménagement des biens qui ne seront plus utilisés : 3 000 €.
Soit un total de 43 000 €.

6. Une société a accordé une caution au profit d'un tiers pour un emprunt bancaire contracté par ce dernier en avril N. Au 31/12/N, le solde de l'emprunt ressort à 1 million d'euros. À la date d'arrêté des comptes, la mise en jeu de la caution n'est pas probable.

Aucune provision n'est à constituer. Une information doit être donnée en annexe.

L'obligation de l'entreprise à la date de clôture est matérialisée par l'octroi de la caution au tiers. L'absence de probabilité de sortie de ressource implique l'existence d'un passif éventuel. Un passif éventuel n'est pas comptabilisé au bilan. Il est mentionné en annexe (PCG – article 322-5).

7. Une société a accordé une caution au profit d'un tiers pour un emprunt bancaire contracté par ce dernier en avril N. Au 31/12/N, le solde de l'emprunt ressort à 1 million d'euros. À la date d'arrêté des comptes, étant donnée la situation financière du tiers, la mise en jeu de la caution est certaine mais son échéance non encore connue. Le produit certain attendu du recours intenté par l'entreprise ressort à 200 000 €.

Une provision de 1 million d'euros est à constituer. Un actif de 200 000 € est à constater.

L'obligation de l'entreprise à la date de clôture est matérialisée par l'octroi de la caution au tiers. La probabilité de sortie de ressource sans contrepartie attendue du tiers implique la constatation d'un passif. L'échéance n'étant pas connue, c'est une provision et non une dette qu'il convient d'enregistrer.

Un remboursement attendu de la dépense nécessaire à l'extinction d'une obligation provisionnée ne minore pas le montant d'une provision ; il est comptabilisé distinctement à l'actif s'il est conforme aux dispositions relatives à la comptabilisation d'un actif (PCG article 323-8). C'est pourquoi l'entreprise doit comptabiliser séparément :
– une provision de 1 million d'euros ;
– un actif de 200 000 €.

8. Une entreprise a licencié un salarié en novembre. Ce dernier a intenté une action en justice en janvier N+1 en réclamant 20 000 € de dommages et intérêts. Les avocats de l'entreprise estiment qu'il est peu probable que l'entreprise soit condamnée.

Aucune provision n'est à constituer. Une information doit être donnée en annexe.

Le fait générateur d'obligation est le licenciement du salarié. Il existe donc une obligation actuelle à la date de clôture. En revanche, il n'est pas probable ou certain qu'elle provoquera une sortie de ressources. Il s'agit donc d'un passif éventuel à mentionner dans l'annexe.

9. Une entreprise a licencié un salarié en novembre. Ce dernier a intenté une action en justice en janvier N+1 en réclamant 20 000 € de dommages et intérêts. Les avocats de l'entreprise estiment qu'il est probable à 80 % que l'entreprise soit condamnée à verser 20 000 € et à 20 % que le salarié soit débouté de sa demande.

Une provision de 20 000 € est à constituer.

Le fait générateur d'obligation est le licenciement du salarié. Il existe donc une obligation actuelle à la date de clôture. Il est probable ou certain qu'elle provoquera une sortie de ressources sans contrepartie au moins équivalente attendue du salarié. Une provision est donc à constater au 31/12/N.

En cas d'obligation unique et en présence de plusieurs hypothèses d'évaluation de la sortie de ressources, le montant à provisionner est, en général, celui qui correspond à l'hypothèse la plus probable. Les incertitudes relatives aux autres hypothèses d'évaluation doivent faire l'objet d'une mention en annexe (PCG – article 323-2) : dans notre cas particulier, une provision de 20 000 € est à constituer.

10. Du fait d'une nouvelle loi promulguée en N relative à la sécurité des matériels, une entreprise devra réaliser d'ici juin N+1 des investissements de mise en conformité à hauteur de 100 000 €. Au 31/12/N, aucune dépense n'a encore été effectuée.

Aucune provision ne peut être constituée.

L'obligation de nature juridique résulte de la nouvelle loi. La sortie de ressources constituée par les dépenses d'adaptation trouve en contrepartie la possibilité d'utiliser les matériels au-delà de la date butoir d'application de la loi. Il n'y a pas lieu de comptabiliser un passif.

Application 2. Coûts de restructuration, p. 446

1. Le plan de restructuration constitue-t-il un passif au 31/12/N ?

Les coûts de restructuration constituent un passif :
– s'ils résultent d'une obligation de l'entité vis-à-vis de tiers,
– ayant pour origine la décision prise par l'organe compétent,
– matérialisée avant la date de clôture par l'annonce de cette décision aux tiers concernés,
– à condition que l'entité n'attende plus de contrepartie de ceux-ci (PCG – article 322-10).

L'existence de l'obligation nécessite que la décision soit traduite par un plan formalisé et détaillé de la restructuration précisant au moins :
– l'activité ou la partie d'activité concernée,
– les principaux sites affectés,
– la localisation, la fonction et le nombre approximatif de membres du personnel qui seront indemnisés au titre de la fin de leur contrat de travail,
– les dépenses qui seront engagées,
– et la date à laquelle le plan sera mis en œuvre.

L'annonce aux tiers concernés n'est pas nécessairement individuelle. Une annonce publique ou, s'agissant des salariés, à leurs représentants, est suffisante.

Ici, l'ensemble de ces conditions est réuni lors de l'annonce au comité d'entreprise, dans la mesure où les principales caractéristiques du plan sont connues et où sa mise en œuvre est programmée pour s'achever dans un délai rendant improbable sa modification (à savoir début N+1).

2. Quel est le fait générateur de comptabilisation d'un passif au titre de ce plan de restructuration ?

Le fait générateur de comptabilisation du passif n'est pas lié à la réunion du conseil d'administration (pas d'annonce au tiers).

L'information individuelle des salariés n'est pas exigée.

L'obligation est matérialisée par l'annonce aux représentants du personnel de la décision prise par le conseil d'administration. Le fait générateur d'obligation est donc la réunion du 18/12/N.

3. Quelle est la nature du passif au titre de ce plan de restructuration ?

Le plan de restructuration est un passif dont ni l'échéance ni le montant ne sont fixés de façon précise. Il convient donc de constater une provision au 31/12/N.

4. Quel est le montant de la provision pour restructuration à comptabiliser au 31/12/N ? Effectuez l'enregistrement comptable correspondant.

Une provision pour restructuration ne doit inclure que les dépenses nécessairement entraînées par celle-ci et qui ne sont pas liées aux activités futures (PCG – article 323-5).
Sont donc provisionnables les éléments suivants :
– indemnités de licenciement et charges liées : 200 000 € ;
– coûts de mise au rebut du matériel non réutilisable : 3 000 € ;
– indemnité de rupture de contrat avec un fournisseur : 10 000 € ;
– indemnité de résiliation du bail : 12 000 €.
Soit un total de 225 000 €.
Les profits résultant de la sortie attendue d'actifs ne doivent pas être pris en compte dans l'évaluation d'une provision (PCG – article 323-7). Ainsi, la plus-value de cession des matériels non réutilisables complètement amortis (5 000 €) doit être comptabilisée séparément.
La perte sur le stock de produits finis au 31/12/N doit être constatée sous forme d'une dépréciation d'actif pour un montant de 14 000 €.

	31/12/N		
6875	Dotations aux provisions exceptionnelles	225 000	
154	Provisions pour restructurations		225 000

Application 3. Chèques-cadeaux, p. 447

1. Les droits accordés à ses clients par la société Sephomar constituent-ils un passif ? Justifiez votre réponse.

Les trois conditions de définition d'un passif sont à examiner :
– obligation à l'égard d'un tiers à la date de clôture : dès la vente initiale, la société Sephomar par la remise d'une carte de fidélité, s'engage de manière explicite à accorder à ses clients des réductions. Le fait générateur d'obligation est donc la vente initiale ;

– probabilité de sortie de ressources : la réduction accordée viendra minorer le chiffre d'affaires de l'entité. S'agissant d'un grand nombre d'obligations similaires, la probabilité s'apprécie par rapport à l'ensemble des chèques ou autres avantages (calcul statistique) ;
– absence de contrepartie au moins équivalente : dès la vente initiale, l'entreprise a reçu la totalité du paiement en échange de l'attribution des droits. Il n'y aura donc pas de contrepartie attendue lors de l'exercice des droits par le bénéficiaire.

En conséquence, il convient de comptabiliser un passif dès l'attribution du premier point qui correspond à l'engagement contracté par l'entreprise. L'échéance et le montant de ce passif n'étant pas fixés de façon précise, il s'agit d'une provision.

2. Évaluez la provision pour cartes de fidélité à constituer au 31/12/N.

Le système de cartes de fidélité permet au client d'obtenir un bon de réduction d'une valeur de 10 € dès lors qu'il a totalisé 150 points sur sa carte.

Le suivi statistique des cartes de fidélité fournit les informations suivantes :
– le nombre de points alloués au cours de l'exercice N : 2 560 400 ;
– le pourcentage et la valeur des droits transformés en chèques réduction et cadeaux ou autres avantages : 87 % ;
– le pourcentage et la valeur des chèques réduction et cadeaux ou autres avantages effectivement présentés : 96 %.

Le montant de la provision à constituer au 31/12/N ressort donc à :
[2 560 400/150] × 87 % × 96 % × 10 = 142 563 €.

3. Effectuez les enregistrements comptables nécessaires au 31/12/N sachant que la provision au 31/12/N–1 s'élevait à 138 612 €.

	31/12/N		
158	Autres provisions pour charges	138 612	
7815	Reprises sur provisions d'exploitation		138 612
	31/12/N		
6815	Dotations aux provisions d'exploitation	142 563	
158	Autres provisions pour charges		142 563

Application 4. Engagements de retraite, p. 447

1. Déterminez l'engagement de retraite de l'entreprise Moreau envers Mme Simon au 31/12/N et au 31/12/N+1 sachant que les hypothèses actuarielles n'ont pas été modifiées d'une période sur l'autre et que la progression effective des salaires a été de 2 % (montant arrondi à l'euro le plus proche).

Engagement au 31/12/N

– Prestation définie à verser au moment du départ en retraite : l'évaluation se fait sur la base de l'ancienneté acquise au 31/12/N, soit 12 ans et sur la rémunération à la date du départ à la retraite, soit dans 6 ans. 45 000 × 1,026 × 1 % × 12 = 6 081,28 €.

– Probabilité pour Mme Simon d'être présente dans l'entreprise au moment de la retraite : cette probabilité est liée à deux éléments :
• la probabilité de survie : 89 523/91 273 = 98,08 % (probabilité d'être en vie à l'âge de 60 ans pour une personne en vie à l'âge de 54 ans) ;
• la probabilité de ne pas avoir quitté l'entreprise : $(100\ \% - 5\ \%)^6$ = 73,51 % (chaque année, 5 % du personnel quitte l'entreprise).

– Actualisation de la dette future : la dette future estimée au 31/12/N+6 doit être ramenée à sa valeur au 31/12/N par une actualisation au taux de 6 % :
$[6\,081{,}28 \times 89\,523/91\,273 \times (100\ \% - 5\ \%)^6] \times 1{,}06^{-6} = 3\,090{,}96$, arrondis à 3 091 €.

Engagement au 31/12/N+1

– Prestation définie à verser au moment du départ en retraite :
45 000 × 1,026 × 1 % × 13 = 6 588,05 €.

– Probabilité pour Mme Simon d'être présente dans l'entreprise au moment de la retraite : cette probabilité est liée à deux éléments :
• la probabilité de survie : 89 523/91 013 = 98,36 % ;
• la probabilité de ne pas avoir quitté l'entreprise : $(100\ \% - 5\ \%)^5$ = 77,38 %.

– Actualisation de la dette future : la dette future estimée au 31/12/N+6 doit être ramenée à sa valeur au 31/12/N+1 par une actualisation au taux de 6 % :
$[6\,588{,}05 \times 89\,523/91\,013 \times (100\ \% - 5\ \%)^5] \times 1{,}06^{-5} = 3\,746{,}94$, arrondis à 3 747 €.

2. Quelle écriture comptable doit être enregistrée au 31/12/N+1 sachant que l'entreprise Moreau provisionne ses engagements de retraite ?

L'enregistrement comptable au 31/12/N+1 est la constatation en charge de l'accroissement de l'engagement de retraite de l'entreprise Moreau, soit : 3 747 – 3 091 = 656 €.

	31/12/N+1		
6815	Dotations aux provisions d'exploitation	656	
153	Provisions pour pensions et obligations similaires		656

3. Quelles sont les conséquences fiscales de cette écriture ?

L'administration fiscale refuse la déductibilité des provisions pour engagements de retraite. Il convient donc lors de la détermination du résultat fiscal de réintégrer la dotation aux provisions pour engagements de retraite de 656 €.

Application 5. Événements postérieurs à la clôture de l'exercice, p. 448

1. Analysez chacun des événements et déduisez-en leur impact sur les comptes annuels de l'exercice N de la SA Titan.

2. Enregistrez les écritures comptables découlant de votre analyse.

a. La SA Titan disposait de 5 % des titres de la SA Nanty au 31/12/N. Dans le cadre de sa stratégie de développement, la SA Titan a porté sa participation à 48 % suite à un rachat de titres intervenu le 16/02/N+1.
L'augmentation du pourcentage de détention de titres de la SA Nanty par la SA Titan n'a pas de lien direct et prépondérant avec une situation existant préalablement à la date de clôture.
En revanche, cet événement va permettre à la SA Titan d'exercer en N+1 un contrôle exclusif sur la SA Nanty (sauf si un autre actionnaire détient plus de 48 % des titres). La connaissance de cet événement est nécessaire à la bonne information concernant l'activité et la situation financière de la SA Titan et il convient donc d'en faire mention dans l'annexe.
b. Le client Jermy présente les soldes suivants dans la comptabilité auxiliaire clients de la SA Titan :
– au 31/12/N : 0 €

– au 15/01/N+1 : 21 600 €

La SA Titan est informée le 15/03 N+1 du dépôt de bilan de son client. Elle estime comme quasi nulle la probabilité de recouvrer tout ou partie de sa créance.

Le dépôt de bilan du client Jermy a un lien direct et prépondérant avec les factures que ce client n'a pas encore réglées à la date de son dépôt de bilan. Dans la mesure où le solde du client Jermy était nul au 31/12/N, aucun ajustement n'est à effectuer. La dépréciation de créance de 18 000 € (21 600/1,20) sera constatée dans les comptes de l'exercice N+1 car la vente correspondante a eu lieu en N+1.

c. La SA Titan dispose de deux terrains hors exploitation dont les valeurs comptables sont les suivantes :

– T1 : 35 000 € ;

– T2 : 63 000 €.

Envisageant la vente de ces actifs non liés à l'exploitation, elle a fait procéder à une expertise dont les résultats communiqués le 30/01/N+1 sont les suivants :

– T1 : 55 000 € ;

– T2 : 60 000 €.

La réalisation de l'expertise est un événement qui vient compléter les éléments d'information relative à des immobilisations figurant dans le patrimoine de la SA Titan. Il y a donc un lien direct et prépondérant avec une situation existant à la clôture de l'exercice N.

La perte de valeur du terrain T2 doit faire l'objet d'une dépréciation. A contrario, les événements postérieurs favorables ne peuvent pas être pris en compte. La plus-value latente sur le terrain T1 ne fera l'objet d'aucun ajustement comptable. Elle sera mentionnée en annexe si la SA Titan estime l'information utile et pertinente pour le lecteur des états financiers.

	31/12/N		
6876	Dotations aux dépréciations exceptionnelles	3 000	
2911	Dépréciations des terrains		3 000

d. Un litige avec un client débuté en N–2 a fait l'objet d'une provision d'un montant de 30 000 €. Le jugement rendu le 5/02/N+1 condamne la SA Titan au versement d'une somme de 28 000 €. Il ne sera pas fait appel de cette décision par l'une ou l'autre partie.

Le jugement intervenu le 5/02/N+1 a un lien direct et prépondérant avec le litige client débuté en N–2. Il doit donner lieu à un ajustement des comptes annuels de N par une reprise de provision de 2 000 € concernant ce litige.

	31/12/N		
1511	Provisions pour litiges	2 000	
7815	Reprises sur provisions d'exploitation		2 000

e. Le client Devos a retourné le 3/01/N+1 des produits livrés le 28/12/N par la SA Titan pour défauts de fabrication. Le montant HT de la facture est de 4 500 €.

Le retour client a un lien direct et prépondérant avec l'expédition des produits intervenue le 28/12/N. Cet événement postérieur à la clôture doit donner lieu à un ajustement des comptes annuels par la constatation d'un avoir à établir au 31/12/N.

	31/12/N		
701	Ventes de produits finis	4 500	
4458	TVA à régulariser	900	
4198	RRR à accorder et autres avoirs à établir		5 400

Application 6. QCM, p. 00

Retrouvez la ou les réponses exactes.

1. Parmi les éléments suivants, quels sont ceux constitutifs du fait générateur de comptabilisation d'un passif ?

☑ l'existence d'une obligation à l'égard d'un tiers à la date de clôture.
☑ la probabilité de sortie de ressources.
☑ l'absence de contrepartie au moins équivalente.

2. Quelle (s) nature (s) de l'obligation de l'entité à l'égard d'un tiers implique (nt) la constatation d'un passif ?

☑ une obligation légale.
☑ une obligation implicite.
☑ une obligation contractuelle.

3. Un salarié est licencié pour faute grave en novembre N. Il attaque son employeur aux prud'hommes pour licenciement abusif. Dans quel (s) cas de figure l'entreprise doit-elle constater une provision dans ses comptes de l'exercice N dans la mesure où elle estime que le jugement lui sera défavorable ?

☑ si la date du recours en justice intervient avant la date de clôture.
☑ si la date du recours en justice intervient avant la date d'arrêté des comptes annuels.

4. Les pertes d'exploitation futures sont provisionnables :

☑ Faux

5. L'obligation ne donne lieu à comptabilisation d'un passif que s'il est probable ou certain qu'elle se traduira par une sortie de ressources. À quelle date s'apprécie cette probabilité ?

☑ à la date d'arrêté des comptes.

6. Les gains latents de change sur la conversion des dettes et créances en devises étrangères sont comptabilisés au passif du bilan :

☑ Vrai

7. Une provision est un passif dont l'échéance et le montant ne sont pas fixés de façon précise :

☑ Faux

8. En cas d'obligation unique et en présence de plusieurs hypothèses d'évaluation de la sortie de ressources, le montant à provisionner est évalué :

☑ en retenant l'hypothèse la plus probable.

9. Quelles sont les dépenses à prendre en compte dans l'évaluation d'une provision ?

☑ les dépenses qui concourent directement à l'extinction de l'obligation de l'entité envers le tiers.

10. Les provisions sont évaluées après effet d'impôt sur les bénéfices :

☑ Faux

11. Les événements futurs pouvant avoir un effet sur le montant des dépenses nécessaires à l'extinction de l'obligation doivent être pris en compte dans l'estimation de la provision lorsqu'il existe des indications objectives que ces événements se produiront :

☑ Vrai

12. Les profits résultant de la sortie attendue d'actifs doivent être pris en compte dans l'évaluation d'une provision :

☑ Faux

13. Un remboursement attendu de la dépense nécessaire à l'extinction d'une obligation provisionnée minore le montant d'une provision :

☑ Faux

14. Les coûts de restructuration ne peuvent constituer un passif que si :

☑ l'annonce de cette décision aux tiers concernés a été effectuée avant la date de clôture.

15. La constatation des engagements de retraite sous forme de provision constitue une méthode préférentielle :

☑ Vrai

16. Les modalités d'évaluation des engagements de retraite sont fixées par :

☑ une recommandation de l'ANC.

17. La comptabilisation d'une provision pour médailles du travail est

☑ obligatoire.

18. Les événements postérieurs à la clôture ayant un lien direct et prépondérant avec l'exercice clos :

☑ doivent donner lieu à un ajustement des comptes annuels.

19. Lorsqu'un événement postérieur à la clôture entraîne le non-respect du principe de continuité d'exploitation, les comptes annuels doivent être systématiquement présentés en valeurs liquidatives :

☑ Faux

Entraînement à l'examen

Comptabilisation d'un passif, p. 451

1. Les éléments relatifs au litige avec la société Carime remplissent-ils les conditions de comptabilisation d'un passif ?

Les trois conditions cumulatives de comptabilisation d'un passif sont les suivantes :

– obligation à l'égard d'un tiers à la date de clôture : l'obligation est liée à la rupture du contrat opérée par la société Charaf en novembre N, et qualifiée d'abusive par la société Carime ;

– probabilité de sortie de ressources : le cabinet Werner estime probable que la société Charaf ait à verser des dommages et intérêts pour rupture abusive de contrat ;

– absence de contrepartie au moins équivalente : le versement de dommages et intérêts ne correspond à aucune prestation attendue en contrepartie, mais au dédommagement d'un contrat non respecté.

Le litige avec la société Carime constitue bien un passif à comptabiliser au 31/12/N.

2. Précisez la nature et le montant de ce passif et procédez à l'enregistrement comptable nécessaire au 31/12/N.

L'échéance et le montant du passif n'étant pas fixés de façon précise, il s'agit d'une provision.

S'agissant d'une obligation unique, le montant de la provision correspond à l'hypothèse la plus probable. Au cas particulier, le montant correspondant à l'hypothèse d'occurrence de 60 % est retenu, soit 12 000 €.

La dotation est comptabilisée en résultat exceptionnel, conformément à l'analyse retenue par les dirigeants.

	31/12/N		
6875	Dotations aux provisions exceptionnelles	12 000	
1511	Provisions pour litiges		12 000

3. Indiquez si la société Charaf peut reconnaître comme passif au 31/12/N le montant estimé des honoraires du cabinet d'avocat.

Les honoraires du cabinet Werner et associés ne peuvent être comptabilisés comme un passif au 31/12/N, car la troisième condition de reconnaissance d'un passif n'est pas remplie. La sortie de ressources au profit du cabinet sera compensée par une prestation du cabinet à venir en N+1, au moment de la défense de la société Charaf lors du jugement.

Chapitre 16

Les engagements financiers et passifs éventuels

Application 1. Engagements, p. 464

Indiquez dans chacune des hypothèses :

– la nature de l'engagement et les parties concernées ;
– la comptabilisation de l'engagement chez les parties concernées si elles utilisent les comptes spécifiques du PCG.

Hypothèse a : l'emprunt est cautionné par la société Fourny.

Pour la société Fourny, la caution constitue un engagement de garantie donné.
Il est comptabilisé comme suit :

	31/12/N		
8091	Contrepartie 801	100 000	
8011	Avals, cautions, garanties		100 000

La société Avent dispose d'une créance assortie d'une garantie, à savoir la caution reçue de la société Fourny.
L'engagement reçu est comptabilisé comme suit :

	31/12/N		
8021	Avals, cautions, garanties	100 000	
8092	Contrepartie 802		100 000

Hypothèse b : l'emprunt est cautionné par un dirigeant de la société Roche.

L'engagement est donné par une personne physique et non par la société Roche elle-même. Elle n'a donc aucun engagement donné à faire figurer dans son annexe.

La société Avent dispose d'une créance assortie d'une garantie, à savoir la caution reçue du dirigeant de la société Roche.

L'engagement reçu est comptabilisé comme suit :

	31/12/N		
8021	Avals, cautions, garanties	100 000	
8092	Contrepartie 802		100 000

Hypothèse c : l'emprunt est garanti par la société Roche au moyen d'une hypothèque sur un de ses ensembles immobiliers.

Pour la société Roche, il s'agit d'une dette assortie d'une garantie réalisée sous forme d'une hypothèque.

L'engagement est comptabilisé comme suit :

	31/12/N		
8091	Contrepartie 801	100 000	
8011	Avals, cautions, garanties		100 000

La société Avent dispose d'une créance assortie d'une garantie, l'hypothèque sur l'ensemble immobilier de la société Roche.

L'engagement reçu est comptabilisé comme suit :

	31/12/N		
8021	Avals, cautions, garanties	100 000	
8092	Contrepartie 802		100 000

Application 2. Caution donnée, p. 464

1. Qualifiez la nature de l'engagement donné par la société Lenard. S'agit-il d'un passif éventuel ?

La caution accordée par la société Lenard à la société Dutour constitue un engagement de garantie donné.

Examinons les caractéristiques de cet engagement eu égard à la réglementation relative aux passifs.

L'obligation à l'égard de la société Dutour existe au 31/12/N. Elle a été matérialisée par la signature de l'acte de caution. En revanche, la situation financière de la société Dutour étant saine, il est improbable qu'une sortie de ressources soit à effectuer par la société Lenard. Cette caution constitue donc un passif éventuel.

2. Comptabilisez l'engagement chez les parties concernées si elles utilisent les comptes spécifiques du PCG. Le solde de l'emprunt ressort à 180 000 € au 31/12/N.

Chez la société Lenard, l'engagement est comptabilisé comme suit :

	31/12/N		
8091	Contrepartie 801	200 000	
8011	Avals, cautions, garanties		200 000

Remarque

L'engagement doit être enregistré pour son montant initial, indépendamment des remboursements effectués sur l'emprunt. En effet, la garantie a été fixée au moment de la transaction et ne se trouve pas minorée par le montant des remboursements de l'emprunt.
Pour la société Dutour, celle-ci a une dette d'emprunt et n'a pas reçu d'engagement.

3. Quelle est la nature de l'événement du 2/03/N+2 pour la société Lenard ? Analysez les conséquences comptables de cet événement.

Le dépôt de bilan de la société Dutour constitue pour la société Lenard un événement postérieur à la clôture de l'exercice N+1. Cet événement a un lien direct et prépondérant avec une situation existant à la clôture de l'exercice, à savoir la caution accordée.

Les comptes annuels de l'exercice N+1 de la société Lenard doivent donc tenir compte de cet événement.

Le passif éventuel de l'exercice N s'est transformé en passif. En effet, la condition relative à la probabilité de sortie de ressource est maintenant remplie, en sus des deux conditions réunies antérieurement (obligation à l'égard d'un tiers sans contrepartie au moins équivalente attendue de ce tiers).

Le passif doit être constaté sous forme d'une provision et non d'une dette, car la société Lenard ne connaît pas encore avec exactitude le montant qu'elle aura à payer, ni son échéance.
En conséquence de la mise en jeu de la garantie, la société Lenard dispose d'un droit de créance sur la société Dutour. Cette créance doit être dépréciée à hauteur de 50 %, compte tenu de sa probabilité de recouvrement.

	31/12/N+1		
6875	Dotations aux provisions exceptionnelles	140 000	
1518	Autres provisions pour risques		140 000
	31/12/N+1		
467	Autres comptes débiteurs	140 000	
7788	Produits exceptionnels divers		140 000
	31/12/N+1		
6876	Dotations aux dépréciations exceptionnelles	70 000	
4967	Dépréciation des autres comptes débiteurs		70 000

Application 3. Comptabilisation des engagements, p. 464

Pour chacune des opérations relatives à l'arrêté des comptes de l'exercice N :

– indiquez la nature de l'engagement de la société Marly ;
– procédez à la comptabilisation de l'engagement en utilisant les comptes spécifiques du PCG.

1. Effets escomptés non échus au 31/12/N :

– valeur nominale : 50 000 € ;
– montant net crédité par la banque : 49 000 €.

Les effets escomptés non échus constituent un double engagement :
– un engagement donné : engagement de payer le porteur (la banque) en cas de défaillance du tiré (le client) ;
– un engagement reçu : engagement du tiré (le client) d'assurer le paiement de la créance.

L'engagement doit être enregistré pour le nominal des effets.

	31/12/N		
8091	Contrepartie 801	50 000	
8014	Effets circulant sous l'endos de l'entité		50 000
	31/12/N		
8024	Créances escomptées non échues	50 000	
8092	Contrepartie 802		50 000

2. Caution accordée par la société Carroz en garantie d'un emprunt bancaire de 250 000 € contracté par la société Marly.

La société Marly n'est pas concernée par l'engagement que la société Carroz a contracté en sa faveur. La caution doit figurer en annexe dans les engagements de garantie donnés par la société Carroz.

Aucune écriture n'est, de plus, à constater chez Marly.

3. Hypothèque sur siège social donnée en garantie d'un emprunt bancaire de 40 000 €. Le capital restant à rembourser au 31/12/N ressort à 25 000 €.

L'emprunt constitue une dette pour laquelle la société Marly a accordé en garantie une hypothèque sur un immeuble. Il s'agit d'une dette assortie d'une garantie. L'engagement doit être constaté pour le montant de la garantie accordée lors de la signature de la transaction.

	31/12/N		
8091 8011	Contrepartie 801 Avals, cautions, garanties	40 000	 40 000

4. Contrat de crédit-bail à effet au 1/01/N concernant un matériel industriel :

– valeur d'origine de l'immobilisation : 40 000 € HT ;
– modalités d'amortissement par le bailleur : linéaire sur 5 ans ;
– durée du contrat : 5 ans ;
– loyer trimestriel, terme à échoir : 2 400 € HT.

Un contrat de crédit-bail constitue un engagement réciproque :
– un engagement donné : engagement de payer les loyers restant à échoir au 31/12/N : 16 × 2 400 = 38 400 ;
– un engagement reçu : droit d'utilisation du matériel de production. Ce droit peut être évalué à la VNC du matériel au 31/12/N : 40 000 × 4/5 = 32 000.

	31/12/N		
8091 80161	Contrepartie 801 Redevances de crédit-bail mobilier restant à courir	38 400	 38 400
	31/12/N		
80261 8092	Engagements reçus pour utilisation en crédit-bail mobilier Contrepartie 802	32 000	 32 000

5. Les engagements de retraite de la société Marly s'élèvent à 28 500 €. Ils ne sont pas provisionnés.

Les engagements de retraite constituent un engagement donné par la société Marly :

	31/12/N		
8091 8018	Contrepartie 801 Autres engagements donnés	28 500	 28 500

Application 4. QCM, p. 465

Retrouvez la ou les réponses exactes.

1. Quel type d'engagement fait naître pour une entité la signature d'un contrat de crédit-bail ?

☑ Un engagement réciproque

2. Une société a contracté un emprunt bancaire pour lequel elle a effectué un nantissement sur un fonds de commerce. Il s'agit :

☑ d'une dette assortie de garantie.

3. Un engagement donné est constaté en débitant le compte 801. Engagements donnés par l'entité :

☑ Faux

4. Les informations relatives aux engagements sont prévues par les textes suivants :

☑ Le Code de commerce
☑ Le PCG

5. L'information à fournir en annexe relative aux engagements doit répondre au principe comptable :

☑ d'importance relative.

6. À quelle condition un engagement de garantie doit-il donner lieu à la comptabilisation d'un passif ?

☑ Les deux conditions précédentes sont simultanément réunies.

7. Quel est le traitement comptable d'un passif éventuel significatif ?

☑ Information sous condition en annexe

8. Un passif éventuel peut devenir ultérieurement un passif :

☑ Vrai

9. La tenue d'une comptabilité d'engagements est obligatoire :

☑ Faux

10. L'information en annexe relative à un passif éventuel doit être fournie :

☑ sauf si la probabilité de sortie de ressources est faible.

Entraînement à l'examen

Engagements, p. 467

1. Comptabilisez l'emprunt en décembre N dans les comptes des sociétés concernées.

Écriture au journal de la SA Dubois :

	12/N		
274	Prêts	150 000	
512	Banque		150 000

Écriture au journal de la SA Norig :

	12/N		
512	Banque	150 000	
168	Autres emprunts et dettes assimilées		150 000

2. Présentez les écritures relatives aux engagements hors bilan des sociétés concernées.

La SA Dubois dispose d'une créance assortie d'une garantie, à savoir la caution reçue de la SA Evan.

L'engagement reçu est comptabilisé comme suit :

	12/N		
8021	Avals, cautions, garanties	150 000	
8092	Contrepartie 802		150 000

Pour la SA Evan, la caution constitue un engagement de garantie donné. Il est comptabilisé comme suit :

	12/N		
8091	Contrepartie 801	150 000	
8011	Avals, cautions, garanties		150 000

Pour la SA Norig, il n'y a pas d'engagement hors bilan, seulement la dette vis-à-vis de la SA Dubois figurant au bilan.

3. Quel principe comptable conduit à fournir ou non une information en annexe en matière d'engagements hors bilan ? Justifiez votre réponse.

Le principe comptable qui conduit à fournir ou non une information en annexe est le principe d'importance relative. Il en résulte que c'est le caractère significatif, en d'autres termes la matérialité de l'engagement ou de l'opération hors bilan, qui doit conduire à le mentionner dans l'annexe.

En conséquence, les éléments d'information nécessaires à l'appréciation de la situation financière de l'entité doivent être communiqués au lecteur des comptes annuels. Ces éléments sont effet susceptibles d'influencer une décision des parties prenantes (actionnaires, créanciers…).

4. Quelle information devra figurer dans les comptes annuels de l'exercice N des sociétés concernées ?

La caution accordée par la SA Evan pour garantir le créancier (SA Dubois) contre la défaillance éventuelle de son débiteur (SA Norig) est un engagement de garantie.

Compte tenu du montant du prêt, l'engagement est considéré comme significatif.

La caution accordée par la SA Evan devra figurer dans l'annexe de ses comptes annuels, en tant qu'engagement donné. Dans la mesure où rien n'indique au moment de l'arrêté des comptes de N que la SA Norig ne sera pas à même de rembourser sa dette, cet engagement constitue un passif éventuel. Il n'y a pas d'écriture à constater au bilan au 31/12/N.

Symétriquement, la caution reçue de la SA Evan devra figurer dans l'annexe des comptes annuels de la SA Dubois, en tant qu'engagement reçu.

Chapitre 17

Les contrats à long terme

Application 1. Comparaison des méthodes à l'avancement et à l'achèvement, p. 490

1. Ce contrat est-il un contrat à long terme ?

L'article 622-1 du PCG fournit une définition de ce type de contrat : « Est appelé contrat à long terme, un contrat d'une durée généralement longue, spécifiquement négocié dans le cadre d'un projet unique portant sur la construction, la réalisation ou, le cas échéant, la participation en qualité de sous-traitant à la réalisation d'un bien, d'un service ou d'un ensemble de biens ou services fréquemment complexes, dont l'exécution s'étend sur au moins deux périodes comptables ou exercices. Le droit de l'entité à percevoir les revenus contractuels est fonction de la conformité au contrat du travail exécuté... Cette définition exclut la vente de biens en série et la vente de biens assortie de choix d'option dans le cadre d'une gamme à partir d'un modèle de base... ».

Les éléments caractéristiques des contrats à long terme sont les suivants :
– Leur réalisation généralement complexe ne s'effectue pas sur une seule période comptable.

La complexité résulte de la mise en œuvre de phases techniques successives et de savoir-faire divers. Elle a un impact sur la durée d'exécution du travail.

Dans le cas où le début et la fin de l'opération ont lieu dans le même exercice, le chiffre d'affaires et le résultat sont nécessairementcomptabilisés au cours de celui-ci, quelle que soit la méthode de comptabilisation utilisée (achèvement ou avancement). Le choix de la méthode ne se pose donc pas.
– Ils sont spécifiquement négociés.
– La perception des revenus ne dépend que de la conformité du travail exécuté.

La réalisation de ce tunnel correspond à cette définition. Il s'agit d'un contrat négocié d'une durée supérieure à deux ans, portant sur un travail complexe et unique. Le respect du cahier des charges est une condition suffisante au transfert de propriété et à la perception du prix de vente.

2. Ce contrat est-il bénéficiaire ?

Le prix de vente est fixé à 75 000 000 € HT et le coût de production de l'ouvrage est estimé de manière fiable à 69 000 000 € HT. Le résultat prévisionnel s'établit donc à 6 000 000 € HT. Ce contrat est donc bénéficiaire.

3. Comptabilisez toutes les écritures relatives à ce contrat en utilisant la méthode à l'achèvement (les charges, soumises en totalité à la TVA, seront comptabilisées au débit du compte 6. Charges, à titre de simplification, et réglées au comptant).

Exercice N :

– au cours de l'exercice, la consommation des charges de production donne lieu à la constatation comptable suivante :

	N		
6.	Charges	13 800 000	
44566	TVA sur autres biens et services	2 760 000	
512	Banque		16 560 000
	Constatation des charges de production		

– à la clôture de l'exercice N, le stock d'en-cours est enregistré :

	31/12/N		
335	Travaux en cours	13 800 000	
71335	Variation des stocks – Travaux en cours		13 800 000
	Constatation du stock d'en-cours		

Ce produit de 13 800 000 € compense les 13 800 000 € de charges engagées et comptabilisées dans l'exercice. Aucun résultat relatif à ce contrat n'est constaté. Le stock d'en-cours figure à l'actif du bilan de l'entreprise Digwel.

Compte de résultat N			
Charges		**Produits**	
Charges de production	13 800 000	Production stockée	13 800 000

Exercice N+1 :

– la consommation des charges de production de l'exercice s'élève à 34 500 000 € (48 300 000 – 13 800 000) et donne lieu à la constatation comptable suivante :

	N+1		
6.	Charges	34 500 000	
44566	TVA sur autres biens et services	6 900 000	
512	Banque		41 400 000
	Constatation des charges de production		

– à la clôture de l'exercice N+1, la comptabilisation du stock d'en-cours donne lieu aux deux écritures suivantes :

	31/12/N+1		
335	Travaux en cours	48 300 000	
71335	Variation des stocks – Travaux en cours		48 300 000
	Constatation du stock d'en-cours		
	31/12/N+1		
71335	Variation des stocks – Travaux en cours	13 800 000	
335	Travaux en cours		13 800 000
	Annulation du stock initial		

L'impact des trois écritures précédentes sur le résultat de l'exercice est nul. Aucun résultat relatif à ce contrat n'est constaté. Le stock d'en-cours figure à l'actif du bilan de l'entreprise.

Compte de résultat N+1			
Charges		**Produits**	
Charges de production	34 500 000	Production stockée	34 500 000

Exercice N+2 :

– au cours de l'exercice, la consommation des charges de production de l'exercice s'élève à 24 200 000 € (72 500 000 – 48 300 000) et donne lieu à la constatation comptable suivante :

	N+2		
6.	Charges	24 200 000	
44566	TVA sur autres biens et services	4 840 000	
512	Banque		29 040 000
	Constatation des charges de production		

– le tunnel est terminé, livré et facturé. Les enregistrements suivants sont effectués :

	31/10/N+2		
411	Clients	94 500 000	
44571	TVA collectée		15 750 000
704	Travaux		78 750 000
	Facturation du tunnel		
	31/12/N+2		
71335	Variation des stocks – Travaux en cours	48 300 000	
335	Travaux en cours		48 300 000
	Annulation du stock initial		

Ces trois écritures génèrent un résultat positif de 6 250 000 € [78 750 000 – (24 200 000 + 48 300 000)].

Compte de résultat N+2			
Charges		**Produits**	
Charges de production	24 200 000	Production vendue	78 750 000
Résultat	6 250 000	Production stockée	(48 300 000)

4. Comptabilisez toutes les écritures relatives à ce contrat en appliquant la méthode à l'avancement.

Les écritures comptables à enregistrer en application de la méthode à l'avancement sont les suivantes :

Exercice N :

– au cours de l'exercice, la consommation des charges de production donne lieu à la constatation comptable suivante :

	N		
6.	Charges	13 800 000	
44566	TVA sur autres biens et services	2 760 000	
512	Banque		16 560 000
	Constatation des charges de production		

À la clôture, le pourcentage d'avancement de 20 % donné dans l'énoncé correspond au quotient entre les coûts des travaux exécutés et acceptés à la date de clôture de l'exercice et le total prévisionnel des coûts d'exécution du contrat (13 800 000/69 000 000). Aucune facturation n'ayant été effectuée au cours de l'exercice, il convient de constater un chiffre d'affaires tel que, après déduction des charges ayant concouru à l'exécution du contrat, la

quote-part du résultat à terminaison correspondant au pourcentage d'avancement soit bien prise en compte dans le résultat de l'exercice.
La quote-part du résultat à terminaison s'établit à 1 200 000 € [(75 000 000 – 69 000 000) × 20 %]. Les charges engagées et comptabilisées dans l'exercice s'élèvent à 13 800 000 €, il faut donc constater un chiffre d'affaires de 15 000 000 € (13 800 000 + 1 200 000) afin d'obtenir un accroissement du résultat de l'entreprise du montant de cette quote-part.

	31/12/N		
418	Clients – Factures à établir	18 000 000	
44587	Taxes sur le CA sur factures à établir		3 000 000
704	Travaux		15 000 000
	Constatation du stock d'en-cours		

Ce produit de 15 000 000 € et les 13 800 000 € de charges engagées dans l'exercice génèrent bien un résultat de 1 200 000 €. Aucun stock d'en-cours ne figure, dans ce cas, à l'actif du bilan de l'entreprise Digwel.

Compte de résultat N			
Charges		**Produits**	
Charges de production	13 800 000	Production vendue	15 000 000
Résultat	1 200 000		

Exercice N+1 :
– au cours de l'exercice, la consommation des charges de production de l'exercice s'élève à 34 500 000 € (48 300 000 – 13 800 000) et donne lieu à la constatation comptable suivante :

	N+1		
6.	Charges	34 500 000	
44566	TVA sur autres biens et services	6 900 000	
512	Banque		41 400 000
	Constatation des charges de production		

À la clôture de l'exercice, le pourcentage d'avancement, mesuré par le quotient entre les coûts des travaux exécutés et acceptés à la date de clôture de l'exercice et le total prévisionnel des coûts d'exécution du contrat s'élève à 70 % (48 300 000/69 000 000). Aucune facturation n'ayant été effectuée au cours de l'exercice, il convient de constater un chiffre d'affaires tel que, après déduction des charges ayant concouru à l'exécution du contrat, la quote-part du résultat à terminaison correspondant au pourcentage d'avancement soit bien prise en compte dans le résultat de l'exercice.

La quote-part du résultat à terminaison, réalisée depuis le début du contrat, s'établit à 4 200 000 € (6 000 000 × 70 %). Une partie de cette quote-part (1 200 000) a déjà été constatée dans le résultat de l'exercice N. Il convient donc de ne prendre en compte que 3 000 000 € (4 200 000 – 1 200 000) au titre de l'exercice N+1.

Les charges engagées et comptabilisées dans l'exercice s'élèvent à 34 500 000 €. Il faut donc constater un chiffre d'affaires de 37 500 000 € (34 500 000 + 3 000 000) afin d'obtenir un accroissement du résultat de l'entreprise du montant de cette quote-part.

En supposant que l'écriture d'inventaire de l'exercice N n'a pas été contre-passée, l'enregistrement suivant est effectué à la clôture N+1.

	31/12/N+1		
4181	Clients – Factures à établir	45 000 000	
44587	Taxes sur le CA sur factures à établir		7 500 000
704	Travaux		37 500 000
	Chiffre d'affaires relatif à la construction du tunnel		

Ce produit de 37 500 000 € et les 34 500 000 € de charges engagées dans l'exercice génèrent bien un résultat de 3 000 000 €. Aucun stock d'en-cours ne figure, dans ce cas, à l'actif du bilan de l'entreprise.

Compte de résultat N+1			
Charges		**Produits**	
Charges de production	34 500 000	Production vendue	37 500 000
Résultat	3 000 000		

Exercice N+2 :

– la consommation des charges de production de l'exercice s'élève à 24 200 000 € (72 500 000 – 48 300 000) et donne lieu à la constatation comptable suivante :

	N+2		
6.	Charges	24 200 000	
44566	TVA sur autres biens et services	4 840 000	
512	Banque		29 040 000
	Constatation des charges de production		

– le tunnel est terminé, livré et facturé. En supposant que les écritures d'inventaire des exercices N et N+1 n'ont pas été extournées, les enregistrements suivants sont effectués à la clôture N+2 :

		31/10/N+2		
411	Clients		94 500 000	
44571		TVA collectée		15 750 000
704		Travaux		78 750 000
	Facturation du tunnel			
		31/12/N+2		
704	Travaux (15 000 000 + 37 500 000)		52 500 000	
44587	Travaux sur le chiffre d'affaires sur factures à établir		10 500 000	
4181		Clients – Factures à établir		63 000 000
	Contre-passation des factures à établir en N et N+1			

Les charges engagées et comptabilisées dans l'exercice s'élèvent à 24 200 000 €. Le compte 704 est créditeur de 26 250 000 € (78 750 000 – 52 500 000). Le résultat de l'exercice N+2, relatif à ce contrat à long terme, s'élève à 2 050 000 €

Compte de résultat N+2			
Charges		**Produits**	
Charges de production	24 200 000	Production vendue	26 250 000
Résultat	2 050 000		

5. Comparez l'impact de ces deux méthodes sur le chiffre d'affaires, le résultat et l'actif du bilan de la société Digwel.

Tableau récapitulatif de la méthode à l'achèvement

Exercices	Chiffre d'affaires	Résultat	Stock	Créances TTC
N	0	0	13 800 000	0
N+1	0	0	48 300 000	0
N+2	78 750 000	6 250 000	0	98 185 000
Total	**78 750 000**	**6 250 000**		

Tableau récapitulatif de la méthode à l'avancement

Exercices	Chiffre d'affaires	Résultat	Stock	Créances TTC
N	15 000 000	1 200 000	0	17 940 000
N+1	37 500 000	3 000 000	0	62 790 000
N+2	26 250 000	2 050 000	0	94 185 000
Total	**78 750 000**	**6 250 000**		

Conclusion : la méthode à l'avancement a permis d'anticiper et d'étaler la constatation du chiffre d'affaires et du résultat relatifs à ce contrat sur chacun des exercices de réalisation alors qu'avec la méthode à l'achèvement les chiffres d'affaires et résultats sont nuls en N et N+1, la totalité de ces éléments étant enregistrés en N+2.

Au niveau du bilan, il n'y a pas de stock à l'actif en appliquant la méthode à l'avancement. En revanche, les créances apparaissent dès la clôture de l'exercice N.

Application 2. Contrat déficitaire, p. 490

1. Ce contrat est-il bénéficiaire ?

À la signature du contrat, celui-ci était bénéficiaire (sinon il n'y aurait aucun intérêt à accepter ses conditions). Malheureusement pour l'entreprise Lousy, le 31/12/N, les prévisions sont moins bonnes, les produits prévisionnels s'élèvent à 5 700 000 € alors que les charges de production s'établissent à 6 000 000 €. Le contrat est donc déficitaire de 300 000 €.
Cette information est importante car la totalité de la perte à terminaison va devoir être prise en compte au titre du résultat N.

2. Comptabilisez toutes les écritures relatives à ce contrat en utilisant la méthode à l'avancement, et présentez un extrait du compte de résultat au 31/12/N (les charges seront comptabilisées au compte 60 Achats à titre de simplification et soumises à la TVA).

Au cours de l'exercice, les charges de production sont enregistrées :

	N		
60.	Achats	1 500 000	
44566	TVA déductible sur autres biens et services	300 000	
512	Banque		1 800 000
	Constatation des charges de production		

Le 31/12, l'entreprise comptabilise le chiffre d'affaires correspondant aux travaux effectués et acceptés. Le pourcentage d'avancement utilisé pour évaluer ce chiffre d'affaires s'élève à 25 % (1 500 000/6 000 000). Le chiffre d'affaires à rattacher à l'exercice est donc égal à 1 425 000 € HT (5 700 000 × 25 %).

	31/12/N		
4181	Clients – Factures à établir	1 710 000	
44587	Taxes sur le CA sur factures à établir		285 000
706	Prestations de services		1 425 000
	Chiffre d'affaires relatif aux travaux effectués et acceptés		

Une perte de 75 000 € résulte des deux dernières écritures (1 425 000 € de produits et 1 500 000 € de charges). Elle correspond à 25 % de la perte

totale. Cette perte est déductible fiscalement car elle est relative aux travaux effectués.
Le reste de la perte nécessite l'enregistrement d'une provision, soit 225 000 € (300 000 – 75 000).

	31/12/N		
6815	Dotations au provisions d'exploitation	225 000	
1518	Autres provisions pour risques		225 000

Fiscalement, cette dotation n'est pas déductible. Elle doit faire l'objet d'une réintégration.

3. Présentez quelles auraient été les écritures enregistrées si l'entreprise avait utilisé la méthode à l'achèvement. Le résultat aurait-il été identique ?.

Au cours de l'exercice, les charges de production sont enregistrées :

	N		
60.	Achats	1 500 000	
44566	TVA déductible sur autres biens et services	300 000	
512	Banque		1 800 000
	Constatation des charges de production		

Le 31/12/N, l'entreprise enregistre son stock d'en-cours et constate la perte à terminaison en comptabilisant une dépréciation du stock et une provision pour le complément :

	31/12/N		
335	Travaux en cours	1 500 000	
71335	Variation des stocks – Travaux en cours		1 500 000
	31/12/N		
68173	Dotations aux dépréciations – Stocks et en-cours	75 000	
3935	Dépréciations du stock de travaux en cours		75 000
	31/12/N		
6815	Dotations aux provisions d'exploitation	225 000	
1518	Autres provisions pour risques		225 000

La dépréciation du stock est égale à la perte à terminaison multipliée par le pourcentage d'avancement des travaux. Cette dépréciation est en principe déductible fiscalement.
La provision est déterminée par différence entre la perte totale à terminaison et la dépréciation du stock. Elle n'est pas déductible fiscalement car elle se rapporte à des travaux non encore exécutés.

Application 3. QCM, p. 491

Retrouvez la ou les réponses exactes.

1. La comptabilisation des contrats à long terme :

☑ est possible selon deux méthodes d'après les règles françaises.

☑ s'effectue, selon les normes IFRS, obligatoirement d'après la méthode de l'avancement.

2. Un contrat à forfait est une convention par laquelle une entreprise accepte la réalisation d'un travail sur la base d'une rémunération fixe, arrêtée dès la conclusion du contrat et assortie, le cas échéant, d'une clause de révision ou d'intéressement. Lorsque la rémunération est fixée par référence à une estimation du nombre d'unités d' ? uvre et à un prix unitaire fixe, le contrat à forfait est qualifié de contrat en bordereaux de prix ::

☑ Vrai

3. Un contrat en régie est un contrat pour lequel l'entreprise accepte la réalisation d'un travail sur la base d'une rémunération égale au remboursement des dépenses acceptées, majorée d'un pourcentage de ces dépenses ou d'une rémunération fixe. Ce type de contrat ne constitue généralement pas un contrat à long terme :

☑ Vrai

4. Les éléments suivants sont caractéristiques des contrats à long terme :

☑ leur réalisation est généralement complexe.

☑ ils sont spécifiquement négociés..

☑ la perception des revenus ne dépend que de la conformité du travail exécuté.

5. Le PCG autorise la comptabilisation des contrats à long terme selon :

☑ La méthode à l'avancement.

☑ La méthode à l'achèvement.

6. Pour constater des bénéfices sur des travaux en cours réalisés selon la méthode de l'avancement, l'acceptation du cocontractant :

☑ est nécessaire mais ne repose pas nécessairement sur un accord formel. Elle peut être, notamment, appréciée par l'entreprise en fonction des conditions d'acceptation prévues par le contrat.

7. La méthode à l'avancement préconise de comptabiliser :

☑ les travaux en cours réalisés et non acceptés en stock.

☑ les travaux en cours réalisés et acceptés en chiffre d'affaires.

8. La méthode à l'achèvement préconise de comptabiliser :

☑ les travaux en cours réalisés et acceptés en stock.

☑ les travaux en cours réalisés et non acceptés en stock.

9. La méthode à l'avancement :

☑ est, selon le PCG, la méthode préférentielle de comptabilisation des contrats à long terme.

☑ doit être appliquée à tous les contrats à long terme en cours, si elle est choisie par l'entité.

10. Quand l'évaluation du résultat à terminaison n'est pas mesurable de manière fiable :

☑ le chiffre d'affaires comptabilisé en application de la méthode à l'avancement est limité au montant des charges ayant concouru à l'exécution du contrat au cours de l'exercice.

11. Quand le résultat à terminaison prévisionnel est une perte :

☑ une partie de cette perte est prise en compte lors de la constatation du chiffre d'affaires selon la méthode à l'avancement.

12. La méthode à l'avancement :

☑ correspond à une vision moins stricte du principe de prudence que la méthode à l'achèvement.

☑ contribue à donner une vision plus proche de la réalité économique que la méthode à l'achèvement.

13. La méthode à l'achèvement :

☑ contribue à donner une vision plus pessimiste de la situation économique de l'entreprise que la méthode à l'avancement.

Entraînement à l'examen

Contrat avec facturations intermédiaires, p. 493

1. Ce contrat est-il bénéficiaire ? Pourquoi faut-il le vérifier ?

Selon les prévisions le contrat est bénéficiaire (3 000 000 > 2 400 000). Si ce n'était pas le cas il conviendrait d'enregistrer une perte à terminaison.

2. Comptabilisez toutes les écritures relatives à ce contrat en utilisant la méthode à l'avancement, et présentez un extrait du compte de résultat au 31/12/N, 31/12/N+1 et 31/12/N+2 (les charges, non soumises à la TVA, seront comptabilisées au compte 64. Charges de personnel à titre de simplification et réglées au comptant).

EXERCICE N

		N	
64	Charges de personnel	800 000	
512	Banque		800 000
	Constatation des charges de production		

		N	
411	Clients	600 000	
4457	Taxes sur le CA		100 000
704	Travaux		500 000
	Produits facturés		

		31/12/N	
335	Travaux en cours	400 000	
71335	Variation des stocks - Travaux en cours		400 000
	Constatation du stock d'en-cours		

Compte de résultat N			
Charges		**Produits**	
Charges de production	800 000	Production vendue	500 000
Résultat	**100 000**	Production stockée	400 000

Aucun ajustement n'est nécessaire.

EXERCICE N+1

	N+1		
64	Charges de personnel	1 200 000	
512	Banque		1 200 000
	Constatation des charges de production		

	N+1		
411	Clients	1 800 000	
4457	Taxes sur le CA		300 000
704	Travaux		1 500 000
	Produits facturés		

	31/12/N+1		
71335	Variation de stock	290 000	
335	Stock d'en-cours		290 000
	Constatation du stock d'en-cours		

Il convient d'ajuster le chiffre d'affaires de 240 000 € HT pour obtenir un résultat cumulé de 350 000 € :

(3 200 000 – 2 700 000) × 1 890 000/2 700 000 – 100 000

	31/12/N+1		
4181	Clients - Factures à établir	288 000	
44587	Taxes sur le CA sur factures à établir		48 000
704	Travaux		240 000
	Constatation du chiffre d'affaires à l'avancement		

Compte de résultat N+1			
Charges		**Produits**	
Charges de production	1 200 000	Production vendue	1 740 000
Résultat	**250 000**	Production stockée	(290 000)

EXERCICE N+2

Extourne de l'écriture d'ajustement du 31/12/N+1 :

	1/01/N+2		
704	Travaux	240 000	
44587	Taxes sur le CA sur factures à établir	48 000	
418	Clients - Factures à établir		288 000
	Chiffre d'affaires à l'avancement		

N+2

64	Charges de personnel	1 000 000	
512	Banque		1 000 000
	Constatation des charges de production		

N+2

411	Clients	1 680 000	
4457	Taxes sur le CA		280 000
704	Travaux		1 400 000
	Produits facturés		

31/12/N+2

71335	Variation de stock	110 000	
335	Stock d'en-cours		110 000
	Constatation du stock d'en-cours		

Compte de résultat N+2			
Charges		**Produits**	
Charges de production	1 000 000	Production vendue	1 160 000
Résultat	**50 000**	Production stockée	(110 000)

Le résultat cumulé est de 400 000 €.

Chapitre 18

Les changements comptables

Application 1. Changement de méthode d'évaluation de stocks, p. 510

1. Sous quelles conditions ce changement de méthode est-il possible ?

Il n'existe pas de méthode préférentielle concernant l'évaluation des stocks. Le changement de méthode comptable envisagé par la société Valo ne peut être justifié que par :
– des modifications intervenues dans la situation de l'entreprise ou dans son contexte économique, industriel ou financier,
– et la fourniture d'une meilleure information financière compte tenu des évolutions intervenues (PCG – article 122-1).
Les deux conditions ci-dessus sont cumulatives.

2. Enregistrez les écritures nécessaires au titre de l'exercice N.

Le stock de matières premières figure au bilan de la société Valo au 31/12/N–1 pour un montant de 210 000 € (ancienne méthode = méthode CMP) et au bilan au 31/12/N pour un montant de 232 000 € (nouvelle méthode = méthode PEPS). La variation entre ces deux valeurs doit être scindée en deux parties :
– impact du changement de méthode à l'ouverture net d'impôt en report à nouveau : le changement de méthode a pour conséquence une augmentation des capitaux propres de 225 000 – 210 000 = 15 000. Cet enrichissement est taxable. Il doit faire l'objet d'une réintégration extra-comptable. L'impact du changement net d'impôt (15 000 × 66,2/3 % = 10 000) est comptabilisé au crédit du compte Report à nouveau, l'effet d'impôt (15 000 × 33,1/3 % = 5 000) étant constaté au crédit du compte 695. Impôts sur les bénéfices ;
– impact de la variation de stocks selon la nouvelle méthode en résultat : 225 000 – 232 000 = – 7 000 (en diminution des charges d'exploitation).

	1/01/N		
31	Stocks de matières premières	15 000	
695	Impôts sur les bénéfices		5 000
110	Report à nouveau		10 000
	31/12/N		
6031	Variation des stocks de matières premières	225 000	
31	Stocks de matières premières		225 000
	Annulation du stock initial		
	31/12/N		
31	Stocks de matières premières	232 000	
6031	Variation des stocks de matières premières		232 000
	Constatation du stock final		

Remarque

Lors de la détermination du résultat fiscal, les 15 000 € réintégrés extra-comptablement vont générer une charge d'impôt de 5 000 €, incluse dans la charge d'impôt de l'exercice N. Cette charge va être compensée par l'écriture de sens inverse enregistrée au 1/1/N. Ainsi, l'impact du changement comptable sur la charge d'impôt de l'exercice N est bien nul.

3. Quelles informations doivent être fournies en annexe en lien avec ce changement de méthode ?

L'annexe doit comporter les informations suivantes :
– l'ancienne et la nouvelle méthode ;
– la justification de l'adoption de la nouvelle méthode ;
– l'incidence du changement sur les capitaux propres et les résultats des exercices précédents.

Dans la mesure où plusieurs postes du bilan et du compte de résultat sont concernés, il convient de présenter des comptes *pro forma* des exercices antérieurs présentés afin d'assurer la comparabilité avec ceux de l'exercice.

4. Quel est le traitement comptable du changement dans l'hypothèse où le stock au 31/12/N–1 selon la méthode PEPS s'élèverait à 205 000 € ?

Le stock de marchandises figure au bilan de la société Valo au 31/12/N–1 pour un montant de 210 000 € (ancienne méthode = méthode CMP) et au bilan au 31/12/N pour un montant de 232 000 € (nouvelle méthode = méthode PEPS).

La variation entre ces deux valeurs doit être scindée en deux parties :
– impact du changement de méthode à l'ouverture net d'impôt : le changement de méthode a pour conséquence une diminution des capitaux propres de 205 000 – 210 000 = – 5 000. Cet appauvrissement doit être constaté en charges et non en diminution du compte Report à nouveau pour pouvoir être déduit fiscalement ;
– impact de la variation de stocks selon la nouvelle méthode en résultat : 205 000 – 232 000 = – 27 000 (en diminution des charges d'exploitation).

	1/01/N		
6031	Variation des stocks de matières premières	5 000	
31	Stocks de matières premières		5 000
	31/12/N		
6031	Variation des stocks de matières premières	205 000	
31	Stocks de matières premières		205 000
	Annulation du stock initial		
	31/12/N		
31	Stocks de matières premières	232 000	
6031	Variation des stocks de matières premières		232 000
	Constatation du stock final		

Application 2. Changement de méthode de comptabilisation des contrats à long terme, p. 510

1. Quelle est la nature du changement comptable prévu par la société Fontaine ? Quelles sont les conditions de ce changement ?

Le changement de méthode de comptabilisation relatif aux contrats à long terme est un changement de méthode comptable stricto sensu. S'agissant de l'adoption d'une méthode préférentielle, le passage de la méthode de l'achèvement à la méthode de l'avancement n'a pas à être justifié.

2. Enregistrez les écritures nécessaires au titre de l'exercice N.

La société Fontaine doit faire comme si elle avait toujours appliqué la méthode de l'avancement et imputer l'impact du changement comptable net d'impôt sur les capitaux propres à l'ouverture.
Les éléments d'information sont les suivants :
– pourcentage d'avancement du chantier au 31/12/N–1 :
900 000/3 000 000 = 30 % ;
– chiffre d'affaires à l'avancement au 31/12/N–1 : 4 000 000 × 30 % = 1 200 000 ;

– résultat à l'avancement au 31/12/N–1 : (4 000 000 – 3 000 000) × 30 % = 300 000, soit un impact net d'impôt en report à nouveau de : 300 000 × 66,2/3 % = 200 000.

	1/01/N		
4181	Clients – Factures à établir	1 440 000	
110	Report à nouveau		200 000
695	Impôts sur les bénéfices		100 000
4458	Taxes sur le chiffre d'affaires à régulariser		240 000
355	Travaux en cours		900 000
	Adoption de la méthode à l'avancement		

Au 31/12/N, la situation du chantier est la suivante :

– pourcentage d'avancement du chantier au 31/12/N :
2 100 000/3 000 000 = 70 % ;

– chiffre d'affaires à l'avancement au 31/12/N :
4 000 000 × 70 % = 2 800 000 ;

– résultat à l'avancement au 31/12/N : (4 000 000 – 3 000 000) × 70 % = 700 000, soit 300 000 en N–1 et 400 000 en N.

L'écriture d'inventaire est la suivante :

	31/12/N		
4181	Clients – Factures à établir	1 920 000	
704	Travaux (2 800 000 – 1 200 000)		1 600 000
4458	Taxes sur le chiffre d'affaires à régulariser		320 000

Les charges de la période N relatives au chantier sont de :
2 100 000 – 900 000 = 1 200 000. Le résultat dégagé sur le chantier au titre de l'année N ressort bien à 1 600 000 – 1 200 000 = 400 000.

Application 3. Engagements de retraite, p. 511

1. Quelle est la nature du changement comptable prévu par la société Maxime en N ? Quelles sont les conditions de ce changement ?

La comptabilisation des engagements de retraite sous forme de provision au lieu de leur simple mention dans l'annexe est un changement de méthode comptable stricto sensu. S'agissant de l'adoption d'une méthode préférentielle, le changement de méthode n'a pas à être justifié.

2. Enregistrez les écritures nécessaires au titre de l'exercice N.

L'entreprise Maxime doit appliquer le changement de méthode comptable de manière rétrospective, c'est-à-dire faire comme si elle avait toujours comptabilisé ses engagements de retraite. L'impact du changement de méthode à l'ouverture, soit 145 000 €, est imputé sur les capitaux propres au débit du compte Report à nouveau. La provision pour engagements de retraite n'étant pas déductible, il n'y a pas d'effet d'impôt lié au changement de méthode. Le compte de résultat de l'exercice N n'est impacté que de la variation de l'engagement au titre de l'exercice N.

L'impact du changement de méthode comptable est comptabilisé à l'ouverture de l'exercice N :

	1/01/N		
119	Report à nouveau	145 000	
153	Provisions pour pensions et obligations similaires		145 000

L'enregistrement comptable au 31/12/N est la constatation en charge de l'accroissement de l'engagement de retraite de l'entreprise Maxime, soit : 159 000 – 145 000 = 14 000 €.

	31/12/N		
6815	Dotations aux provisions d'exploitation	14 000	
153	Provisions pour pensions et obligations similaires		14 000

3. Quelle est la nature du changement comptable relatif à l'exercice N+1 ? Précisez son traitement comptable et comptabilisez l'engagement de retraite au 31/12/N+1.

L'anomalie de calcul relative aux engagements de retraite de l'année N–1 décelée en N+1 constitue une erreur. Dans la mesure où la provision a été lors de sa constitution prélevée sur les capitaux propres, la correction d'erreur n'a pas d'impact sur le résultat de l'exercice N+1.

Au 31/12/N+1, la société Fontaine doit constater la variation de ses engagements de retraite :

	31/12/N+1		
6815	Dotations aux provisions d'exploitation	13 500	
153	Provisions pour pensions et obligations similaires		13 500

4. Quelle est la nature du changement comptable relatif à l'exercice N+2 ? Précisez son traitement comptable et comptabilisez l'engagement de retraite au 31/12/N+2.

La modification du taux d'actualisation constitue un changement d'estimation. Son impact doit être constaté en résultat (caractère prospectif).

	31/12/N+2		
6815	Dotations aux provisions d'exploitation	7 500	
153	Provisions pour pensions et obligations similaires		7 500

Application 4. Frais de développement, p. 511

1. Quelle est la nature de ce changement comptable ?

Il s'agit d'une correction d'erreur. La société Laser a mal appliqué la méthode comptable d'activation des coûts de développement.

2. Quel traitement comptable la société Laser doit-elle retenir ?

Cette correction d'erreur doit être comptabilisée dans le résultat de l'exercice au cours duquel elle est constatée, soit l'exercice N. Les frais de développement et les amortissements cumulés afférents sont annulés par le biais d'un compte de charge externe et/ou de frais de personnel (selon la nature des dépenses de développement).

	31/12/N		
2803	Amortissements des frais de recherche et de développement	40 000	
61/62/64	Autres services extérieurs/charges de personnel	60 000	
203	Frais de recherche et de développement		100 000

Application 5. Provision pour hausse des prix, p. 512

1. Est-il possible d'anticiper une reprise et/ou de s'abstenir de constater une dotation aux provisions pour hausse des prix ? Si oui, à quelles conditions ?

La non-constitution ou la reprise anticipée d'une provision pour hausse des prix constitue une modification d'options fiscales ayant pour objet de permettre à l'entreprise d'optimiser à son gré les avantages accordés par les règles fiscales. Ces modifications diffèrent des changements de méthodes comptables car elles résultent de pratiques étrangères aux principes comptables. Elles ne sont donc pas soumises au principe de permanence des méthodes.

2. Comptabilisez la ou les écriture (s) d'inventaire au 31/12/N permettant de maximiser le résultat de l'exercice N.

La maximisation du résultat de l'exercice N est obtenue :
– en ne dotant pas la PHP au titre de N ;
– en reprenant par anticipation les PHP des exercices N–5 à N–1. La PHP au titre de N-6 est obligatoirement reprise au 31/12/N, six années après sa dotation.

		31/12/N		
1431		Provision pour hausse des prix	100 000	
7873		Reprises sur provisions réglementées (stocks)		100 000

3. Déterminez l'impact de la PHP sur le résultat avant impôt des exercices N et N–1.

	N	N–1
Résultat avant impôt	150 000	100 000
Dotation à la PHP Reprise de PHP	– (100 000)	10 000 (20 000)
Résultat avant impôt hors impact PHP	50 000	90 000

Nous remarquons que, hors évaluations dérogatoires liées à la PHP, le résultat de l'exercice N est nettement inférieur à celui de N–1.

Application 6. QCM, p. 512

Retrouvez la ou les réponses exactes.

1. Il est interdit de déroger au principe comptable de permanence des méthodes :

☑ Faux

2. Une modification intervenue dans la situation d'une entité ou dans le contexte industriel, économique ou financier peut justifier à elle seule un changement de méthode comptable :

☑ Faux

3. L'adoption d'une méthode préférentielle doit être justifiée dans l'annexe :

☑ Faux

4. L'enregistrement à l'actif des coûts de développement constitue une méthode préférentielle :

☑ Vrai

5. L'adoption d'une méthode préférentielle est quasiment irréversible :

☑ Vrai

6. Un changement de réglementation est un changement de méthode comptable :

☑ Vrai

7. Un changement de méthode comptable doit être effectué en règle générale de manière :

☑ rétrospective.

8. Un changement d'estimation et de modalité d'application doit être comptabilisé de manière :

☑ prospective.

9. La modification du plan d'amortissement d'une immobilisation constitue :

☑ un changement d'estimation.

10. La première application d'un règlement de l'ANC est réalisée :

☑ de manière rétrospective sauf cas particulier.

11. Il est possible de changer d'option fiscale en fonction d'une décision de gestion de l'entreprise :

☑ Vrai

12. Les changements d'option fiscale ont un impact :

☑ sur le résultat exceptionnel.

13. La correction d'une méthode comptable non admise retenue l'exercice précédent constitue :

☑ une correction d'erreur.

14. Une correction d'erreur est enregistrée :

☑ en résultat sauf si la correction concerne une écriture ayant été directement imputée sur les capitaux propres.

15. En cas de changement de méthode comptable, pour assurer la comparabilité des comptes :

☑ les comptes *pro forma* de l'exercice précédent sont présentés en annexe.

Entraînement à l'examen

Changement comptable, p. 514

1. Quelle est la méthode préférentielle du PCG pour la comptabilisation des contrats à long terme ?

La méthode de l'avancement constitue la méthode préférentielle du PCG pour la comptabilisation des contrats à long terme. Elle conduit en effet à une meilleure image fidèle par la constatation des produits au rythme de l'avancement des contrats (sous condition d'une évaluation fiable).

2. Quelle est la nature du changement comptable initié par la SA Richeteau ? Le changement pourrait-il être effectué seulement pour la comptabilisation de certains contrats ?

Le changement de méthode de comptabilisation relatif aux contrats à long terme est un changement de méthode comptable stricto sensu.

Un choix de méthode comptable implique son application à toutes les opérations concernées. Il n'est donc pas possible d'effectuer un choix de méthode comptable au cas par cas (objectif de comparabilité). En l'espèce, tous les contrats de la SA Richeteau devront être comptabilisés selon la nouvelle méthode comptable, les contrats futurs, comme les contrats en cours à la date du changement de méthode.

3. Ce changement doit-il être justifié et/ou faire l'objet d'une information dans l'annexe des comptes annuels de l'exercice N ?

S'agissant de l'adoption d'une méthode préférentielle, le passage de la méthode de l'achèvement à la méthode de l'avancement n'a pas à être justifié dans l'annexe. En revanche, il doit faire l'objet des informations suivantes :

– énoncé de l'ancienne et la nouvelle méthode ;

– incidence du changement sur les capitaux propres et les résultats des exercices précédents ;

– dans la mesure où plusieurs postes du bilan et du compte de résultat sont concernés, présentation de comptes pro forma des exercices antérieurs présentés afin d'assurer la comparabilité avec ceux de l'exercice.

4. Présentez les écritures d'inventaire au 31 décembre N-1 relatives au contrat Ostende.

L'écriture d'inventaire au 31/12/N est enregistrée selon la méthode de l'achèvement :

	31/12/N-1		
345	Prestations de service en cours	400 000	
71345	Variation des en-cours de production de services		400 000

5. Présentez l'écriture au 1er janvier N relative au changement comptable sur le contrat Ostende (taux d'IS = 33 1/3 %).

La société Richeteau doit faire comme si elle avait toujours appliqué la méthode de l'avancement et imputer l'impact du changement comptable net d'impôt sur les capitaux propres à l'ouverture.

– Pourcentage d'avancement du chantier au 31/12/N–1 :

400 000/1 200 000 = 33 1/3 % ;

– Chiffre d'affaires à l'avancement au 31/12/N–1 :

2 100 000 × 33 1/3 % = 700 000 ;

– Résultat à l'avancement au 31/12/N–1 :

(2 100 000 – 1 200 000) × 33 1/3 % = 300 000, soit un impact net d'impôt en report à nouveau de : 300 000 × 66,2/3 % = 200 000.

	1/01/N		
4181	Clients - Factures à établir	700 000	
110	Report à nouveau		200 000
695	Impôts sur les bénéfices		100 000
345	Prestations de service en cours		400 000
	Adoption de la méthode à l'avancement		

6. Présentez les écritures d'inventaire au 31 décembre N relatives au contrat Ostende.

Au 31/12/N, la situation du chantier est la suivante :

– Pourcentage d'avancement du chantier au 31/12/N :

750 000/1 500 000 = 50 % ;

– Chiffre d'affaires à l'avancement au 31/12/N :

2 100 000 × 50 % = 1 050 000 ;

– Compte tenu du chiffre d'affaires constaté au 1/01/N (700 000) et de la facturation intermédiaire effectuée durant l'exercice N (150 000), il reste 200 000 à facturer au 31/12/N (1 050 000 – 700 000 – 150 000).

L'écriture d'inventaire est la suivante :

	31/12/N		
4181	Clients - Factures à établir	200 000	
706	Vente de prestations de service		200 000

7. La SA Richeteau pourra-t-elle revenir ultérieurement à la méthode de l'achèvement ?

La méthode de l'avancement constituant la méthode préférentielle du PCG, un changement de méthode ultérieur s'avère impossible, puisque le retour à la méthode de l'achèvement ne permettrait pas de fournir une meilleure information financière.

Chapitre 19

L'abonnement des charges et des produits

Application 1. Réflexion sur la méthode de l'abonnement des charges et des produits, p. 525

1. Mme Pouthier vous demande de lui expliquer quels sont le principe et l'intérêt de l'abonnement des charges et des produits.

« […] Le compte 488 "Comptes de répartition périodique des charges et des produits" enregistre les charges et les produits dont le montant peut être connu ou fixé d'avance avec une précision suffisante et qu'on décide de répartir par fractions égales entre les périodes comptables de l'exercice. Il s'agit du système de l'abonnement. En cours d'exercice, l'abonnement est modifié, s'il y a lieu, en plus ou en moins de manière que le total des sommes inscrites au débit ou au crédit des comptes intéressés des classes 6 ou 7 soit égal, en fin d'exercice, au montant effectif de la charge ou du produit. Le compte 488 est soldé à la fin de l'exercice. » (PCG – article 944-48).

Par cet article, le PCG autorise les entreprises qui le souhaitent à répartir, par fractions égales entre les périodes comptables de l'exercice, les charges et les produits dont le montant peut être connu ou fixé d'avance avec une précision suffisante. Cette technique comptable facultative est appelée système de l'abonnement des charges et des produits.

Elle a pour intérêt de permettre aux entreprises de respecter, pour ces charges et produits abonnés, le principe d'indépendance des exercices tout au long de l'exercice et de faciliter ainsi l'obtention d'un résultat périodique plus fidèle aux principes comptables. La connaissance et l'analyse de ce résultat font partie des outils de pilotage utiles à une bonne gestion de l'entreprise.

2. Mme Pouthier vous demande de lui préciser si toutes les charges et tous les produits peuvent être abonnés, et en cas de réponse négative, de lui donner des exemples d'éléments qui peuvent l'être.

En principe, tous les produits et toutes les charges ne peuvent pas être abonnés. Il faut que leur montant annuel soit fixe ou déterminable facilement. Ce sont en général des produits et des charges indépendants du volume d'activité, comme par exemple (liste non exhaustive) :
– les produits ou charges de location ;
– les redevances de crédit-bail ;
– les primes d'assurance ;
– les produits ou charges d'intérêts ;
– les dotations aux amortissements.

Application 2. Abonnement de produits et de charges, p. 525

• Enregistrez l'ensemble des écritures relatives à l'exercice N en appliquant la méthode de l'abonnement.

Écritures relatives à l'assurance :

– règlement de la prime d'assurance semestrielle du 1/04 :

	1/04/N		
4886	Charges	3 000	
512	Banque		3 000
	Paiement de la prime du 1/04 au 30/09		

– d'avril à septembre, l'entreprise comptabilise six fois l'écriture suivante :

616	Primes d'assurance	500	
4886	Charges		500
	Abonnement mensuel d'assurance (3 000/6)		

– règlement de la prime d'assurance semestrielle du 1/10/N :

	1/10/N		
4886	Charges	3 300	
512	Banque		3 300
	Paiement de la prime du 1/10/N au 31/03/N+1		

– d'octobre à décembre, l'entreprise comptabilise trois fois l'écriture suivante :

616	Primes d'assurance	550	
4886	Charges		550
	Abonnement mensuel d'assurance (3 300/6)		

À la clôture de l'exercice (avant inventaire), les comptes 616. Primes d'assurance et 4886. Charges se présentent comme suit :

616. Primes d'assurance

Débit	Crédit
4 650	

Le compte est débiteur de 4 650 €, ce qui correspond à la charge d'assurance de l'exercice.

4886. Charges

Débit	Crédit
3 000 3 300	4 650

Le compte est débiteur de 1 650 €. Ceci correspond aux primes de janvier, février et mars N+1 réglées d'avance. Il convient donc de solder ce compte par le débit du compte 486. Charges constatées d'avance.

	31/12/N		
486	Charges constatées d'avance	1 650	
4886	Charges		1 650
	Primes d'assurance réglées d'avance		

Le compte 4886. Charges est alors soldé.

Écritures relatives à l'emprunt :

– encaissement de l'emprunt :

	1/04/N		
512	Banque	60 000	
164	Emprunt auprès des établissements de crédit		60 000
	Réception de l'emprunt		

– d'avril à décembre, l'entreprise comptabilise neuf fois l'écriture suivante :

661 4886	Charges d'intérêt Charges *Intérêts mensuels abonnés (60 000 x 6 % x 1/12)*	300	 300

– lors des opérations d'inventaire, l'entreprise doit solder le compte 4886. Charges et constater les intérêts courus et non échus d'avril à décembre de 2 700 € (9 × 300) :

	31/12/N		
4886 1668	Charges Intérêts courus *Intérêts d'avril à décembre (60 000 x 6 % x 9/12)*	2 700	 2 700

À la clôture de l'exercice, les comptes 661. Charges d'intérêt et 4886. Charges se présentent comme suit :

661. Charges d'intérêt

Débit	Crédit
2 700	

Le compte est débiteur de 2 700 €, ce qui correspond aux neuf mois d'intérêts de l'exercice N.

4886. Charges

Débit	Crédit
2 700	2 700

Le compte est soldé.

Écritures relatives à la location du hangar :

– d'avril à décembre, l'entreprise comptabilise neuf fois l'écriture suivante :

4887 752	Produits Revenus des immeubles non affectés à des activités professionnelles *Abonnement des revenus de location*	1 000	 1 000

– le 30 septembre N, le locataire règle les loyers d'avril à septembre :

	30/09/N		
512 4887	Banque Produits *Chèque locataire loyers d'avril à septembre inclus*	6 000	 6 000

À la clôture de l'exercice, les comptes 752. Revenus des immeubles non affectés à des activités professionnelles et 4887. Produits se présentent comme suit :

752. Revenus des immeubles non affectés à des activités professionnelles

Débit	Crédit
	9 000

Le compte est créditeur de 9 000 €, ce qui correspond aux neuf mois de location de l'exercice N.

4887. Produits

Débit	Crédit
9 000	6 000

Le compte est débiteur de 3 000 €. Il s'agit des loyers d'octobre, novembre et décembre non encore facturés. Il convient de solder le compte 4887. Produits en débitant le compte 4687. Produits à recevoir de ce montant.

	31/12/N		
4687 4887	Produits à recevoir Produits *Loyers d'octobre, novembre et décembre N*	3 000	 3 000

Le compte 4887. Produits est soldé.

Application 3. QCM, p. 525

Retrouvez la ou les réponses exactes.

1. La méthode de l'abonnement des charges et des produits est :

☑ facultative, pour toutes les entreprises.

2. En pratique, la méthode de l'abonnement des charges et des produits :

☑ ne peut être utilisée que pour les charges et les produits dont le montant peut être connu ou fixé d'avance avec une précision suffisante.

3. En principe, les charges suivantes peuvent être abonnées :

☑ les primes d'assurances.
☑ les redevances de crédit-bail.
☑ les locations immobilières.
☑ les intérêts d'emprunt.

4. En principe, les produits suivants peuvent être abonnés :

☑ les revenus des locations immobilières.
☑ les intérêts de placement.

5. La méthode de l'abonnement a pour conséquence :

☑ de répartir les produits et les charges abonnés entre les périodes comptables de l'exercice.

6. Une entreprise utilisant la méthode de l'abonnement mensuel des charges de location facturées annuellement :

☑ enregistre la quittance (facture) annuelle en débitant le compte 4886. Charges.

☑ débite chaque mois le compte 613. Locations et crédite le compte 4886. Charges.

7. Le compte 4887. Produits utilisé par une entreprise pratiquant la méthode de l'abonnement des produits et des charges :

☑ est systématiquement soldé en fin d'exercice et ne figure donc pas au bilan.

8. Le montant mensuel d'un produit ou d'une charge abonné peut être modifié en cours d'exercice si les prévisions concernant ce produit ou cette charge évoluent :

☑ Vrai

Entraînement à l'examen

Abonnement des charges et des produits, p. 527

• Le directeur comptable vous demande de préparer un brouillon en vous inspirant des produits et charges d'une filiale créée le 01/06/N qui clôture ses exercices comme toutes les autres sociétés du groupe le 31/12.

Proposition de note

« [...] Le compte 488. Comptes de répartition périodique des charges et des produits enregistre les charges et les produits dont le montant peut être connu ou fixé d'avance avec une précision suffisante et qu'on décide de répartir par fractions égales entre les périodes comptables de l'exercice. Il s'agit du système de l'abonnement. En cours d'exercice, l'abonnement est modifié, s'il y a lieu, en plus ou en moins de manière que les sommes inscrites au débit ou au crédit des comptes intéressés des classes 6 et 7 soit égal, en fin d'exercice, au montant effectif de la charge ou du produit. Le compte 488 est soldé à la fin de l'exercice. » PCG, article 944-48 (référence 1 p. 524).

Par cet article, le PCG autorise les entreprises qui le souhaitent à répartir, par fractions égales entre les périodes comptables de l'exercice, les charges et les produits dont le montant peut être connu ou fixé d'avance avec une précision suffisante. Cette technique comptable facultative est appelée système de l'abonnement des charges et des produits.

Elle a pour intérêt de permettre aux entreprises de respecter, pour ces charges et produits abonnés, le principe d'indépendance des exercices tout au long de l'exercice et de faciliter ainsi l'obtention d'un résultat périodique conforme aux principes comptables. La connaissance et l'analyse de ce résultat font partie des outils de pilotage utiles à une bonne gestion de l'entreprise.

En principe, tous les produits et toutes les charges ne peuvent pas être abonnés. Il faut que leur montant annuel soit fixe ou déterminable facilement. Ce sont en général des produits et des charges indépendants du volume d'activité, comme par exemple (liste non exhaustive) :

- *Les produits ou charges de location,*
- *les redevances de crédit-bail,*
- *les primes d'assurances,*
- *les produits ou charges d'intérêts*
- *les dotations aux amortissements*

Écritures relatives à la charge de location :

Règlement de la prime d'assurance semestrielle du 1/06 :

	1/06/N		
4886	Compte de répartition périodique (charges)	80 000	
512	Banque		80 000
	Paiement de la prime 1/04 au 30/09		

De juin à septembre, l'entreprise comptabilise quatre fois l'écriture suivante :

613	Locations	20 000	
4886	Compte de répartition périodique (charges)		20 000
	Abonnement mensuel de location 80 000/4		

Règlement de la prime d'assurance semestrielle du 1/10 :

	1/06/N		
4886	Compte de répartition périodique (charges)	80 000	
512	Banque		80 000
	Paiement de la prime 1/10/N au 31/01/N+1		

D'octobre à décembre l'entreprise comptabilise trois fois l'écriture suivante :

613	Locations	20 000	
4886	Compte de répartition périodique (charges)		20 000
	Abonnement mensuel de location 80 000/4		

À la clôture de l'exercice (avant inventaire), les comptes 613. Locations et 4886. Compte de répartition périodique (charges) se présentent comme suit :

613. Locations

Débit	Crédit
80 000 60 000	

Le compte est débiteur de 140 000, ce qui correspond à la charge de location de l'exercice.

4886. Compte de répartition périodique (charges)

Débit	Crédit
80 000 80 000	80 000 60 000

Le compte est débiteur de 20 000 €. Ceci correspond au loyer de janvier N+1 réglé d'avance, il convient donc de solder ce compte par le débit du compte 486. Charges constatées d'avance.

	31/12/N		
486	Charges constatées d'avance	20 000	
4886	Charges		20 000
	Loyer réglé d'avance		

Le compte 4886 est alors soldé.

Écritures relatives à la location de l'immeuble d'habitation :

De juin à décembre, l'entreprise comptabilise sept fois l'écriture suivante :

4887	Compte de répartition périodique (produits)	2 000	
752	Revenus des immeubles non affectés aux activités professionnelles		2 000
	Abonnement des revenus de location		

Le 30/11/N, le locataire règle les loyers de juin à novembre :

	30/11/N		
512	Banque	12 000	
4887	Produits		12 000
	Chèque locataire loyers de 04 à 09 inclus		

À la clôture de l'exercice, les comptes 752. Revenus des immeubles non affectés à l'activité professionnelle et 4887. Compte de répartition périodique (produits) se présentent comme suit :

752. Revenus des immeubles non affectés à l'activité professionnelle

Débit	Crédit
	14 000

Le compte est créditeur de 14 000, ce qui correspond aux sept mois de location de l'exercice N.

4887. Compte de répartition périodique (produits)

Débit	Crédit
14 000	12 000

Le compte est débiteur de 2 000 €. Il s'agit du loyer de décembre non encore facturé. Il convient de solder le compte 4887. Produits en débitant le compte 4687. Produits à recevoir de ce montant.

	31/12/N		
4687	Produits à recevoir	2 000	
4887	Compte de répartition périodique (produits)		2 000
	Loyers de décembre N		

Le compte 4887 est soldé.

Chapitre 20

La constitution des sociétés

Application 1. Constitution d'une SARL, p. 547

1. Déterminez le montant net apporté par M. Dridi et celui du capital social et indiquez le nombre de parts revenant à chaque associé.

L'apport en nature de M. Dridi sera rémunéré en partie par des actions (apport pur et simple) et en partie par la prise en charge de passifs (apport à titre onéreux).

Éléments incorporels	12 720		
Bâtiments	54 900		
Matériel	45 720		
Stock de pièces détachées	4 020		
Créances clients	1 140		
Banque	710		
Total des apports	119 210	119 210	
Emprunt bancaire	25 620		
Dettes fournisseurs	1 512		
Dettes envers la Sécurité sociale	1 128		
Passif repris par la SARL (apport à titre onéreux)	28 260	– 28 260	
Apport pur et simple		90 950	90 950
Apport en numéraire de M. Épin			30 000
Apport en numéraire de M. Ghella			41 000
Capital de la SARL			161 950

La valeur nominale d'une part étant de 50 €, le nombre de parts revenant à chaque associé pour la rémunération de ses apports nets est le suivant :

– M. Dridi : 90 950/50 =	1 819 parts
– M. Epin : 30 000/50 =	600 parts
– M. Ghella : 41 000/50 =	820 parts
Total	**3 239 parts**

2. Présentez les écritures de constitution de la société DEG. On utilise un schéma simplifié d'écritures, le compte 101. Capital social n'étant pas subdivisé.

Comme les opérations de constitution se déroulent en une seule étape, le schéma le plus simple de constitution est adopté. Le compte 101. Capital social n'est pas subdivisé en sous-comptes et les apports sont immédiatement réalisés. Les frais de constitution retenus par le notaire sont enregistrés selon la méthode préférentielle du plan comptable général.

	2/01/N		
207	Fonds commercial	12 720,00	
213	Constructions	54 900,00	
2154	Matériel industriel	45 720,00	
322	Stocks de fournitures consommables	4 020,00	
4111	Clients	1 400,00	
512	Banque	710,00	
101	Capital social		90 950,00
164	Emprunts auprès des établissements de crédit		25 620,00
401	Fournisseurs		1 512,00
431	Sécurité sociale		1 128,00
4118	Compte d'ordre sur créances		260,00
	Apports de M. Dridi		
	2/01/N		
4671	Notaire	71 000,00	
101	Capital social		71 000,00
	Réalisation des apports de MM. Épin et Ghella		
	5/01/N		
512	Banque	70 460,00	
6226	Honoraires	450,00	
44566	TVA sur autres biens et services	90,00	
4671	Notaire		71 000,00
	Versement des fonds par Me Bernet		

3. Si l'on suppose que, le 28 février, les clients ont réglé en définitive 1 020 €, pour solde, présentez les écritures correspondantes.

Comme dans tous les cas de créances non récupérées, l'entreprise peut soustraire la TVA déjà payée mais non recouvrée de sa TVA à décaisser.
Créances irrécouvrables TTC : 1 400 – 1 020 = 380 €.

Créances irrécouvrables TTC non couvertes par le compte d'ordre :
380 – 260 = 120 €.
Charge HT : 120/1,20 = 100,00 €.
TVA à récupérer : 100,00 × 20 % = 20,00 €.

	28/02/N		
512	Banque	1 020,00	
411	Clients		1 020,00
	Règlements des clients pour solde		
	28/02/N		
4118	Compte d'ordre sur créances	260,00	
6714	Créances devenues irrécouvrables dans l'exercice	100,00	
44551	TVA à décaisser	20,00	
4111	Clients		380,00
	Constatation des créances irrécouvrables		

Application 2. Constitution d'une SARL avec apports fractionnés, p. 548

1. Déterminez les montants du capital non appelé et du capital appelé.

Le capital est divisé en 5 000 parts de 5 €.
Les parts sociales souscrites par les associés autres que la gérante ne sont appelées que du minimum légal qui est de 20 % du nominal pour les SARL.
Capital non appelé : 4 000 × 4 € = 16 000 €.
Capital appelé : (1 000 × 5 €) + (4 000 × 1 €) = 9 000 €.

2. Présentez les écritures relatives à la constitution de la SARL.

Comme l'énoncé ne précise pas qu'un schéma simplifié est adopté, et bien que les opérations aient lieu à la même date, on utilise le schéma complet d'écritures de constitution :

	1/03/N		
45615	Associés – Apports en numéraire	25 000	
1011	Capital souscrit, non appelé		25 000
	Promesses d'apports		
	1/03/N		
109	Associés – Capital non appelé	16 000	
45625	Associés – Capital appelé, non versé	9 000	
45615	Associés – Apports en numéraire		25 000
	Appels des apports à libérer		
	1/03/N		
1011	Capital souscrit – non appelé	9 000	
1012	Capital souscrit – appelé, non versé		9 000
	Constatation de l'appel dans les capitaux propres		

	1/03/N		
512	Banque	9 000	
45625	Associés – Capital appelé, non versé		9 000
	Libération des apports		
	1/03/N		
1012	Capital souscrit – appelé, non appelé	9 000	
1013	Capital souscrit – appelé, versé		9 000
	Constatation de la libération des apports		

3. Présentez les écritures d'appel et de libération de juillet N.

Le montant appelé en juillet N concerne les 4 000 parts détenues par les associés autres que la gérante. Deux cinquièmes du capital sont appelés : 4 000 × 2 € = 8 000 €.

	2/07/N		
45625	Associés – Capital appelé, non versé	8 000	
109	Associé – Capital souscrit, non appelé		8 000
	Appel de deux cinquièmes du nominal		

	2/07/N		
1011	Capital souscrit – non appelé	8 000	
1012	Capital souscrit – appelé, non versé		8 000
	Constatation de l'appel		
	5/07/N		
512	Banque	8 000	
45625	Associés – Capital appelé, non versé		8 000
	Versements des associés		
	5/07/N		
1012	Capital souscrit – appelé, non versé	8 000	
1013	Capital souscrit – appelé, versé		8 000
	Constatation des versements		

4. Indiquez les rubriques du bilan au 31 décembre N concernées par ces opérations.

Associés, capital non appelé	8 000	Capital social (dont appelé : 17 000 €)	25 000

Application 3. Constitution d'une société anonyme, versements anticipés, p. 548

1. Proposez les écritures comptables constatant les opérations de constitution, sachant que la SA opte pour la méthode préférentielle de traitement des frais de constitution.

Les apports en nature sont, par obligation, totalement libérés ; les apports en numéraire sont libérés du minimum légal, soit la moitié du nominal dans les sociétés par actions.

Analyse des apports :

Apports en nature (purs et simples) : 3 280 × 20 €	65 600 €
Apports en numéraire : 6 720 × 20 €	134 400 €
Capital total : 10 000 × 20 €	**200 000 €**

Modalités de libération :

Apports en nature totalement libérés	65 600 €
Apports en numéraire libérés de moitié : 6 720 × 10 €	67 200 €
Capital appelé	132 800 €
Capital non appelé : 6 720 × 10 €	67 200 €
Total	**200 000 €**

Versements en numéraire :

Apports en numéraire libérés de moitié	67 200 €
Versements anticipés : 4 920 × 10 €	49 200 €
Total des versements reçus	**116 400 €**

	3/07/N		
45611	Associés – Apports en nature	65 600	
45615	Associés – Apports en numéraire	134 400	
1011	Capital souscrit, non appelé		200 000
	Promesses d'apports		
	3/07/N		
109	Associés – Capital non appelé	67 200	
4562	Apporteurs – Capital appelé, non versé	132 800	
45611	Associés – Apports en nature		65 600
45615	Associés – Apports en numéraire		134 400
	Appels des apports à libérer		

	3/07/N		
1011	Capital souscrit – non appelé	132 800	
1012	Capital souscrit – appelé, non versé		132 800
	Appels des apports à libérer		
	3/07/N		
37	Stocks de marchandises	65 600	
4671	Maître Briand, notaire	116 400	
4562	Apporteurs – Capital appelé, non versé		132 800
4564	Actionnaires – Versements anticipés		49 200
	Libération des apports et versements anticipés		
	3/07/N		
1012	Capital souscrit – appelé, non versé	132 800	
1013	Capital souscrit – appelé, versé		132 800
	Libération des apports		
	15/07/N		
512	Banque populaire régionale	110 400	
6226	Honoraires	5 000	
44566	TVA sur autres biens et services	1 000	
4671	Maître Briand, notaire		116 400
	Virement des fonds et frais de constitution		

2. Présentez de manière schématique le bilan au 15 juillet N.

En supposant qu'aucune opération n'a été réalisée durant la première quinzaine du mois de juillet, le bilan se présentera ainsi :

Actif		**Passif**	
Capital souscrit, non appelé	67 200	<u>Capitaux propres</u>	
		Capital social	200 000
		(dont appelé : 132 800 €)	
<u>Actif circulant</u>		Résultat de l'exercice	– 5 000
Stock de marchandises	65 600		195 000
Autres créances (TVA	1 000	<u>Dettes</u>	
Disponibilités	110 400	Autres dettes	49 200
	177 000		49 200
Total	**244 200**	**Total**	**244 200**

Les versements anticipés figurent dans le poste « Autres dettes ».

3. Comptabilisez l'appel du 1er octobre et les versements correspondants.

Appel de la seconde moitié du nominal

	1/10/N		
45621	Actionnaires – Capital souscrit et appelé, non versé	18 000	
4564	Actionnaires – Versements anticipés	49 200	
109	Actionnaires – Capital souscrit, non appelé		67 200
	Appel de la seconde moitié du nominal		
	1/10/N		
1011	Capital souscrit, non appelé	67 200	
1012	Capital souscrit, appelé, non versé		67 200
	Constatation de l'appel de la seconde moitié du nominal		

Versements correspondants

	31/10/N		
512	Banque populaire régionale	18 000	
45621	Actionnaires – Capital souscrit et appelé, non versé		18 000
	Versement de la seconde moitié		
	31/10/N		
1012	Capital souscrit, appelé, non versé	67 200	
1013	Capital souscrit, appelé, versé		67 200
	Constatation de versement total du capital		

Application 4. QCM, p. 549

Répondez par « Vrai » ou par « Faux » aux affirmations ci-dessous ou retrouvez la réponse exacte en donnant toutes explications utiles.

1. Le capital minimum d'une SARL est de 37 000 €.

☑ **Faux.** Ce montant correspond au capital minimum des sociétés anonymes. Il n'y a pas de capital minimum pour une SARL.

2. Quatre associés, A, B, C et D, décident de créer une société par actions simplifiée. Le capital sera divisé en actions de 100 € et sera égal à 37 000 €. A effectue un apport en nature évalué à 21 000 €. C et D souscriront chacun le même nombre d'actions. Ces deux actionnaires désirent pouvoir s'opposer ensemble à des décisions importantes au niveau de la structure de la société et souscriront donc le nombre d'actions nécessaire pour qu'ils disposent à eux deux de la minorité de blocage de 1/3 du capital. Le nombre d'actions à souscrire par B est :

☑ **36 actions.** Nombre d'actions composant le capital : 37 000/100 = 370 actions.
Nombre d'actions procurant la minorité de blocage : 370 × 1/3 = 123,3, soit 124 actions, c'est-à-dire 62 par C et 62 par D.
Nombre d'actions souscrites par A : 21 000/100 = 210 actions.
Nombre d'actions souscrites par B : 370 – 210 – 124 = 36 actions.

3. Un apport à titre onéreux ne donne pas lieu à remise d'actions ou parts sociales à l'apporteur.

☑ **Vrai.** La contrepartie d'un apport à titre onéreux est constituée par les dettes prises en charges par la société créée.

4. L'inscription des frais de constitution en charges constitue la méthode préférentielle du Plan comptable général.

☑ **Vrai.** L'autre méthode autorisée, inscription à l'actif, ne correspond pas aux règles générales de définition des actifs.

5. Les apports en industrie ne sont pas autorisés dans les sociétés de capitaux.

☑ **Vrai.** Ce type d'apport, qui n'est pas rémunéré en parts de capital, n'est possible que dans les sociétés de personnes et les SARL.

6. L'appel minimum de capital dans les sociétés anonymes est de la moitié de la valeur nominale des titres, quel que soit l'apport.

☑ **Faux.** L'appel de la moitié du nominal n'est possible que pour les apports en numéraire. Les apports en nature doivent être entièrement réalisés à la constitution.

7. Seul le capital appelé figure dans le poste Capital du bilan.

☑ **Faux.** Le poste Capital au bilan indique le montant total du capital, la partie appelée étant mentionnée entre parenthèses.

8. Les promesses d'apports sont enregistrées en compte 4562. Apporteurs – Capital appelé, non versé

☑ **Faux.** Les promesses d'apports sont inscrites au débit du compte 4561. Associés – Comptes d'apport en société ou dans un sous-compte de celui-ci.

9. Les versements anticipés d'un actionnaire font partie du « Capital souscrit – appelé, versé ».

☑ **Faux.** Ils continuent à figurer au crédit du compte 1011. Capital souscrit - non appelé en attente de l'appel effectif. Ils ne constituent qu'une avance mais n'affectent donc pas les mouvements du capital.

10. Un actionnaire n'a pas réglé dans les délais le troisième quart du nominal de 20 € pour les 100 actions qu'il possédait. Celles-ci sont vendues aux enchères pour 1 400 €. L'actionnaire perdra (hors frais et intérêts de retard) :

☑ 100 €. L'actionnaire doit 500 € à la société (soit le troisième quart) ; elle lui reversera donc 1 400 – 500 = 900 € (hors retenue de frais). L'actionnaire avait déboursé 1 000 € à la souscription et perd donc 100 €, soit la différence entre le prix de vente de 14 € par action et le nominal appelé de ces actions égal à 15 €.

Entraînement à l'examen

Constitution d'une société anonyme, actionnaires défaillants, p. 551

1. Présentez les écritures de constitution de la société, sachant que la SA opte pour la méthode préférentielle de traitement des frais de constitution.

La moitié du nominal des actions est appelée.
Capital appelé : 1 000 actions à 50 € × 1/2 = 25 000 €.
Capital non appelé : 1 000 actions à 50 € × 1/2 = 25 000 €.

	19/05/N		
45615	Actionnaires – Apports en numéraire	50 000,00	
1011	Capital souscrit, non appelé		50 000,00
	Promesses d'apports		
	19/05/N		
109	Actionnaires – Capital souscrit, non appelé	25 000,00	
45621	Actionnaires – Capital souscrit et appelé, non versé	25 000,00	
45615	Actionnaires – Apports en numéraire		50 000,00
	Appel des apports initiaux		
	19/05/N		
1011	Capital souscrit, non appelé	25 000,00	
1012	Capital souscrit, appelé, non versé		25 000,00
	Appel des apports initiaux		
	19/05/N		
4671	Me Fernand, notaire	25 000,00	
45621	Actionnaires – Capital souscrit et appelé, non versé		25 000,00
	Promesses d'apports		
	25/05/N		
622	Rémunérations d'intermédiaires et honoraires	3 000,00	
44566	TVA sur autres biens et services	600,00	
512	Banque	21 400,00	
4671	Me Fernand, notaire		25 000,00
	Versement des fonds		
	25/05/N		
1012	Capital souscrit, appelé, non versé	25 000,00	
1013	Capital souscrit, appelé, versé		25 000,00
	Constatation de la réalisation des apports		

2. Présentez toutes les écritures relatives à l'appel ultérieur et aux événements qui en découlent.

	1/09/N		
45621	Actionnaires – Capital souscrit et appelé, non versé	25 000,00	
109	Actionnaires – Capital souscrit, non appelé		25 000,00
	Appel de la seconde moitié du nominal		
	19/05/N		
1011	Capital souscrit, non appelé	25 000,00	
1012	Capital souscrit, appelé, non versé		25 000,00
	Constatation de l'appel		

Versements au 30 septembre : 860 × 50 € × 1/2 = 21 500 €.
Versements non effectués : (80 + 60) × 50 € × 1/2 = 3 500 € dont :
– M. Deparci : 2 000 € ;
– Mme Deparla : 1 500 €.
Intérêts de retard dus par M. Deparci : 2 000 × 8 % × 25/360 = 11,11 €.
Intérêts de retard dus par Mme Deparla : 1 500 × 8 % × 31/360 = 10,33 €.

	30/09/N		
512	Banque	21 500,00	
45621	Actionnaires – Capital souscrit et appelé, non versé		21 500,00
	Versements dans les délais		
	30/09/N		
1012	Capital souscrit, appelé, non versé	21 500,00	
1013	Capital souscrit, appelé, versé		21 500,00
	Libération totale sur 860 actions		
	1/10/N		
4566	Actionnaires défaillants	3 500,00	
45621	Actionnaires – Capital souscrit et appelé, non versé		3 500,00
	Versement non effectués		
	25/10/N		
512	Banque	2 068,71	
4566	Actionnaires défaillants		2 000,00
763	Revenus des autres créances		11,11
791	Transferts de charges d'exploitation		48,00
44571	TVA collectée		9,60
	Versement en retard de M. Deparci		
	25/10/N		
1012	Capital souscrit, appelé, non versé	2 000,00	
1013	Capital souscrit, appelé, versé		2 000,00
	Deparci : 80 actions		

	31/10/N		
512	Banque	3 000,00	
4566	Actionnaires défaillants		3 000,00
	Cession des actions à M. Dailleux		
	31/10/N		
1012	Capital souscrit, appelé, non versé	1 500,00	
1013	Capital souscrit, appelé, versé		1 500,00

	31/10/N		
4566	Actionnaires défaillants	1 048,07	
512	Banque		1 048,07
	Versement pour solde du compte débité		

M. Deparci supporte les frais de mise en demeure ; Mme Deparla devra prendre à sa charge les frais de mise en demeure et les frais d'exécution.

3. Analysez la situation de l'actionnaire défaillant Mme Deparla.

Montant encaissé par Mme Deparla	1 048,07 €
Montant décaissé par Mme Deparla à la souscription	1 500,00 €
Perte sur l'abandon de ses titres	451,93 €

Cette perte correspond aux frais mis à sa charge. En effet, il n'y a ni plus-value, ni moins-value sur la cession de ses actions puisque celles-ci ont été vendues pour 3 000 €, c'est-à-dire exactement à leur valeur nominale.

Chapitre 21

Les variations du capital des sociétés

Application 1. Traitement des frais d'augmentation de capital, p. 577

- **Comptabilisez au 31/12 l'écriture de régularisation concernant les frais d'augmentation de capital en supposant que :**

a. La société retient la méthode préférentielle du Plan comptable général.

L'utilisation de la méthode préférentielle du Plan comptable général conduit à imputer sur la prime d'émission les frais nets d'impôt. L'impôt est comptabilisé au débit du compte 695. Impôts sur les bénéfices de manière à neutraliser l'économie d'impôt dans le compte de résultat de l'année.

	31/12/N		
1041	Prime d'émission	2 800	
695	Impôts sur les bénéfices	1 400	
471	Compte d'attente		4 200
	Frais nets d'impôt : 4 200 x 2/3		

b. Les frais d'augmentation de capital sont comptabilisés en charges.

Les frais sont enregistrés dans les comptes de charges par nature correspondants.

	31/12/N		
635	Autres impôts, taxes et versements assimilés	500	
622	Rémunérations d'intermédiaires et honoraires	2 900	
623	Publicité, publications, relations publiques	800	
471	Compte d'attente		4 200
	Frais d'augmentation de capital		

c. Les dirigeants désirent étaler sur trois exercices la charge liée aux frais d'augmentation de capital.

Les frais sont inscrits en « Frais d'établissement » et inclus dans les charges des trois exercices d'étalement par le biais des dotations aux amortissements.

	31/12/N		
2013	Frais d'augmentation de capital et d'opérations diverses	4 200	
471	Compte d'attente		4 200
	Frais d'augmentation de capital		
	31/12/N		
6811	Dotations aux amortissements sur immobilisations	1 400	
28013	Amortissements des frais d'augmentation de capital		1 400
	Répartition sur 3 ans : 4 200 x 1/3		

Application 2. Augmentation de capital en numéraire, p. 577

1. Déterminez le montant du poste « Autres réserves ».

Le droit préférentiel de souscription (DS) résulte de la différence entre la valeur de l'action avant et après l'augmentation de capital. Si l'on appelle x la valeur de l'action avant augmentation de capital :

Valeur avant augmentation :	2 000 actions à x	$= 2\,000\,x$
Augmentation en numéraire :	1 000 actions à 118 €	= 118 000
Valeur après augmentation :	3 000 actions	$= 2\,000\,x + 118\,000$

Valeur de l'action après augmentation :

$(2\,000\,x + 118\,000)/3\,000 = 2\,x/3 + 118/3$

Comme le DS est égal à 34 €, on peut écrire :

$x - 2\,x/3 - 118/3 = 34$ ou $3\,x - 2\,x - 118 = 102$

$x = 102 + 118 = 220$

Les capitaux propres avant augmentation de capital étaient donc de : 2 000 × 220 = 440 000 €.

Les autres réserves s'élevaient alors à 440 000 – (200 000 + 20 000) = 220 000 €.

2. Vérifiez la valeur théorique du droit préférentiel de souscription.

Le tableau de calcul du DS est le suivant :

Valeur avant augmentation :	2 000 actions à 220 €	= 440 000 €
Augmentation en numéraire :	1 000 actions à 118€	= 118 000 €
Valeur après augmentation :	3 000 actions	= 558 000€

Soit une valeur de l'action après augmentation de 558 000/3 000 = 186 €, ce qui amène à un droit préférentiel de souscription de 220 – 186 = 34 €.

3. Comptabilisez l'augmentation du capital.

Les actionnaires doivent verser à la souscription le quart du nominal et l'intégralité de la prime d'émission, soit (100 × 1/4) + (118 – 100) = 25 + 18 = 43 € par action.

Le capital non appelé est de 100 × 3/4 = 75 € par action

Capital non appelé : 1 000 × 75 = 75 000 €

Capital appelé : 1 000 × 25 = 25 000 €

Prime d'émission : 1 000 × 18 = 18 000 €

Versements anticipés : 60 × 75 = 4 500 €.

	12/01/N		
512	Banque	47 500	
4563	Actionnaires – Versements reçus sur augmentation de capital		47 500
	Versements des actionnaires suite à l'augmentation de capital		
	12/01/N		
109	Actionnaires – Capital souscrit, non appelé	75 000	
4563	Actionnaires – Versements reçus sur augmentation de capital	47 500	
1011	Capital souscrit – non appelé		75 000
1013	Capital souscrit – appelé, versé		25 000
1041	Primes d'émission		18 000
4564	Actionnaires – Versements anticipés		4 500
	Augmentation de capital en numéraire		

4. Comptabilisez l'appel et la libération du deuxième quart.

Appel du deuxième quart

Montant de l'appel : 1 000 × 25 = 25 000 €

Versements anticipés déjà effectués : 60 × 25 € = 1 500 €

Versements à recevoir : 25 000 – 1 500 = 23 500 €.

	15/10/N		
45621	Actionnaires – Capital souscrit et appelé, non versé	23 500	
4564	Actionnaires – Versements anticipés	1 500	
109	Actionnaires : capital souscrit – non appelé		25 000
	Appel du deuxième quart		
	15/10/N		
1011	Capital souscrit – non appelé	25 000	
1012	Capital souscrit – appelé, non versé		25 000
	Constatation de l'appel du deuxième quart		

Libération du deuxième quart

	15/11/N		
512	Banque	23 500	
45621	Actionnaires : capital souscrit et appelé, non versé		23 500
	Libération du deuxième quart		
	15/11/N		
1012	Capital souscrit – appelé, non versé	25 000	
1013	Capital souscrit – appelé, versé		25 000
	Constatation de la libération du deuxième quart		

Application 3. Fixation d'un prix d'émission et étude du droit de souscription, p. 578

1. Déterminez le prix d'émission des actions de numéraire qui répond aux conditions posées par les dirigeants.

En appelant PE le prix d'émission des actions nouvelles, le calcul de la variation des valeurs se présente ainsi :

Valeur avant augmentation : 12 500 actions à 60 € = 750 000 €

Augmentation en numéraire : 5 000 actions à PE = 5 000 PE

Valeur après augmentation : 17 500 actions pour 5 000 PE + 750 000

Soit une valeur de l'action après augmentation de (5 000 PE + 750 000)/17 500.

La diminution maximale de valeur de l'action peut être de 60 × 8 % = 4,80 €. On peut donc écrire que :

60 – [(5 000 PE + 750 000)/17 500] = 4,80 €

1 050 000 – 5 000 PE – 750 000 = 84 000 €

5 000 PE = 216 000 €

PE = 43,20 arrondis à 44 €.

Il est nécessaire d'arrondir le prix d'émission à l'euro supérieur, sinon la baisse de valeur dépasserait 8 %.

2. Vérifiez les calculs précédents en calculant la valeur du droit préférentiel de souscription.

Les calculs précédents peuvent être repris avec un prix d'émission de 44 € :

Valeur avant augmentation :	12 500 actions à 60 € =	750 000 €
Augmentation en numéraire :	5 000 actions à 44 € =	220 000 €
Valeur après augmentation :	17 500 actions à 55,43 €	970 000 €

La diminution de valeur de l'action est de 60 – 55,43 = 4,57 € ; elle représente le DS théorique.

En pourcentage de la valeur avant augmentation de capital, le DS représente 4,57/60 = 7,6 %. La contrainte d'une baisse inférieure à 8 % posée par les dirigeants est respectée.

3. Exprimez la valeur du droit préférentiel de souscription (DS) en fonction du prix d'émission (PE) et représentez graphiquement la variation de DS en fonction de PE. Vérifiez les résultats pour le prix d'émission déterminé précédemment.

En reprenant les calculs effectués dans la première question, on peut écrire que :
DS = 60 – [(5 000 PE + 750 000)/17 500]
DS = (1 050 000 – 5 000 PE – 750 000)/17 500
DS = (– 5 000 PE + 300 000)/17 500 et, en simplifiant par 2 500 :
DS = – 2 PE/7 + 120/7 avec PE compris entre 40 € et 60 €.

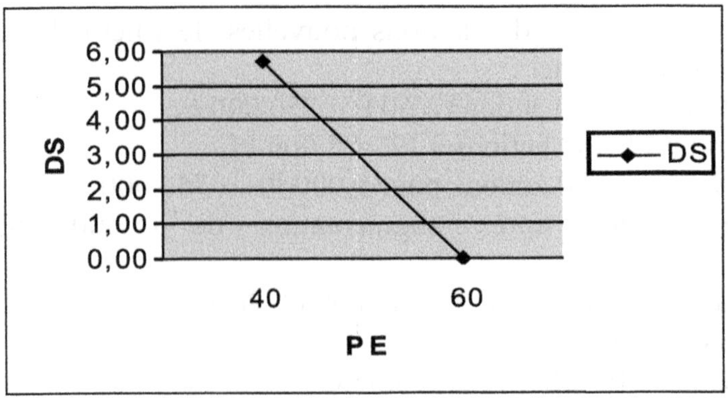

PE	DS
40	5,71
60	0,00

Pour un prix d'émission de 44 €, on obtient (– 2 × 44)/7 + 120/7 = 4,57 €, ce qui correspond bien au résultat obtenu dans la deuxième question.
On constate sur le graphique que le DS est nul lorsque le prix d'émission des actions nouvelles est égal à la valeur des actions avant augmentation de capital.

4. Comptabilisez l'augmentation de capital.

Augmentation de capital : 5 000 × 40 € = 200 000 € dont 100 000 € appelés.
Prime d'émission : 5 000 × 4 € = 20 000 €.

	15/04/N		
512	Banque	120 000	
4563	Actionnaires – Versements reçus sur augmentation de capital		120 000
	Versements des actionnaires suite à l'augmentation de capital		

	15/04/N		
109	Actionnaires – Capital souscrit, non appelé	100 000	
4563	Actionnaires – Versements reçus sur augmentation de capital	120 000	
1011	Capital souscrit – non appelé		100 000
1013	Capital souscrit – appelé, versé		100 000
1041	Primes d'émission		20 000
	Augmentation de capital en numéraire		

Application 4. Souscriptions à titre réductible, p. 578

1. Indiquez le nombre d'actions souscrites à titre irréductible et réductible par chacun des associés participant à l'opération.

Le rapport d'émission est de 1 action émise pour 4 anciennes ; un actionnaire doit donc disposer de 4 droits pour souscrire 1 action ; les souscriptions qu'il peut effectuer à titre irréductible respectent donc ce rapport. Les souscriptions supplémentaires sont effectuées à titre réductible.

Actionnaires	DS détenus	Souscriptions à titre		Souscriptions totales
		irréductible	réductible	
A	1 400	350	450	800
B	1 000			
C	600	150	250	400
D	500	125	75	200
E	200	50		50
F	200	50	10	60
G	100	25		25
Total	**4000**	**750**	**785**	**1535**

L'associé B n'a effectué aucune souscription. Les associés E et G ont souscrit le nombre d'actions correspondant à leurs droits. La répartition des actions souscrites à titre réductible se fait entre A, C, D et F.

2. Procédez à la répartition des actions disponibles entre les associés qui ont effectué des souscriptions à titre réductible. Indiquez le nombre d'actions détenu par chaque associé après l'augmentation de capital.

Le nombre total d'actions souscrites à titre irréductible est de 750. Il reste donc 250 actions à répartir entre les 4 souscripteurs à titre réductible en proportion de leurs droits.

Actionnaires	DS détenus	Nombres d'actions attribuables		Souscriptions
A	1 750	250 x 1 750 / 3 375	130	130
C	750	250 x 750 / 3 375	56	56
D	625	250 x 625 / 3 375	46	46
F	250	250 x 250 / 3 375	18	10
Total	**3 375**		**250**	**242**

L'associé F a droit à plus d'actions qu'il n'en a souscrites. Il reste donc un reliquat de 250 – 242 = 8 actions pour lesquelles il faut faire une seconde répartition entre les trois associés restants.

Actionnaires	DS détenus		Nombres d'actions attribuables		Souscriptions
A	1 750 + 130	1 880	8 x 1 880 / 3 357	4	4
C	750 + 56	806	8 x 806 / 3 357	2	2
D	625 + 46	671	8 x 671 / 3 357	2	2
Total		**3 357**		**8**	**8**

En récapitulant les actions détenues et les nouvelles souscriptions, la composition du capital sera la suivante après l'augmentation :

Actionnaires	Actions anciennes	Actions nouvelles	Total
A	1 400	484	1 884
B	1 000		1 000
C	600	208	808
D	500	173	673
E	200	50	250
F	200	60	260
G	100	25	125
Total	**4 000**	**1 000**	**5 000**

3. Comptabilisez les opérations.

Versements reçus lors des souscriptions : 1 535 × 32 € = 49 120 €

	15/10/N		
4671	Maître Rossini, notaire	49 120	
4563	Actionnaires – Versements reçus sur augmentation de capital		49 120
	Souscriptions à titre irréductible et réductible		

Augmentation de capital : 1 000 × 20 € = 20 000 €
Prime d'émission : 1 000 × 12 € = 12 000 €

	16/10/N		
4563	Actionnaires – Versements reçus sur augmentation de capital	32 000	
1013	Capital souscrit – appelé, versé		20 000
1041	Primes d'émission		12 000
	Émission de 1 000 actions à 32 €		

Montant des souscriptions à rembourser : 49 120 – (20 000 + 12 000) = 17 120 €.

	17/10/N		
4563	Actionnaires – Versements reçus sur augmentation de capital	17 120	
512	Banque	32 000	
4671	Maître Rossini, notaire		49 120
	Versement des fonds et remboursements par Me Rossini		

Application 5. Conversion d'une créance sur la société, p. 579

1. Indiquez les modalités de l'augmentation de capital : nombre de parts émises, augmentation de capital et prime d'émission.

Nombre de parts souscrites par la SAS Salminen : 120 000/600 = 200 parts.
Nombre de parts total de la SARL après l'augmentation de capital :
200 × 3 = 600 parts.
Nombre de parts à souscrire par les anciens associés :
600 – 200 – 300 = 100 parts.
Le gérant souscrira 100 × 2/3 = 66 parts et chacun des deux autres associés 100 × 1/6 = 17 parts.
Les modalités de l'augmentation de capital sont donc les suivantes :
– augmentation de capital : 300 × 500 € = 150 000 € dont 200 × 500 € = 100 000 € par conversion de la créance de la SAS Salminen et 50 000 € versés par les associés ;
– prime d'émission : 300 × 100 € = 30 000 € dont 200 × 100 € = 20 000 € de conversion de la créance de la SAS Salminen et 10 000 € versés par les associés.

2. Comptabilisez les opérations d'augmentation du capital.

	30/06/N		
512	Banque	60 000	
4563	Actionnaires – Versements reçus sur augmentation de capital		60 000
	Versements des associés suite à l'augmentation de capital		

	30/06/N		
401	Fournisseurs	120 000	
4563	Actionnaires – Versements reçus sur augmentation de capital	60 000	
1013	Capital souscrit – appelé, versé		150 000
1041	Primes d'émission		30 000
	Augmentation de capital en numéraire		

3. Indiquez la composition du capital après les opérations.

Associé gérant : 200 + 66 = 266 parts, soit 44,3 % du capital.
Autres associés : 50 + 17 = 67 parts, soit 11,2 % du capital chacun.
SAS Salminen : 200 parts, soit 33,3 % du capital.

Application 6. Augmentation de capital en numéraire et distribution d'actions gratuites, p. 579

1. Passez les écritures d'augmentation de capital jusqu'au 31/03/N+1 inclus.

Distribution d'actions gratuites : 240 000/20 = 12 000 actions.

	30/01/N+1		
1068	Autres réserves	240 000	
1013	Capital souscrit – appelé, versé		240 000
	Attribution de 12 000 actions gratuites		

Augmentation de capital en numéraire : 10 000 × 20 € = 200 000 €, dont 50 000 €
appelés et 150 000 € non appelés.
Prime d'émission : 10 000 × 4 € = 40 000 €.
Versements reçus par le notaire : 50 000 + 40 000 = 90 000 €.

	16/02/N+1		
4671	Maître Merlin, notaire	90 000	
4563	Associés – Versements reçus sur augmentation de capital		90 000
	Versements des associés suite à l'augmentation de capital		
	16/02/N+1		
109	Actionnaires – Capital souscrit, non appelé	150 000	
4563	Actionnaires – Versements reçus sur augmentation de capital	90 000	
1011	Capital souscrit – non appelé		150 000
1013	Capital souscrit – appelé, versé		50 000
1041	Primes d'émission		40 000
	Augmentation de capital en numéraire : 10 000 actions		

Versement des fonds par le notaire et frais d'émission

Frais d'émission hors taxes : 1 580 – 380 = 1 200 €.
Imputation sur la prime d'émission du montant hors impôt :
1 200 × 2/3 = 800 €.

	26/02/N+1		
1041	Primes d'émission	900	
44566	TVA sur autres biens et services	230	
695	Impôts sur les bénéfices	450	
512	Banque	83 420	
4671	Maître Merlin, notaire		90 000
	Versement du notaire, sous déduction des frais		

Appel du solde

	15/03/N+1		
45621	Actionnaires – Capital souscrit et appelé, non versé	150 000	
109	Actionnaires – Capital souscrit, non appelé		150 000
	Appel du solde de l'augmentation de capital		
	15/03/N+1		
1011	Capital souscrit – non appelé	150 000	
1012	Capital souscrit – appelé, non versé		150 000
	Constatation de l'appel du solde		

Libération du solde

	31/03/N+1		
512	Banque	150 000	
45621	Actionnaires – Capital souscrit et appelé, non versé		150 000
	Libération du solde		
	31/03/N+1		
1012	Capital souscrit – appelé, non versé	150 000	
1013	Capital souscrit – appelé, versé		150 000
	Constatation de la libération du solde		

2. Calculez la valeur des actions anciennes avant affectation du résultat (celui-ci ne sera pas distribué).

Pour le calcul de la valeur des capitaux propres, on tiendra compte de la fiscalité sur les subventions d'investissement et les provisions réglementées, au taux de 1/3. Elles ne sont donc décomptées que pour 2/3 de leur montant au bilan.

Capital social	400 000,00 €
Réserve légale	27 623,20 €
Autres réserves	455 468,60 €
Résultat de l'exercice	110 350,20 €
Subventions d'investissement : 21 120× 2/3	14 080,00 €
Provisions réglementées : 40 320× 2/3	26 880,00 €
Total	**1 034 402,00 €**

Valeur d'une action ancienne : 1 034 402/20 000 = 51,72 €.

3. Déterminez la valeur théorique du droit d'attribution et du droit préférentiel de souscription.

Valeur avant augmentations :	20 000 actions à 51,72 € =	1 034 402 €
Actions gratuites :	12 000 actions	
Actions de numéraire :	10 000 actions à 24 € =	240 000 €
Valeur après augmentations :	42 000 actions à 30,34 €	1 274 402 €

Droit d'attribution + droit de souscription = 51,72 – 30,34 = 21,38 €

Valeur du droit d'attribution

20 000 DA donnent droit à 12 000 actions gratuites, soit 5 DA donnent droit à 3 actions gratuites valant 30,34 €
5 DA = 3 × 30,34 d'où DA = 30,34 × 3/5 = 18,20 €

Valeur du droit de souscription

20 000 DS donnent le droit de souscrire 10 000 actions de numéraire, soit 2 DS donnent le droit de souscrire 1 action à 24 €, donc :
1 × 24 + 2 DS = 1 × 30,34 d'où DS = (30,34 – 24)/2 = 3,17 €.
On a bien DA + DS = 18,20 + 3,17 = 21,37 € (aux arrondis près).

Application 7. Augmentation de capital par apports en nature, p. 580

1. Calculez le nombre de parts à émettre.

Amortissements de droit au bail au 31/12/N – 1 : 80 000 × 7/10 = 56 000 €.
Droit au bail non amorti au 1/01/N : 80 000 – 56 000 = 24 000 €.
Valeur d'apport de l'immeuble : 400 000 – 24 000 = 376 000 €.
Nombre de parts à émettre : 376 000/16,50 = 22 787 parts (arrondi par défaut).

2. Présentez les écritures d'augmentation du capital.

Augmentation de capital : 22 787 × 10 = 227 870 €.
Prime d'apport : 376 000 – 227 870 = 148 130 €.

	2/01/N		
45611	Anceri – Compte d'apport en nature	376 000	
1012	Capital souscrit – appelé, non versé		227 870
1043	Primes d'apport		148 130
	Promesse d'apport de M. Anceri, gérant		
	2/01/N		
213	Constructions	400 000	
2806	Amortissements du droit au bail	56 000	
45611	Anceri – Compte d'apport en nature		376 000
206	Droit au bail		80 000
	Réalisation de l'apport en nature		
	2/01/N		
1012	Capital souscrit – Appelé, non versé	227 870	
1013	Capital souscrit – appelé, versé		227 870
	Constatation de la réalisation de l'apport		

NB : l'entrée de la construction dans le patrimoine de l'entreprise entraîne l'inexistence d'un droit au bail. La décision ayant été prise fin N – 1, l'entreprise a, en principe, comptabilisé une dépréciation du droit au bail de 24 000 € qu'il faudrait reprendre.

Application 8. Assainissement financier, p. 580

1. Justifiez la valeur de l'action au 31/12/N – 1.

Capital social	600 000 €
Réserve légale	60 000 €
Autres réserves	76 000 €
Report à nouveau débiteur	– 516 000€
Capitaux propres	220 000 €

Valeur de l'action : 220 000/50 000 = 4,40 €.
Cette valeur correspond bien à celle indiquée dans le sujet.

2. Indiquez pour quelle raison il sera proposé de réduire la valeur nominale de l'action de la SA Caruso.

La valeur nominale de l'action avant réduction du capital est de 600 000/50 000 = 12 €. Il n'est pas possible d'émettre des actions nouvelles à une valeur inférieure à la valeur nominale mais il n'est pas envisageable d'émettre les actions nouvelles à un prix de 12 € alors qu'elles ne valent que 4,40 €. Seule une réduction de la valeur nominale des actions permettra une émission à ce prix.

3. Indiquez si, légalement, le « coup d'accordéon » était nécessaire.

La réduction du nominal des actions entraîne une réduction du capital de :
50 000 × (12 – 4) = 400 000 €.

Le capital se trouve donc réduit à 600 000 – 400 000 = 200 000 €. Il reste supérieur au minimum légal. Le « coup d'accordéon » a, en revanche, une justification financière.

4. Sachant que les opérations se sont déroulées comme prévu, présentez toutes les écritures dans la comptabilité de la SA Caruso du 4/09/N au 15/12/N.

La réduction du capital ramène le report à nouveau débiteur à – 116 000 €. Il faut donc imputer 76 000 € sur les autres réserves et 40 000 € sur la réserve légale.

Augmentation de capital : 60 000 × 4 € = 240 000 € dont 120 000 € non appelés. Prime d'émission : 60 000 × 0,40 € = 24 000 €.

	4/09/N		
1013	Capital souscrit – appelé, versé	400 000	
1061	Réserve légale	40 000	
1068	Autres réserves	76 000	
119	Report à nouveau (solde débiteur)		516 000
	Imputation des pertes reportées		
	5/09/N		
512	Banque	144 000	
4563	Associés – Versements reçus sur augmentatation de capital		144 000
	Fonds reçus sur augmentation de capital		
	5/09/N		
109	Actionnaires : capital souscrit – non appelé	120 000	
4563	Associés – Versements reçus sur augmentation de capital	144 000	
1011	Capital souscrit – non appelé		120 000
1013	Capital souscrit – appelé, versé		120 000
1041	Primes d'émission		24 000
	Augmentation de capital par émission de 60 000 actions		

	15/12/N		
45621	Actionnaires : capital souscrit – appelé, non versé	120 000	
109	Actionnaires : capital souscrit – non appelé		120 000
	Appel de la seconde moitié du nominal		
	15/12/N		
1011	Capital souscrit – non appelé	120 000	
1012	Capital souscrit – appelé, non versé		120 000
	Constatation de l'appel de la seconde moitié		

5. Présentez les écritures dans la comptabilité de la SA Froment.

La réduction du capital n'entraîne aucune écriture dans la SA Froment.
Lors de l'augmentation de capital, les écritures sont les suivantes :

	5/09/N		
261	Titres de participation	264 000	
269	Versements restant à effectuer sur titres de participation non libérés		120 000
512	Banque		144 000
	Souscription de 60 000 actions Caruso		
	15/12/N		
269	Versements restant à effectuer sur TP non libérés	120 000	
404	Fournisseurs d'immobilisations		120 000
	Appel de la société Caruso		

Application 9. Opérations sur le capital, p. 581

1. Présentez les écritures relatives aux opérations de février N.

– réduction du capital par remboursement aux actionnaires :
21 000 × 4 € = 84 000 €.

	2/02/N		
1013	Capital souscrit – appelé, versé	84 000	
4567	Actionnaires – Capital à rembourser		84 000
	Remboursement de 4 € de nominal par action		
	2/02/N		
4567	Actionnaires – Capital à rembourser	84 000	
512	Banque		84 000
	Mise en paiement du remboursement du nominal		

– réduction de capital par rachat d'actions propres : 1 000 × 40 € = 40 000 €.

	15/02/N		
2772	Actions propres en voie d'annulation	120 000	
512	Banque		120 000
	Rachat de 1 000 actions à 120 €		

	15/02/N		
1013	Capital souscrit – appelé, versé	40 000	
1068	Autres réserves	80 000	
2772	Actions propres en voie d'annulation		120 000
	Annulation des actions propres		

2. Calculez les droits de souscription et d'attribution dans chacune des trois modalités d'augmentation de capital envisagées et précisez quelle modalité a été choisie pour pouvoir émettre les actions au prix prévu de 80 €, tout en laissant les actionnaires libres de céder séparément leurs DS et leurs DA.

Première modalité : incorporation de réserve suivie de l'augmentation en numéraire

Valeur avant augmentations :	20 000 actions à 119 € =	2 380 000 €
Incorporation de réserves :	10 000 actions	0 €
Valeur après 1re augmentation :	30 000 actions à 79,33 €	2 380 000 €

Cette modalité n'est pas possible car elle ne permet pas d'émettre les actions de numéraire à 80 €.

Deuxième modalité : augmentation en numéraire suivie de l'incorporation de réserves

Valeur avant augmentations :	20 000 actions à 119 € =	2 380 000 €
Actions de numéraire :	10 000 actions à 80 € =	800 000 €
Valeur après 1re augmentation :	30 000 actions à 106 €	3 180 000 €
Actions gratuites :	10 000 actions	0 €
Valeur après augmentations :	40 000 actions à 79,50 €	3 180 000 €

Droit de souscription : 119 – 106 = 13 €

Droit d'attribution : 106 – 79,50 = 26,50 €

Cette modalité satisfait aux conditions fixées par le conseil d'administration.

Troisième modalité : augmentations simultanées

Valeur avant augmentations :	20 000 actions à 119 € =	2 380 000 €
Actions de numéraire :	10 000 actions à 80 € =	800 000 €
Actions gratuites :	10 000 actions	0 €
Valeur après augmentations :	40 000 actions à 79,50 €	3 180 000 €

DS + DA = 119 – 79,50 = 39,50 €

DS : 1 × 80 + 2 DS = 1 × 79,50 → DS = – 0,25 €
DA : 2 DA = 79,50 → DA = 39,75 €

Cette modalité est possible à condition de ne pas séparer les droits de souscription et d'attribution mais elle ne répond pas aux souhaits du conseil d'administration.

Seule la seconde modalité correspond aux règles fixées.

3. Enregistrez les augmentations de capital de juillet N.

	1/07/N		
512	Banque	500 000	
4563	Associés – Versements reçus sur augmentation de capital		500 000
	Fonds reçus sur augmentation de capital		
	1/07/N		
109	Actionnaires – Capital souscrit, non appelé	300 000	
4563	Associés – Versements reçus sur augmentation de capital	500 000	
1011	Capital souscrit – non appelé		300 000
1013	Capital souscrit – appelé, versé		100 000
1041	Primes d'émission		400 000
	Augmentation de capital par émission de 10 000 actions		
	1/07/N		
1068	Autres réserves	400 000	
1013	Capital souscrit – appelé, versé		400 000
	Disribution de 10 000 actions gratuites à 40 €		

4. Enregistrez l'appel et la libération d'octobre N.

Appel du solde

	5/10/N		
45621	Actionnaires – Capital souscrit et appelé, non versé	200 000	
109	Actionnaires – Capital souscrit, non appelé		200 000
	Appel des 2e et 3e quarts		
	5/10/N		
1011	Capital souscrit – non appelé	200 000	
1012	Capital souscrit, non versé		200 000
	Constatation de l'appel		

Libération du solde

	31/10/N		
512	Banque	200 000	
45621	Actionnaires – Capital souscrit et appelé, non versé		200 000
	Libération des 2e et 3e quarts		
	31/10/N		
1012	Capital souscrit – appelé, non versé	200 000	
1013	Capital souscrit – appelé, versé		200 000
	Constatation de la libération		

Application 10. QCM, p. 582

Répondez par « Vrai » ou par « Faux » aux affirmations ci-dessous en donnant toutes explications utiles.

1. Les opérations sur le capital relèvent de la compétence des organes de direction de la société.

☑ **Faux.** Les organes de direction ne font que proposer à l'assemblée générale extraordinaire les modifications de capital et leurs modalités. Les organes de direction sont ensuite chargés de réaliser les opérations de modification du capital.

2. L'actif net comptable tient compte des effets de la fiscalité sur les actifs fictifs et les provisions réglementées.

☑ **Vrai.** Il faut tenir compte des impôts futurs à payer sur les provisions réglementées qui diminueront les capitaux propres et des économies d'impôt futures sur les actifs fictifs.

3. En cas d'absence ou d'insuffisance de prime liée au capital, les frais d'augmentation de capital sont imputés sur les réserves de la société.

☑ **Faux.** Si la prime liée à l'augmentation de capital est insuffisante, les frais d'augmentation de capital doivent être constatés en charges.

4. Dans le cas d'une augmentation de capital en numéraire, un nouvel actionnaire doit verser à la société le montant du nominal appelé, de la prime d'émission et des droits nécessaires en fonction du rapport d'émission.

☑ **Faux.** La société encaisse le nominal appelé et la prime d'émission. En revanche, les opérations sur les droits de souscription se règlent entre actionnaires et ne concernent pas la société.

5. Dans le cas d'une augmentation de capital en numéraire par émission d'actions de valeur nominale 20 € au prix de 28 €, le premier versement d'un actionnaire est au minimum de 7 €.

☑ **Faux.** La prime d'émission doit être totalement versée immédiatement par les souscripteurs. Le montant initial à payer est donc de 20 × 1/4 + 8 = 13 €.

6. Le droit préférentiel de souscription est égal à la différence entre la valeur de l'action avant l'augmentation de capital et le prix d'émission des actions.

☑ **Faux.** Le droit de souscription théorique résulte de la perte de valeur des actions due à un prix d'émission plus faible que la valeur de l'action. Il est donc égal à la différence entre les valeurs avant et après augmentation de capital.

7. L'assemblée générale extraordinaire peut décider que les actionnaires anciens doivent utiliser leurs droits de souscription ou d'attribution.

☑ **Faux.** La société ne peut pas imposer à un actionnaire de souscrire lors d'une augmentation de capital, ni d'accepter des actions gratuites.

8. Le compte 4563. Associés – Versements reçus sur augmentation de capital ne peut pas être débiteur.

☑ **Faux.** Le compte 4563. Associés – Versements reçus sur augmentation de capital est crédité lors du versement des fonds par les associés. Il est donc créditeur en règle générale et soldé lors de la constatation de l'augmentation de capital. Mais il peut être débiteur lorsque des souscriptions à titre réductible ont été faites et ne sont pas encore remboursées aux actionnaires.

9. Les conversions de créances sont assimilées à des apports en nature.

☑ **Faux.** Les conversions de créances sont assimilées à des apports en numéraire.

10. La distribution d'actions gratuites ne modifie pas le montant des capitaux propres au bilan.

☑ **Vrai.** Les capitaux propres ne varient pas. Seule leur composition est modifiée par le virement des réserves au capital.

11. Lors de l'émission d'actions à bons de souscription d'actions, les bons de souscription doivent être constatés séparément dans les capitaux propres de l'émetteur.

☑ **Faux.** Seule l'émission des actions, à leur prix d'émission, est constatée et il n'y a pas lieu de distinguer entre la prime d'émission et la valeur théorique des bons. La situation n'est pas la même chez le souscripteur qui doit déterminer la valeur des bons attachés à l'action et les constater séparément.

12. Les recettes procurées par l'émission de bons de souscription d'actions constituent des capitaux propres, que ces bons soient utilisés par les souscripteurs ou non.

☑ **Vrai.** Le fait que les bons de souscription ne soient pas utilisés n'est pas considéré, au niveau comptable, comme un élément du résultat de l'entreprise. Il n'en est pas de même au niveau fiscal.

13. Le « coup d'accordéon » consiste à faire suivre ou précéder une réduction de capital d'une augmentation de ce capital afin de le porter au minimum légal.

☑ **Vrai.** Le coup d'accordéon est nécessaire lorsque l'imputation des pertes sur le capital amène le capital des sociétés anonymes en dessous du minimum légal ; il faudrait que l'augmentation de capital précède sa réduction mais, pour des raisons pratiques, l'ordre inverse des opérations est possible.

14. La réduction du capital par rachat d'actions propres n'est possible que si elle n'est pas motivée par des pertes.

☑ **Vrai.** Il n'est pas admis juridiquement de racheter des actions propres pour réduire le capital dans le but d'absorber des pertes.

15. Les actions propres en voie d'annulation doivent faire l'objet d'un test de dépréciation lorsqu'elles figurent au bilan de fin d'exercice.

☑ **Faux.** Les actions propres en voie d'annulation ne font pas l'objet d'une dépréciation, donc d'un test, en fin d'exercice puisqu'une éventuelle baisse de leur valeur n'entraînerait aucune charge pour l'entreprise.

Entraînement à l'examen

Augmentations simultanées de capital, p. 584

1. Calculez le prix d'émission, la prime d'émission, la valeur du droit de souscription des actions nouvelles de numéraire et la valeur du droit d'attribution des actions gratuites.

Les apports nouveaux sont de 19 200 000 × pour 300 000 actions émises, ce qui fait un prix d'émission de 19 200 000/300 000 = 64.
La valeur nominale d'une action est de 22 500 000/1 500 000 = 15 €. La prime d'émission s'élève donc à 64 – 15 = 49 € par action.
Le nombre d'actions gratuites émises est de 2 250 000/15 = 150 000 actions.
Le calcul de la valeur de l'action après augmentation de capital est le suivant :

Valeur avant augmentations :	1 500 000 actions à 85 € =	127 500 000 €
Actions de numéraire :	300 000 actions à 64 € =	19 200 000 €
Actions gratuites :	150 000 actions	0 €
Valeur après augmentations :	1 950 000 actions	146 700 000 €

Valeur théorique de l'action après augmentations :
146 700 000/1 950 000 = 75,23 €.

Valeur théorique du DS : il faut 1 500 000/300 000 = 5 DS pour souscrire une action nouvelle, donc :
1 × 64 + 5 DS = 1 × 75,23 → DS = (75,23 – 64)/5 = 2,25 €.

Valeur théorique du DA : il faut 1 500 000/150 000 = 10 DA pour obtenir une action gratuite, donc : 10 DA = 75,23 → DA = 75,23/10 = 7,52 €.

2. Indiquez les critères de fixation du prix d'émission et la signification de la prime d'émission.

Le prix d'émission doit être compris entre la valeur nominale d'une action (prix plancher d'émission) et la valeur boursière (prix plafond d'émission). Ce prix est fixé en tenant compte de deux contraintes majeures : le désir de la société de se procurer un maximum de fonds par rapport au nombre de titres émis, donc de fixer un prix d'émission le plus élevé possible, et la nécessité d'attirer les investisseurs en leur proposant un prix attractif d'émission par rapport à la cotation de l'action.

La prime d'émission est un surplus de prix payé par le souscripteur car, après l'opération d'augmentation de capital, les actionnaires nouveaux auront les mêmes droits sur les réserves de la société que les anciens actionnaires bien que celles-ci aient été constituées avant leur entrée dans cette dernière.

3. Expliquez la fonction financière du droit préférentiel de souscription et du droit d'attribution. Illustrez vos propos par des données chiffrées de votre choix.

Le prix d'émission des actions de numéraire étant en général inférieur à la valeur de l'action, il en résulte une répartition des capitaux propres sur un plus grand nombre d'actions non proportionnelle à ce qu'elle était avant l'émission des actions nouvelles. Il en est de même pour l'attribution d'actions gratuites puisque les capitaux propres ne sont pas modifiés mais sont répartis sur un plus grand nombre d'actions.

Le droit préférentiel de souscription et le droit d'attribution compensent, pour les actionnaires anciens ne désirant pas souscrire ou recevoir des actions, la perte de valeur de leurs titres qui résultera de l'augmentation de capital. Ainsi, dans la SIMEX, le cours de l'action devrait théoriquement baisser de 85 – 75,23 = 9,77 € suite aux deux opérations d'augmentation de capital. Cette perte est théoriquement compensée par un droit de souscription de 2,25 € et un droit d'attribution de 7,52 €, soit 9,77 € qu'un associé ancien devrait pouvoir céder à ces prix.

Pour un associé entrant, les droits correspondent à un supplément de prix à payer à un actionnaire ancien destiné à compenser le prix d'émission inférieur à la valeur du titre ou à la réception d'actions gratuites.

Ainsi, pour souscrire une action nouvelle, un actionnaire ne disposant pas de droits devra payer 64 € à la société SIMEX et 5 × 2,25 = 11,25 € à un ancien actionnaire, soit 75,23 € (aux arrondis près).

4. Le 12/02/N, le cours de l'action ancienne était de 99,30 ? et celui du droit de souscription était de 6,50 €. Expliquez l'écart entre la valeur théorique du droit de souscription et sa valeur boursière.

Le cours des actions a fortement augmenté entre le 4/02 et le 12/02/N, suite probablement à une forte demande des actions SIMEX. Un actionnaire désirant souscrire une action le 12/02 devra payer 64 + (5 × 6,50) = 96,50 € au lieu de 99,30 € s'il acquiert une action en Bourse. La valeur du droit préférentiel de souscription devrait encore augmenter pour s'ajuster sur la valeur de cotation. La différence résulte d'une information non parfaite des opérateurs sur les marchés boursiers ; certains opérateurs profitent de ces écarts pour réaliser des profits, ces opérations étant qualifiées d'opérations d'arbitrage.

5. L'augmentation de capital en numéraire entraîne pour les actionnaires anciens des effets dilutifs. Présentez ces effets et illustrez votre réponse par des données chiffrées de votre choix.

Il existe, après l'augmentation de capital, un plus grand nombre d'actions en circulation. Les effets dilutifs sont une baisse des agrégats relatifs à la société. Ainsi, pour un résultat de l'exercice de 300 000 €, le résultat par action serait avant l'augmentation en numéraire de 300 000/1 500 000 = 0,20 € et passerait, après l'augmentation en numéraire, à 300 000/1 800 000 = 0,16 €.

6. Indiquez les avantages pour SIMEX de réaliser une augmentation de capital par incorporation de réserves avec émission d'actions gratuites, corrélativement à une augmentation par apports en numéraire.

Les augmentations simultanées de capital encouragent les actionnaires à souscrire les nouvelles actions en utilisant leurs droits. L'attribution d'actions gratuites est en général un gage de bonne santé de l'entreprise.

La dilution du capital est également plus importante, ce qui rend plus difficile une opération de prise de participation par offre publique d'achat ou offre publique d'échange qui pourrait être lancée sur la société.

7. Présentez les écritures d'augmentation du capital.

Augmentation de capital en numéraire : 300 000 × 15 € = 4 500 000 €.
Prime d'émission totale : 19 200 000 – 4 500 000 = 14 700 000 €.

	28/02/N		
512	Banque	19 200 000	
4563	Associés – Versements reçus sur augmentation de capital		19 200 000
	Souscriptions des associés		
	7/03/N		
4563	Associés – Versements reçus sur augmentation de capital	19 200 000	
1013	Capital souscrit – appelé, versé		4 500 000
1041	Primes d'émission		14 700 000
	Réalisation de l'augmentation de capital en numéraire		
	20/03/N		
1051	Réserve spéciale de réévaluation	2 250 000	
1013	Capital souscrit – appelé, versé		2 250 000
	Disribution d'actions gratuites : 150 000 x 15 €		

Chapitre 22

L'affectation du résultat des sociétés

Application 1. Affectation du résultat d'une SA – Capital non entièrement libéré, p. 601

1. Présentez dans un tableau le projet de répartition du résultat net comptable de l'exercice N qui sera proposé à l'assemblée générale des actionnaires du 25/06/N+1.

Le montant de la réserve légale est de 120 000 €. Le minimum légal sera atteint pour un montant de 2 000 000 × 10 % = 200 000 €. La dotation de l'année ne doit donc pas dépasser 200 000 – 120 000 = 80 000 €.

L'intérêt statutaire doit être décomposé en deux parties puisqu'une augmentation de capital a eu lieu dans l'année.

Celle-ci a été de 80 000 × 10 € = 800 000 €, dont une partie seulement, le minimum légal, soit 80 000 × 2,50 € = 200 000, est libérée à compter du 1/07. Les actions anciennes, entièrement libérées, représentent donc un capital de 2 000 000 – 800 000 = 1 200 000 €, soit 1 200 000/10 = 120 000 actions.

L'intérêt statutaire est donc le suivant :

– actions anciennes : 120 000 × 10 × 5 %	60 000 €
– actions nouvelles : 80 000 × 2,50 × 5 % × 6/12	5 000 €
Total	**65 000 €**

Le superdividende ne tient pas compte du pourcentage de libération des actions ; il est donc calculé sur la base de 120 000 + 80 000 = 200 000 actions.

Éléments	Calculs	Montants
Résultat net comptable Réserve légale Report à nouveau N–1	 220 000 x 5 %	220 000 – 11 000 3 000
Bénéfice distribuable Intérêt statutaire		212 000 – 65 000
Reste Superdividende théorique Superdividende réel	 147 000 / 200 000 = 0,735 € 200 000 x 0,50 €	147 000 – 100 000
Report à nouveau		47 000

2. Présentez l'écriture comptable qui devra être constatée en cas d'acceptation du projet de répartition du résultat.

Comme il existe deux catégories d'actions, il est nécessaire de subdiviser le compte 457. Associés – Dividendes à payer et calculer le montant du dividende total revenant à chaque catégorie :

Actions anciennes :

– Intérêt statutaire	60 000
– Superdividende : 120 000 × 0,50 €	60 000
Total	**120 000**

Soit 120 000/120 000 = 1,00 € par action.

Actions nouvelles :

– Intérêt statutaire	5 000
– Superdividende : 80 000 × 0,50 €	40 000
Total	**45 000**

Soit 45 000/80 000 = 0,5625 € par action.

	25/06/N+1		
120	Résultat de l'exercice	220 000	
110	Report à nouveau	3 000	
1061	Réserve légale		11 000
110	Report à nouveau		47 000
4571	Actions anciennes – Dividendes à payer		120 000
4572	Actions nouvelles – Dividendes à payer		45 000
	Affectation du résultat		

3. Indiquez les raisons pour lesquelles une assemblée générale peut décider d'inscrire des sommes en report à nouveau au lieu de les distribuer.

La première raison est d'ordre technique : les sommes mises en report à nouveau résultent fréquemment d'un arrondi des dividendes à payer. Dans l'exemple de ce cas, l'arrondi du superdividende ne résout pas totalement le problème puisque l'intérêt statutaire aux actions nouvelles et donc le dividende total (0,5625 €) pose des problèmes de mise en paiement pour tout actionnaire n'ayant pas un multiple de quatre actions.

L'inscription de sommes en report à nouveau permet également de diminuer le montant des dividendes à verser qui pèseront moins sur la trésorerie et également de conserver une marge de distribution pour l'année suivante si les prévisions de résultat sont en baisse, sans qu'il faille proposer une mise en distribution de réserves.

Enfin, l'inscription de sommes en report à nouveau peut résulter d'un choix de changement de méthode comptable à venir qui sera imputé sur les capitaux propres pour un montant important, comme la mise en place de la provision pour pensions. Les dirigeants peuvent alors proposer à l'assemblée générale de prévoir cette inscription en constituant progressivement un report à nouveau équivalent à l'imputation prévue, ce qui ne privera pas les exercices suivants de la distribution de dividendes.

Application 2. Affectation du résultat d'une SA - Actions privilégiées, p. 601

1. Présentez dans un tableau l'affectation du résultat net comptable de l'exercice N.

Comme une augmentation de capital a eu lieu durant l'exercice, la réserve légale n'atteint pas, d'évidence, les 10 % du capital.

Le capital appelé en fin d'exercice est de (24 000 × 80) + (6 000 × 20) = 2 040 000 €. C'est sur ce montant que sera calculée la réserve statutaire.

L'intérêt statutaire concerne trois catégories d'actions :

– actions privilégiées : 4 000 × 80 € × 7 %	22 400 €
– actions ordinaires anciennes : 20 000 × 80 € × 5 %	80 000 €
– actions ordinaires nouvelles : 6 000 × 20 € × 5 % × 10/12	5 000 €
Total	**107 400 €**

La réserve facultative étant de la moitié du superdividende à verser, le superdividende théorique représente 1/ (1 + 0,5), soit 2/3 du reliquat après versement du superdividende.

Éléments	Calculs	Montants
Résultat net comptable		240 000
Réserve légale	240 000 x 5 %	–12 000
Réserve statutaire	2 040 000 x 2 %	–40 800
Report à nouveau N–1		1 896
Bénéfice distribuable		189 096
Intérêt statutaire		–107 400
Reste		81 696
Superdividende théorique	(81 696 x 2/3) / 30 000 = 1,815 €	
Superdividende réel	30 000 x 1,80 €	–54 000
Réserve facultative	54 000 x 1/2	–27 000
Report à nouveau N		696

2. Calculez le dividende par action en distinguant les actions privilégiées, les actions ordinaires anciennes et les actions ordinaires nouvelles.

Éléments	Actions privilégiées	Actions ordinaires anciennes	Actions ordinaires nouvelles
Intérêt statutaire total	22 400	80 000	5 000
Nombre d'actions	4 000	20 000	6 000
Intérêt statutaire par action	5,60	4,0	0,83
Superdividende par action	1,80	1,80	1,80
Dividende par action	7,40	5,80	2,63
Dividende total	29 600	116 000	15 780

En raison de l'arrondi nécessaire au centime d'euro sur l'intérêt statutaire aux actions nouvelles non entièrement libérées, celui-ci n'est en réalité que de 0,83 € × 6 000 = 4 980 € au lieu de 5 000 € et donc le dividende total à ces actions de 15 780 € au lieu de 16 000 €. Les 20 € de différence viennent en augmentation du report à nouveau par rapport à l'affectation prévue.

3. Présentez l'écriture comptable correspondante.

	29/06/N+1		
120	Résultat de l'exercice	240 000	
110	Report à nouveau	1 896	
1061	Réserve légale		12 000
1063	Réserves statutaires ou contractuelles		40 800
1068	Autres réserves		27 000
110	Report à nouveau		716
4571	Actions ordinaires anciennes – Dividendes à payer		116 000
4572	Actions de préférence – Dividendes à payer		29 600
4573	Actions ordinaires nouvelles – Dividendes à payer		15 780
	Affectation du résultat		

Application 3. Affectation du résultat d'une SA - Report de dividendes, p. 602

1. Procédez à la répartition du bénéfice de l'exercice N.

Le bénéfice distribuable est obtenu après imputation du report à nouveau débiteur et prélèvement de la réserve légale.
L'intérêt statutaire doit être servi en priorité aux actions privilégiées ainsi que le prévoient les statuts et après report de l'intérêt statutaire N-1 à ces mêmes actions qui n'a pas pu être servi, soit :
Intérêt statutaire aux actions privilégiées :

– report du dividende N–1 : 25 000 × 20 € × 7,5 %	37 500 €
– dividende N : 25 000 × 20 € × 7,5 %	37 500 €
Total	**75 000 €**

S'il existe un bénéfice distribuable suffisant, l'intérêt statutaire revenant aux actions ordinaires est de 150 000 × 20 € × 5 % = 150 000 €.

Éléments	Calculs	Montants
Résultat net comptable		760 000
Report à nouveau N–1		-219 800
Réserve légale	(760 000 – 219 000) x 5 %	-27 050
Bénéfice distribuable		513 950
Intérêt statutaire	actions privilégiées	-75 000
	actions ordinaires	-150 000
Reste		288 950
Superdividende théorique	288 950 / 175 000 = 1,65 €	
Superdividende réel	175 000 x 1,60 €	-280 000
Report à nouveau N		8 950

2. Enregistrez l'écriture d'affectation du résultat le 24/05/N+1.

Dividende revenant aux actions privilégiées : 75 000 + (25 000 × 1,60) = 115 000 €
Dividende revenant aux actions ordinaires : 150 000 + (150 000 × 1,60) = 390 000 €.

	24/05/N+1		
120	Résultat de l'exercice	760 000	
119	Report à nouveau (solde débiteur)		219 000
1061	Réserve légale		27 050
110	Report à nouveau (solde créditeur)		8 950
4571	Actions anciennes – Dividendes à payer		390 000
4572	Actions de préférence – Dividendes à payer		115 000
	Affectation du résultat		

Application 4. Affectation du résultat d'une SA - Acomptes sur dividendes, p. 602

1. Rappelez les conditions à respecter pour procéder à une distribution d'acomptes sur dividendes. Présentez l'écriture de versement des acomptes le 1/03/N+1.

Pour qu'une société puisse distribuer un acompte sur dividendes, il faut qu'un bilan provisoire (s'il est établi avant la date d'arrêté des comptes mais après la clôture) ou intermédiaire (s'il est établi avant la date de clôture de l'exercice), certifié par le commissaire aux comptes de la société, fasse apparaître un bénéfice distribuable au moins égal au montant des acomptes.

Acompte sur dividendes aux actions anciennes : 340 000 × 0,80 € = 272 000 €.

Acompte sur dividendes aux actions nouvelles : 200 000 × 0,60 € = 120 000 €.

	1/03/N+1		
1292 512	Résultat de l'exercice – Acomptes sur dividendes Banque *Acomptes sur dividendes au titre de l'exercice N*	392 000	 392 000

2. Vérifiez que la société est en droit de distribuer des dividendes au titre de l'exercice N.

On remarque dans l'extrait de la balance la présence de frais d'augmentation de capital pour un montant net de 100 000 - 40 000 = 60 000 €. La distribution de dividendes n'est possible que s'il existe des réserves libres d'un montant au moins égal à 60 000 €. Le poste « autres réserves » est largement supérieur puisque celles-ci s'élèvent à 6 530 000 €. La distribution de dividendes est donc juridiquement possible ; il restera à constater dans la question 4 l'existence d'un bénéfice distribuable suffisant.

3. Présentez les écritures de libération du capital enregistrées le 30/06/N.

Pour répondre à cette question, il faut supposer que les écritures d'appel du dernier quart ont déjà été constatées.

	30/06/N		
512	Banque	1 000 000	
45621	Actionnaires – Capital souscrit et appelé, non versé		1 000 000
	(200 000 x 5 €)		
	30/06/N		
1012	Capital souscrit – appelé, non versé	1 000 000	
1013	Capital souscrit – appelé, versé		1 000 000

4. Présentez le tableau d'affectation du résultat de l'exercice N.

Éléments	Calculs	Montants
Résultat net comptable		1 970 000
Réserve légale	1 970 000 x 5 %	–98 500
Report à nouveau N–1		120 000
Bénéfice distribuable		1 991 500
Intérêt statutaire	actions anciennes (1) : 340 000 x 1 €	–340 000
	actions nouvelles (2) : 200 000 x 0,87 €	–174 000
Réserve facultative		–400 000
Reste		1 077 500
Superdividende (3)	actions anciennes : 340 000 x 1,99 €	–676 600
	actions nouvelles : 200 000 x 1,99 €	–398 000
Report à nouveau N		2 900

(1) intérêt statutaire par action ancienne : 20 × 5 % = 1 € ;
nombre d'actions anciennes : 540 000 – 200 000 = 340 000 actions.

(2) intérêt statutaire par action nouvelle :
(15 × 5 % × 6/12) + (20 × 5 % × 6/12) = 0,875 € arrondi à 0,87 €.

(3) superdividende théorique : 1 077 500 / 540 000 = 1,995 arrondi à 1,99 €.

5. Enregistrez l'écriture d'affectation du résultat N le 15/06/N+1.

Le dividende à verser aux actionnaires doit être réduit du montant des acomptes déjà versés.

Dividende à verser aux actions anciennes :
340 000 + 676 600 – 272 000 = 744 600 €
(ou 340 000 × [2,99 – 0,80] = 744 600).

Dividende à verser aux actions nouvelles :
174 000 + 398 000 – 120 000 = 452 000 €
(ou 200 000 × [2,86 - 0,60] = 452 000).

	15/06/N+1		
120	Résultat de l'exercice	1 970 000	
110	Report à nouveau (solde créditeur)	120 000	
1061	Réserve légale		98 500
1068	Autres réserves		400 000
110	Report à nouveau (solde créditeur)		2 900
1292	Résultat de l'exercice – Acomptes sur dividendes		392 000
4571	Actions anciennes – Dividendes à payer		744 600
4572	Actions nouvelles – Dividendes à payer		452 000
	Affectation du résultat		

6. Présentez l'écriture de mise en paiement des dividendes le 15/09/N+1.

	15/09/N+1		
4571	Actions anciennes – Dividendes à payer	744 600	
4572	Actions nouvelles – Dividendes à payer	452 000	
512	Banque		1 196 600
	Affectation du résultat		

7. Calculez la contribution sur les distributions et présentez les écritures correspondantes.

Montant de la contribution : 1 196 600 × 3 % = 35 898 €.
Elle est comptabilisée à la suite de la mise en paiement :

	15/09/N+1		
6952	Contribution additionnelle à l'impôt sur les bénéfices	35 898	
444	Etat, impôt sur les sociétés		35 898
	contribution sur les distributions de l'exercice N		

La contribution sera payée avec le premier acompte dont le fait générateur suit le mois de la distribution, soit avec l'acompte du 15 décembre N+1.

	15/12/N+1		
444	Etat, impôt sur les sociétés	35 898	
512	Banque		35 898
	paiement de la contribution sur les distributions		

Application 5. Affectation du résultat d'une SA – Paiement des dividendes en actions, p. 603

1. Vérifiez que le prix d'émission des actions en paiement des dividendes est conforme à la loi et précisez le prix d'émission minimal qu'aurait pu retenir la société.

Le prix minimal d'émission des actions en paiement des dividendes est égal à 90 % du cours boursier moyen au cours des 20 séances de Bourse précédant le 30/05, diminué du montant du dividende, soit :
(46,25 × 90 %) – 7 = 34,63 €.

Le prix d'émission retenu (42 €) est bien supérieur à ce prix plancher.

2. Précisez le nombre d'actions minimal que doit détenir un actionnaire pour obtenir une action en paiement de ses dividendes.

Un actionnaire doit détenir au moins 42/7 = 6 actions pour atteindre les 42 € de dividendes permettant de souscrire une action.

3. Présentez l'affectation du résultat.

Dotation maximale à la réserve légale :
(2 390 400 × 20 × 10 %) - 4 618 700 = 162 100 €.

Éléments	Calculs	Montants
Résultat net comptable		18 128 475
Réserve légale	dotation pour atteindre les 10 % du capital	–162 100
Report à nouveau N–1		278 666
Bénéfice distribuable		18 245 041
Dividende total	2 390 400 x 7 €	–16 732 800
Reste		1 512 241
Réserve facultative		–1 510 000
Report à nouveau N		2 241
Dividende en actions	298 800 x 42 €	12 549 600
Dividende en numéraire		4 183 200

4. Enregistrez toutes les écritures découlant de ces opérations.

Écriture d'affectation du résultat :

	10/05/N+1		
120	Résultat de l'exercice	18 128 475	
110	Report à nouveau (solde créditeur)	278 666	
1061	Réserve légale		162 100
1068	Autres réserves		1 510 000
110	Report à nouveau (solde créditeur)		2 241
457	Associés – Dividendes à payer		16 732 800
	Affectation du résultat		

Écritures de mise en paiement des dividendes :

	30/05/N+1		
457	Associés – Dividendes à payer	12 549 600	
1013	Capital souscrit – appelé, versé		5 976 000
1041	Prime d'émission		6 573 600
	Paiement des dividendes en actions		
	Augmentation de capital : 298 800 x 20 €		
	30/05/N+1		
457	Associés – Dividendes à payer	4 183 200	
512	Banque		4 183 200
	Paiement des dividendes en numéraire		

Application 6. Affectation du résultat d'une SARL, p. 603

1. Présentez, dans un tableau, l'affectation du résultat.

Éléments	Calculs	Montants
Résultat net comptable		8 920
Réserve légale	Totalement dotée	0
Bénéfice distribuable		8 920
Intérêt statutaire	1 000 x 10 € x 5 %, soit 0,50 € par part	– 500
Réserve facultative		– 2 500
Reste		5 920
Superdividende	Théorique : 5 920 / 1 200 = 4,93, soit 4,50 €	
– aux parts sociales	1 000 x 4,50 €	– 4 500
– aux apports en industrie	200 x 4,50 €	– 900
Report à nouveau N		520

L'intérêt statutaire étant de 0,50 € par part, comme la totalité du dividende est arrondie à l'euro, le superdividende doit être arrondi aux 0,50 €.

2. Proposez l'écriture constatant l'affectation du résultat.

	29/06/N+1		
120	Résultat de l'exercice	8 920	
1068	Autres réserves		2 500
110	Report à nouveau		520
4571	Associés – Dividendes à payer		5 000
4572	Porteur de parts d'apport – Dividende à payer		900
	Affectation du résultat		

Application 7. QCM, p. 604

Répondez par « Vrai » ou par « Faux » aux affirmations ci-dessous en donnant toutes explications utiles.

1. La mise en paiement des dividendes doit avoir lieu dans les trois mois qui suivent la date de tenue de l'assemblée générale ordinaire.

☑ **Faux.** Elle doit avoir lieu dans les 9 mois qui suivent la date de clôture de l'exercice, quelle que soit la date de tenue de l'AGO.

2. La réserve légale se calcule sur la base du résultat de l'exercice corrigé du report à nouveau antérieur.

☑ **Faux.** Il ne doit être tenu compte du report à nouveau antérieur pour le calcul de la réserve légale que si celui-ci est débiteur (report de perte).

3. La distribution d'un intérêt statutaire est conditionnée à l'existence d'un bénéfice distribuable.

☑ **Vrai.** L'intérêt statutaire ne peut être prélevé que sur le bénéfice distribuable ; l'existence de ce dernier est donc impérative pour que l'on puisse procéder à une distribution.

4. En cas de libération de capital durant l'exercice, l'intérêt statutaire doit être calculé *prorata temporis*.

☑ **Vrai.** Le calcul s'effectue à compter de la date de jouissance qui est la date de libération du capital.

5. Les actions de préférence ne peuvent pas représenter plus de 25 % du capital dans les sociétés cotées sur un marché réglementé.

☑ **Vrai.** Ce pourcentage maximum correspond bien aux sociétés cotées sur un marché réglementé ; dans les autres sociétés, il est de 50 %.

6. Aucun dividende ne peut être distribué s'il existe des frais d'augmentation de capital non amortis, sauf si les réserves libres figurant au bilan couvrent ce montant.

☑ **Vrai.** L'existence de réserves libres libère l'entreprise de cette contrainte, ce qui n'est pas le cas pour les frais de constitution.

7. Le paiement des dividendes en actions n'est autorisé que dans les sociétés cotées sur un marché réglementé.

☑ **Faux.** Ce mode de paiement des dividendes est autorisé dans toutes les sociétés par actions, à condition qu'il soit prévu dans les statuts.

8. Les acomptes sur dividendes sont comptabilisés au débit de sous-comptes du compte 457. Associés – Dividendes à payer.

☑ **Faux.** Ce mode de comptabilisation signifierait que la société détient une créance sur ses actionnaires, ce qui n'est pas exact car un acompte distribué est définitif. Il n'est pas possible d'en demander le reversement aux actionnaires, même en cas de bénéfice définitif insuffisant.

9. Les SARL et les sociétés de personnes ne sont pas obligées de doter une réserve légale.

☑ **Faux.** S'il est vrai que les sociétés de personnes ne sont pas obligées de doter une réserve légale, les SARL sont dans l'obligation de la doter au même titre que les sociétés par actions.

10. Contrairement aux sociétés de capitaux, les comptes courants d'associés des sociétés en nom collectif peuvent être débiteurs.

☑ **Vrai.** Tel est le cas en particulier lorsque les prélèvements à titre de rémunération effectués durant l'exercice sont plus importants que le montant du bénéfice réalisé.

Entraînement à l'examen

Affectation du résultat d'une SA avec différentes catégories d'actions, p. 605

1. Expliquez la raison pour laquelle la constitution d'une réserve légale est obligatoire et rappelez son mode de calcul.

La dotation à la réserve légale est imposée par la loi pour augmenter la garantie des tiers des sociétés dans lesquelles la responsabilité des associés est limitée à leurs apports.

Cette dotation est égale à 5 % du bénéfice de l'exercice diminué des éventuelles pertes antérieures ; elle n'est plus obligatoire lorsque la réserve légale atteint 10 % du capital social.

2. Rappelez la définition du bénéfice distribuable.

Le bénéfice distribuable est constitué par le bénéfice de l'exercice, diminué d'un éventuel report à nouveau négatif ainsi que des dotations aux réserves légales ou statutaires et augmenté d'un éventuel report à nouveau positif.

3. Indiquez quelles sont les conditions que doit respecter la société pour distribuer des acomptes sur dividendes.

Il est nécessaire :

– qu'un bilan établi au cours ou à la fin de l'exercice et certifié par le commissaire aux comptes fasse apparaître que la société a réalisé un bénéfice, depuis la clôture précédente, après imputation des pertes antérieures ;

– qu'il existe un bénéfice distribuable au moins égal au montant des acomptes à verser.

4. Enregistrez dans le journal de la société les opérations relatives à l'acompte sur dividendes, en distinguant chaque catégorie d'action.

	02-févr		
1292	Résultat de l'exercice - Acomptes sur dividendes	19 000	
4571	Actions de préférence, dividendes à payer		12 000
4572	Actions ordinaires anciennes, div. à payer		5 000
4573	Actions ordinaires nouvelles, div. à payer		2 000
	15-févr		
4571	Actions de préférence, dividendes à payer	12 000	
4572	Actions ordinaires anciennes, div. à payer	5 000	
4573	Actions ordinaires nouvelles, div. à payer	2 000	
512	Banque		19 000

5. Établissez le projet de répartition du bénéfice de N qui sera soumis à l'assemblée générale ordinaire des actionnaires et déterminez le montant des dividendes par catégorie d'action.

Tableau de répartition du bénéfice

Résultat de l'exercice		120 000
Réserve légale	120 000 × 5 % = 6 000 mais limitée à (600 000 × 10 %) – 55 000 = 5 000	– 5 000
Report à nouveau		+ 2 000
Bénéfice distribuable		117 000
Intérêt statutaire :		
– actions de préférence	6 000 × 40 € × 10 %	– 24 000
– actions ord. anciennes	5 000 × 40 € × 5 %	– 10 000
– actions ord. nouvelles	4 000 × 40 € × ¼ × 6/12	– 1 000
Réserve facultative		– 46 000
Solde		36 000
Superdividende	36 000/15 000 = 2,40 €, soit 2,00 € Total : 15 000 × 2,00 € = 30 000	– 30 000
Report à nouveau		6 000

Dividendes par catégories d'actions

Actions	Intérêt statutaire	Superdividende	Dividende total
De préférence	24 000	6 000 × 2 = 12 000	36 000
Ordinaires anciennes	10 000	5 000 × 2 = 10 000	20 000
Ordinaires nouvelles	1 000	4 000 × 2 = 8 000	9 000
Total			65 000

6. Enregistrez dans le journal de la société l'écriture correspondant au projet de répartition décidé par l'assemblée générale des actionnaires, ainsi que le paiement des dividendes.

	18-mai		
120	Résultat de l'exercice	120 000	
1061	Réserve légale		5 000
1068	Autres réserves		46 000
110	Report à nouveau		4 000
1292	Résultat de l'exercice – Acomptes sur div.		19 000
4571	Actions de préférence, dividendes à payer		24 000
4572	Actions ordinaires anciennes, dividendes à payer		15 000
4573	Actions ordinaires nouvelles, dividendes à payer		7 000
	01-juil		
4571	Actions de préférence, dividendes à payer	24 000	
4572	Actions ordinaires anciennes, dividendes à payer	15 000	
4573	Actions ordinaires nouvelles, dividendes à payer	7 000	
512	Banque		46 000

Chapitre 23

Les provisions réglementées

Application 1. Amortissements exceptionnels, p. 617

1. Présentez le plan d'amortissement économique et fiscal du matériel, faisant apparaître les dotations et reprises aux amortissements dérogatoires.

Années	Amortissements économiques		Amortissements fiscaux		Amortissements dérogatoires	
					Dotations	Reprises
N	84 200 x 1/5 x 2,5/12	3 508	84 200 x 2,5/24	8 771	5 263	
N+1	84 200 x 1/5	16 840	84 200 x 12/24	42 100	25 260	
N+2	84 200 x 1/5	16 840	84 200 x 9,5/24	33 329	16 489	
N+3	84 200 x 1/5	16 840				16 840
N+4	84 200 x 1/5	16 840				16 840
N+5	84 200 x 1/5 x 9,5/12	13 332				13 332
Totaux		**84 200**		**84 200**	**47 012**	**47 012**

2. Indiquez les écritures à comptabiliser à la clôture des exercices N et N+3.

	31/12/N		
6811	Dotations aux amortissements des immobilisations	3 508	
28154	Amortissements des matériels industriels		3 508
	Dotation économique N		

	31/12/N		
68725	Dotations aux amortissements dérogatoires	5 263	
145	Amortissements dérogatoires		5 263
	Complément de dotation fiscale N		

	31/12/N+3		
6811	Dotations aux amortissements des immobilisations	16 840	
28154	Amortissements des matériels industriels		16 840
	Dotation économique N		
	31/12/N+3		
145	Amortissements dérogatoires	16 840	
78725	Reprises sur amortissements dérogatoires		16 840
	Reprise fiscale		

On remarque que la charge totale a été déduite sur les trois premiers exercices ; par la suite, les produits exceptionnels compensent les charges d'exploitation.

Application 2. Amortissement dégressif, p. 617

1. Présentez le plan d'amortissement économique et fiscal du matériel, faisant apparaître les dotations et reprises aux amortissements dérogatoires.

Taux d'amortissement dégressif : 20 % × 1,75 = 35 %.

Date de début d'amortissement dégressif : 04/N (mois d'acquisition).

Date de début d'amortissement économique : 15/04 (date de début de l'utilisation).

Années	Amortissements économiques		Amortissements fiscaux		Amortissements dérogatoires	
					Dotations	Reprises
N	14 600 x 1/5 x 8,5/12	2 068	14 600 x 35 % x 9/12	3 833	1 765	
N+1	14 600 x 1/5	2 920	10 767 x 35 %	3 768	848	
N+2	14 600 x 1/5	2 920	6 999 x 35 %	2 450		470
N+3	14 600 x 1/5	2 920	4 549 x 50 %	2 275		645
N+4	14 600 x 1/5	2 920	4 549 x 50 %	2 274		646
N+5	14 600 x 1/5 x 3,5/12	852				852
Totaux		**14 600**		**14 600**	**2 613**	**2 613**

On remarque que pour la détermination de la durée totale d'amortissement en amortissement dégressif, la première annuité est comptée comme une année entière.

2. Indiquez les écritures à comptabiliser à la clôture des exercices N et N+4.

	31/12/N		
6811	Dotations aux amortissements des immobilisations	2 068	
28154	Amortissements des matériels industriels		2 068
	Dotation économique N		
	31/12/N		
68725	Dotations aux amortissements dérogatoires	1 765	
145	Amortissements dérogatoires		1 765
	Complément de dotation fiscale N		
	31/12/N+4		
6811	Dotations aux amortissements des immobilisations	2 920	
28154	Amortissements des matériels industriels		2 920
	Dotation économique N		
	31/12/N+4		
145	Amortissements dérogatoires	646	
78725	Reprises sur amortissements dérogatoires		646
	Reprise fiscale		

3. Présentez à nouveau le plan d'amortissement avec un coefficient temporaire majoré de 0,5 point.

Taux d'amortissement dégressif : 20 % × 2,25 = 45 %.

Années	Amortissements économiques		Amortissements fiscaux		Amortissements dérogatoires	
					Dotations	Reprises
N	14 600 x 1/5 x 8,5/12	2 068	14 600 x 45 % x 9/12	4 928	2 860	
N+1	14 600 x 1/5	2 920	9 672 x 45 %	4 352	1 432	
N+2	14 600 x 1/5	2 920	5 320 x 45 %	2 394		526
N+3	14 600 x 1/5	2 920	2 926 x 50 %	1 463		1 457
N+4	14 600 x 1/5	2 920	2 926 x 50 %	1 463		1 457
N+5	14 600 x 1/5 x 3,5/12	852				852
Totaux		**14 600**		**14 600**	**4 292**	**4 292**

Par comparaison avec le tableau de la question 1, on remarque qu'au terme des cinq années, la situation est identique, mais l'entreprise aura pu déduire de son résultat imposable une charge plus importante en début d'investissement.

Application 3. Divergences de durée et de base amortissable, p. 617

1. Présentez le plan d'amortissement économique et fiscal du matériel, faisant apparaître les dotations et reprises aux amortissements dérogatoires.

Base d'amortissement comptable : 180 000 – 60 000 = 120 000 €.
Durée d'amortissement comptable : 6 ans. Mode linéaire.
Base d'amortissement fiscal : 180 000 €.
Durée d'amortissement fiscal : 6 ans. Mode linéaire.

Années	Amortissements économiques		Amortissements fiscaux		Amortissements dérogatoires	
					Dotations	Reprises
N	120 000 x 1/6 x 5/12	8 333	180 000 x 1/5 x 5/12	15 000	6 667	
N+1	120 000 x 1/6	20 000	180 000 x 1/5	36 000	16 000	
N+2	120 000 x 1/6	20 000	180 000 x 1/5	36 000	16 000	
N+3	120 000 x 1/6	20 000	180 000 x 1/5	36 000	16 000	
N+4	120 000 x 1/6	20 000	180 000 x 1/5	36 000	16 000	
N+5	120 000 x 1/6	20 000	180 000 x 1/5	36 000	16 000	
N+6	120 000 x 1/6 x 7/12	11 667	180 000 x 1/5 x 7/12	21 000	1 000	11 667
Totaux		**120 000**		**180 000**	**71 667**	**11 667**

60 000 (écart entre 120 000 et 180 000)

60 000 (écart entre 71 667 et 11 667)

Les amortissements dérogatoires sont créditeurs de 60 000 €, ce qui correspond à la valeur résiduelle du bien ; celui-ci étant destiné à être vendu, ils seront repris au moment de la vente.

2. Indiquez les écritures à comptabiliser à la clôture des exercices N et N+5.

	31/12/N		
6811	Dotations aux amortissements des immobilisations	8 333	
28154	Amortissements des matériels industriels		8 333
	Dotation économique N		
	31/12/N		
68725	Dotations aux amortissements dérogatoires	4 167	
145	Amortissements dérogatoires		4 167
	Complément de dotation fiscale N		

	31/12/N+5		
6811	Dotations aux amortissements des immobilisations	20 000	
28154	Amortissements des matériels industriels		20 000
	Dotation économique N		
	31/12/N+5		
68725	Dotations aux amortissements dérogatoires	10 000	
145	Amortissements dérogatoires		10 000
	Complément de dotation fiscale N		

Application 4. QCM, p. 618

Répondez par « Vrai » ou par « Faux » aux affirmations ci-dessous en donnant toutes explications utiles.

1. Les provisions réglementées permettent de faire des économies définitives.

☑ **Faux.** Les provisions réglementées permettent uniquement de faire des gains au niveau de la trésorerie en retardant le paiement des impôts jusqu'à la date de reprise des provisions.

2. Les provisions réglementées correspondent à un risque ou une charge futurs.

☑ **Faux.** Cette définition correspond aux provisions définies dans la comptabilisation des passifs et non aux provisions réglementées.

3. Les provisions réglementées n'entrent pas dans la définition des passifs donnée par le Plan comptable général.

☑ **Vrai.** Les provisions réglementées sont rattachées aux capitaux propres et non aux dettes.

4. Les provisions réglementées ne sont pas admises au principe de permanence des méthodes.

☑ **Vrai.** Ces provisions n'ont qu'un caractère fiscal et ne sont donc pas soumises au respect du principe de permanence des méthodes. En particulier, une entreprise peut s'abstenir de doter une provision réglementée si elle estime que son résultat est trop faible ou peut reprendre une provision réglementée (à part la provision pour investissements) avant le délai normal de reprise.

5. Les dotations et reprises sur provisions réglementées sont des charges et produits soit d'exploitation, soit financiers en fonction de leur nature.

☑ **Faux.** Les dotations et reprises sur provisions réglementées sont des charges et produits exceptionnels et ne sont donc rattachées ni au résultat d'exploitation, ni au résultat financier.

6. Les divergences entre comptabilité et fiscalité au niveau des amortissements conduisent toujours à doter les amortissements dérogatoires.

☑ **Faux.** Les amortissements dérogatoires ne sont dotés que si les premières annuités fiscales sont supérieures aux annuités économiques. Le cas contraire peut se produire ; il conduit alors à des régularisations extra-comptables. Par ailleurs, la constatation d'amortissements dérogatoires est facultative pour l'entreprise, sauf nécessité de respecter la règle de l'amortissement minimum linéaire cumulé.

7. Les PME sont dispensées de comptabiliser des amortissements dérogatoires relatifs à la durée d'amortissement sur les biens non décomposables.

☑ **Vrai.** Par dérogation, les PME peuvent pratiquer un amortissement économique calqué sur l'amortissement fiscal, mais uniquement sur les biens non décomposables

8. Les amortissements dérogatoires ont systématiquement un solde égal à 0 à la fin de la période d'amortissement.

☑ **Faux.** Lorsque les bases d'amortissements sont différentes (non prise en compte de la valeur résiduelle en fiscalité), des amortissements dérogatoires subsistent à la fin de la période d'amortissement. Ils seront repris lors de la cession du bien concerné.

Entraînement à l'examen

Annexe relative aux provisions réglementées, p. 619

- **Indiquez les écritures qui ont été passées au 31/12/N concernant les provisions réglementées proprement dites (par hypothèse : dotations maximales effectuées et pas de reprises anticipées).**

L'écriture de dotation aux provisions correspond au calcul de la provision pour hausse des prix au 31/12/N pour les provisions réglementées proprement dites.

Les écritures de reprises sont relatives à la provision pour hausse des prix dotée en N–6 et à 1/3 de la provision pour essaimage dotée en N–5.

		31/12/N		
6873		Dotations aux provisions réglementées (stocks)	1 287	
	1431	Provisions pour hausse des prix		1 287
		Dotation N		
		31/12/N		
1431		Provision pour hausse des prix	3 452	
	7873	Reprises sur provisions réglementées (stocks)		3 452
		Reprise de la provision dotée en N–6		
		31/12/N		
144		Provisions réglementées relatives aux autres éléments de l'actif	22 090	
	7874	Reprises sur autres provisions réglementées		22 090
		Reprise de 1/3 de la provision dotée en N–5		

Chapitre 24

Les dettes financières

Application 1. Emprunt obligataire remboursable par annuités constantes, p. 643

1. Présentez le tableau d'amortissement de l'emprunt obligataire.

Le prix de remboursement de l'emprunt étant supérieur au pair, on utilise, pour le calcul de l'annuité, le taux rectifié de 10 × 0,045/10,30 = 4,369 %.
Annuité : 5 000 × 10,30 × 0,0436 9/ (1 – 1,043 69^{-5}) = 11 688,48 €.
Coupon annuel d'intérêts : 10 × 4,5 % = 0,45 €.
Intérêts de la première échéance : 5 000 × 0,45 = 2 250 €.
Amortissement théorique de l'emprunt : 11 688,48 - 2 250 = 9 438,48 €.
Nombre d'obligations à rembourser : 9 438,48/10,30 = 916,36, arrondis à 920 obligations.

Échéances	Obligations vivantes	Intérêts	Obligation à rembourser	Remboursement	Annuité réelle
N+1	5000	2250,00	920	9476,00	11726,00
N+2	4080	1836,00	960	9888,00	11724,00
N+3	3120	1404,00	1000	10300,00	11704,00
N+4	2120	954,00	1040	10712,00	11666,00
N+5	1080	486,00	1080	11124,00	11610,00
Total		6930,00	5000	51500,00	58430,00

2. Enregistrez au journal de la société toutes les écritures du 1/02/N au 1/03/N+1.

Émission de l'emprunt

Prix de remboursement de l'emprunt : 5 000 × 10,30 = 51 500 €.
Prix d'émission de l'emprunt : 5 000 × 9,80 € = 49 000 €.
Prime de remboursement : 5 000 × (10,30 – 9,80) = 2 500 €.

	1/02/N		
169	Primes de remboursement des obligations	2 500	
471	Obligations à placer	49 000	
163	Autres emprunts obligataires		51 500
	Émission de l'emprunt obligataire		
	25/02/N		
512	Banque	49 000	
4671	Obligataires, obligations souscrites		49 000
	Souscriptions des obligataires		
	25/02/N		
4671	Obligataires, obligations souscrites	49 000	
471	Obligations à placer		49 000
	Obligations totalement souscrites		

Écritures d'inventaire

Intérêts courus : 2 250 × 10/12 = 1 875 €.

Amortissement de la prime de remboursement : 2 500 × 10/60 = 416,67 €.

	31/12/N		
661	Charges d'intérêt	1 875,00	
16883	Intérêts courus sur autres emprunts obligataires		1 875,00
	Intérêts courus de N		
	31/12/N		
6861	Dotations aux amortissements des primes de remboursement	416,67	
169	Primes de remboursement des obligations		416,67
	Dotation N		

Contre-passation au 1/01/N+1

	1/10/N+1		
16883	Intérêts courus sur autres emprunts obligataires	1 875,00	
661	Charges d'intérêt		1 875,00
	Intérêts courus de N		

Service de l'emprunt obligataire

	1/03/N+1		
163	Autres emprunts obligataires	9 476,00	
661	Charges d'intérêt	2 250,00	
4672	Obligataires, obligations à rembourser		9 476,00
4673	Obligataires, coupons à payer		2 250,00
	Mise en paiement de l'annuité N+1		

Application 2. Service d'un emprunt obligataire et traitement des charges liées, p. 643

1. Justifiez toutes les sommes des bilans N-1 et N relatives à l'emprunt obligataire.

Frais d'émission des emprunts

Les frais engagés étaient de 12 000 € ; la dotation N–1 est de 12 000 – 10 667 et celle de N, de 10 000 – 8 000 = 2 000 €. Cela correspond à un amortissement linéaire sur 12 000/2 000 = 6 ans.
La première dotation est bien de 12 000 × 1/6 × 8/12 = 1 333 €.

Prime de remboursement des obligations

Prime totale : 6 000 × (200 – 195,20) = 28 800 €.
Amortissement en N–1 : 28 800 - 25 600 = 3 200 €, soit 28 800 × 1/6 × 8/12.
Amortissement en N : 25 600 – 20 800 = 4 800 €, soit 28 800 × 1/6.
Les primes de remboursement sont amorties en linéaire sur la durée de l'emprunt.

Emprunt obligataire au bilan N-1

Prix de remboursement de l'emprunt (au pair)	1 200 000
Intérêts courus : 1 200 000 × 5 % × 8/12	40 000
Montant au bilan	1 240 000

Emprunt obligataire au bilan N

Intérêts payés au 30/04/N : 1 200 000 × 5 % = 60 000 €.
Amortissement théorique de l'emprunt au 30/04/N : 236 421 - 60 000 = 176 421 €.
Nombre d'obligations remboursées au 30/04/N : 176 421/200 = 882 obligations.
Remboursement au 30/04/N : 882 × 200 = 176 400 €.

Prix de remboursement de l'emprunt : 1 200 000 - 176 400	1 023 600
Intérêts courus : 1 023 600 × 5 % × 8/12	34 120
Montant au bilan au 31/12/N	1 057 720

2. Comptabilisez le service de l'emprunt obligataire au 30/04/N.

	30/04/N		
163	Autres emprunts obligataires	176 400	
661	Charges d'intérêt	60 000	
4672	Obligataires, obligations à rembourser		176 400
4673	Obligataires, coupons à payer		60 000
	Mise en paiement de l'annuité N		

Application 3. Émission et service d'un emprunt obligataire – Traitement des charges liées, p. 644

1. Présentez le tableau d'amortissement de l'emprunt.

Taux d'intérêt : 5/100 = 5 %.

Annuité constante théorique : $100\,000 \times 100 \times 0{,}05 / (1 - 1{,}05^{-5})$ = 2 309 748 €.

Le nombre d'obligations à rembourser étant à chaque fois arrondi à l'unité supérieure, il convient de récupérer l'écart sur la dernière annuité :

Échéances	Obligations vivantes	Intérêts	Obligation à rembourser	Remboursement	Annuité réelle
N+1	100000	500000	18098	1809800	2309800
N+2	81902	409510	19003	1900300	2309810
N+3	62899	314495	19953	1995300	2309795
N+4	42946	214730	20951	2095100	2309830
N+5	21995	109975	21995	2199500	2309475
Total		1548710	100000	10000000	11548710

2. Passez les écritures relatives à l'émission de l'emprunt.

	1/03/N		
169	Primes de remboursement des obligations	400 000	
471	Obligations à placer	9 600 000	
163	Autres emprunts obligataires		10 000 000
	Émission de l'emprunt obligataire		
	1/04/N		
512	Banque	9 572 400	
6272	Commissions et frais sur émissions d'emprunts	23 000	
44566	TVA sur autres biens et services	4 600	
4671	Obligataire, obligations souscrites		9 600 000
	Souscriptions des obligataires		

	1/04/N		
4671 471	Obligataires, obligations souscrites Obligations à placer *Obligations totalement souscrites*	9 600 000	9 600 000

3. Présentez toutes les écritures nécessaires à la clôture de l'exercice N.

Intérêts courus : 500 000 × 9/12 = 375 000 €.
Dotation aux amortissements des primes de remboursement :
400 000 × 375 000/1 548 710 = 96 854,80 €.
Rémunération courue en N : 375 000 + 96 854,80 = 471 854,80 €.
Rémunération totale de l'emprunt : 1 548 710 + 400 000 = 1 948 710 €.
Dotation aux amortissements des frais d'émission des emprunts :
23 000 × 471 854,80/1 948 710 = 5 569,15 €.

	31/12/N		
661 16883	Charges d'intérêt Intérêts courus sur autres emprunts obligataires *Intérêts courus sur N*	375 000,00	375 000,00
	31/12/N		
6861 169	Dotations aux amortissements des primes de remboursement Primes de remboursement des obligations *Amortissements N des primes de remboursement*	96 854,80	96 854,80
	31/12/N		
4816 791	Frais d'émission des emprunts Transferts de charges d'exploitation *Transfert pour étalement des charges*	23 000,00	23 000,00
	31/12/N		
6812 4816	Dotations aux amortissements des charges à répartir Frais d'émission des emprunts *Amortissements N des frais sur emprunt obligataire*	5 569,15	5 569,15

Application 4. Remplacement d'un emprunt obligataire par un autre emprunt obligataire, p. 644

1. Reconstituez les écritures d'émission de l'emprunt émis en N.

Commission de placement : 10 000 × 200 × 3 %	60 000,00 €
Commision de garantie : 1 300 × 200 × 2 %	5 200,00 €
Total HT	65 200,00 €
TVA : 65 200 × 20 %	13 040,00 €
Total TTC	**78 240,00 €**

	2/05/N		
169	Primes de remboursement des obligations	140 000	
471	Obligations à placer	1 960 000	
1631	Emprunts obligataires N		2 100 000
	Émission de l'emprunt obligataire		
	1/06/N		
512	Banque	1 881 760	
6272	Commissions et frais sur émissions d'emprunts	65 200	
44566	TVA sur autres biens et services	13 040	
4671	Obligataires, obligations souscrites		1 960 000
	Souscriptions des obligataires		
	1/06/N		
4671	Obligataires, obligations souscrites	1 960 000	
471	Obligations à placer		1 960 000
	Obligations totalement souscrites		

2. Présentez toutes les écritures nécessaires au 31/12/N.

	31/12/N		
661	Charges d'intérêt	64 166,67	
16883	Intérêts courus sur autres emprunts obligataires		64 166,67
	Intérêts courus : 2 000 000 x 5,5 % x 7/12		
	31/12/N		
6861	Dotations aux amortissements des primes de remboursement	8 166,67	
169	Primes de remboursement des obligations		8 166,67
	Dotations N : 140 000 x 1/10 x 7/12		

	31/12/N		
4816	Frais d'émission des emprunts	65 200,00	
791	Transferts de charges d'exploitation		65 200,00
	Transfert pour étalement des charges		
	31/12/N		
6812	Dotations aux amortissements des charges à répartir	3 803,33	
4816	Frais d'émission des emprunts		3 803,33
	Dotation N : 65 200 x 1/10 x 7/12		

3. Présentez les écritures du paiement des intérêts au 1/06/N+1.

	1/06/N+1		
661	Charges d'intérêt	110 000,00	
4672	Obligataires, coupons à payer		110 000,00
	Intérêts échus : 2 000 000 x 5,5 %		
	1/06/N+1		
4672	Obligataires, coupons à payer	110 000,00	
512	Banque		110 000,00
	Paiement des intérêts échus		

4. Passez toutes les écritures relatives à la conversion de l'ancien emprunt en un nouvel emprunt en distinguant les différentes phases.

Émission du nouvel emprunt :

	1/06/N+2		
169	Primes de remboursement des obligations	154 000	
4673	Obligataires, obligations à placer	1 358 000	
1632	Emprunt obligataire N+2		1 512 000
	Émissions de 7 000 obligations		
	1/06/N+2		
6272	Commissions et frais sur émissions d'emprunts	7 200	
44566	TVA sur autres biens et services	1 440	
512	Banque		8 640
	Frais d'émission de l'emprunt		

Remboursement et échange de l'ancien emprunt : l'ancien emprunt est annulé, 7 000 obligations étant échangées et 3 000 remboursées. Lors de l'échange, les obligataires ont droit au versement de la différence de prix (voir la question 5).

Les primes de remboursement non amorties relatives au premier emprunt ne peuvent pas subsister au bilan. Elles sont immédiatement constatées en charges financières. Les frais d'émission nets de l'ancien emprunt seront amortis sur la durée restante du nouvel emprunt. Aucune écriture spécifique ne constate ce transfert.

	1/06/N+2		
1631	Emprunt obligataire N	2 100 000	
4674	Obligataires, obligations à échanger		1 470 000
4675	Obligataires, obligations à rembourser		630 000
	Obligations à échanger : 7 000 x 210 €		
	Obligations à rembourser : 3 000 x 210 €		
	1/06/N+2		
4675	Obligataires, obligations à rembourser	630 000	
512	Banque		630 000
	Remboursement anticipé des 3 000 obligations		
	1/06/N+2		
4674	Obligataires, obligations à échanger	1 470 000	
4673	Obligataires, obligations à placer		1 358 000
512	Banque		112 000
	Échange et remboursement de la différence de prix		
	1/06/N+2		
668	Autres charges financières	117 833	
169	Primes de remboursement des obligations		117 833
	Annulation des primes :		
	140 000 – (140 000 x 1/10 x 19/12)		

5. Expliquez le montant à rembourser aux anciens obligataires ayant accepté l'échange.

Le prix de remboursement des obligations anciennes est de 210 € alors que le prix d'émission des obligations nouvelles est de 194 €. Les anciens obligataires ont donc droit au remboursement de la différence entre les deux montants, soit 16 € par obligation, ce qui correspond bien à 16 × 7 000 = 112 000 € constatés dans l'écriture d'échange de la question 4.

Application 5. Emprunt obligataire convertible en actions, p. 645

1. Reconstituez les écritures d'émission de l'emprunt en N.

L'emprunt obligataire est comptabilisé au passif du bilan pour son prix d'émission au lieu de son prix de remboursement, le montant de la prime n'étant pas considéré comme une dette.

	1/08/N		
471	Obligations à placer	980 000	
161	Emprunts obligataires convertibles		980 000
	Émission de 5 000 OCA à 196 €		
	1/08/N		
512	Banque	980 000	
4671	Obligataires, obligations souscrites		980 000
	Souscriptions des obligataires		
	1/08/N		
4671	Obligataires, obligations souscrites	980 000	
471	Obligations à placer		980 000
	Obligations totalement souscrites		

2. Présentez toutes les écritures nécessaires au 31/12/N.

En fin d'exercice, une provision est constatée prorata temporisafin de couvrir le risque de non-conversion des obligations en actions qui entraînerait le remboursement de la prime de 4 € par action.

	31/12/N		
661	Charges d'intérêt	12 500	
16881	Intérêts courus sur OCA		12 500
	Intérêts courus : 5 000 x 200 x 3 % x 5/12		
	31/12/N		
6865	Dotations aux provisions financières	4 000	
1518	Autres provisions pour risques		4 000
	Primes éventuelles à payer : 5 000 x 4 € x 1/5		

3. Comptabilisez la conversion des 1 000 obligations en actions le 1/08/N+1 et précisez les conséquences de cette conversion sur les écritures du 31/12/N+1.

Les 1 060 obligations sont inscrites au bilan pour 1 000 × 196 = 196 000 €. Elles donnent droit à 1 000 × 3 = 3 000 actions, entraînant une augmentation de capital de 3 000 × 20 = 60 000 €. La prime de conversion des obligations en actions s'élève donc à 196 000 – 60 000 = 136 000 €.

	1/08/N+1		
161	Emprunts obligataires convertibles	196 000	
1013	Capital souscrit - appelé, versé		60 000
1044	Prime de conversion d'obligations en actions		136 000
	Conversion de 1 000 OCA		

En fin d'exercice, il reste 5 000 – 1 000 = 4 000 obligations vivantes. Les intérêts courus sont calculés sur le nominal des obligations restantes. La provision est ajustée pour représenter en cumul au 31/12/N+1, 2/5 du montant des obligations non converties (4 000 × 4 × 2/5 = 6 400).

	31/12/N+1		
661	Charges d'intérêt	10 000	
16881	Intérêts courus sur OCA		10 000
	Intérêts courus : 4 000 × 200 × 3 % × 5/12		
	31/12/N+1		
1518	Autres provisions pour risques	800	
7865	Reprises sur provisions financières		800
	Primes éventuelles sur obligations converties : 1 000 × 4 € × 1/5		
6865	Dotation aux provisions financières	3 200	
1518	Autres provisions pour risques		3 200
	Primes éventuelles à verser : 4 000 × 4 € × 1/5		

Application 6. QCM, p. 646

Répondez par « Vrai » ou par « Faux » aux affirmations ci-dessous en donnant toutes explications utiles.

1. L'émission d'un emprunt obligataire ordinaire doit être décidée en assemblée générale ordinaire.

☑ **Faux.** Les dirigeants de la société sont habilités à émettre un emprunt obligataire ordinaire, sauf si les statuts prévoient une clause contraire.

2. Le prix d'émission d'une obligation doit être inférieur ou égal à sa valeur nominale.

☑ **Faux.** Le prix d'émission d'une obligation ne dépend pas de sa valeur nominale ; il n'est pas interdit d'émettre des obligations à un prix supérieur au nominal.

3. Le compte 163. Autres emprunts obligataires enregistre toujours le prix de remboursement des obligations.

☑ **Vrai.** La dette totale doit être constatée au passif du bilan ; elle résulte bien du prix de remboursement des obligations. Seules les OCA peuvent être comptabilisées pour leur prix d'émission mais elles ne figurent pas dans le compte 163. Autres emprunts obligataires.

4. Les obligations sont le plus souvent remboursées in fine et non par annuités constantes.

☑ **Vrai.** Avec la dématérialisation des titres, les porteurs d'obligations sont identifiés en banque mais les titres ne sont plus numérotés ou divisés en séries. Le remboursement par tirage au sort est donc tombé en désuétude. En revanche, ce procédé existe dans les SARL puisque les obligations émises sont nominatives.

5. Les primes de remboursement des obligations doivent être amorties au moins à hauteur des obligations remboursées.

☑ **Vrai.** Il ne peut pas exister à l'actif du bilan de primes relatives à des obligations déjà remboursées. Cette règle est toujours vérifiée dans le cas d'un remboursement in fine des obligations ainsi que dans un remboursement par annuités constantes puisque le remboursement des obligations est progressif dans ces deux cas.

6. La société peut choisir à chaque émission d'emprunt la méthode d'amortissement des frais d'émission.

☑ **Faux.** En respect du principe de permanence des méthodes, les modalités d'amortissement des frais d'émission des emprunts doivent s'appliquer à tous les emprunts émis.

7. Une société peut racheter à n'importe quel moment en Bourse ses propres obligations pour les annuler.

☑ **Faux.** Il faut que la clause de rachat en Bourse soit prévue dans le contrat obligataire.

8. Il n'est pas possible d'émettre un emprunt obligataire en remplacement d'un autre emprunt obligataire.

☑ **Faux.** Un emprunt obligataire peut être remplacé par un autre emprunt obligataire à condition qu'une clause de remboursement anticipé figure dans le contrat obligataire. En revanche, il n'est pas possible d'imposer ce changement à un détenteur d'obligations.

9. Les obligations remboursables en actions peuvent comporter une prime de remboursement.

☑ **Faux.** Une prime de remboursement des OCA n'aurait aucune signification puisque ces obligations sont systématiquement transformées en actions.

10. Les obligations convertibles en actions peuvent être enregistrées au passif du bilan pour leur prix de remboursement ou leur prix d'émission.

☑ **Vrai.** Selon l'option financière de traitement choisie, la prime de remboursement peut être comptabilisée ou non et, de ce fait, l'emprunt peut figurer au passif pour sa valeur de remboursement (comptabilisation de la prime) ou pour son prix d'émission (prime non comptabilisée).

11. Les bons de souscription d'actions attachés aux OBSA sont comptabilisés d'après leur valeur chez la société émettrice à leur première cotation en Bourse une fois détachés des obligations.

☑ **Faux.** Les BSA ne sont pas valorisés au bilan de la société émettrice. L'émission d'OBSA ne diffère pas de celle d'obligations ordinaires.

12. Les bons de souscription d'obligations sont inscrits pour leur valeur au crédit du compte 487. Produits constatés d'avance et rapportés au résultat sur la durée de l'emprunt auquel ils permettent de souscrire.

☑ **Vrai.** Les BSO sont valorisés soit par leur première cotation en Bourse, soit par le calcul de la valeur actuelle des obligations émises. Ils viennent ensuite diminuer la charge liée à l'emprunt qu'ils permettent de souscrire.

13. Les titres subordonnés à durée indéterminée ne sont jamais remboursés par l'émetteur.

☑ **Faux.** Les TSDI peuvent être remboursés mais uniquement lorsque l'émetteur en voit la nécessité.

14. Les obligations convertibles en actions sont mentionnées au bilan dans la rubrique « Autres fonds propres ».

☑ **Faux.** Seuls les titres qui ne donnent, en principe, pas lieu à remboursement ou dont le remboursement est décidé par la société émettrice font partie des « Autres fonds propres ». La conversion des obligations en actions résulte de la volonté de l'obligataire et non de l'émetteur. Les OCA sont donc des dettes tant qu'elles ne sont pas converties.

15. Les emprunts participatifs donnent droit à une rémunération en partie fixe et en partie variable.

☑ **Vrai.** Ils comportent un intérêt fixe et une rémunération variable, le plus fréquemment basée sur le résultat de l'entreprise qui les souscrit.

Entraînement à l'examen

Emprunt obligataire à bons de souscription d'obligations, p. 648

1. Présentez les écritures d'émission de l'emprunt en N.

Les BSO doivent être valorisés en même temps que l'émission de l'emprunt obligataire.
Montant du coupon : 400 × 3,25 % = 13 €.

Valeur actuelle du prix de remboursement : $404 \times 1{,}045^{-6}$	310,23 €.
Valeur actuelle des coupons : $13 \times (1 - 1{,}045^{-6})/0{,}045$	67,05 €.
Valeur actuelle de l'obligation émise :	377,28 €.
Valeur du BSO : 398 – 377,28	20,72 €.

Compte	Libellé	Débit	Crédit
	3/07/N		
169	Primes de remboursement des obligations	60 000	
471	Obligations à placer	3 980 000	
1631	Emprunts obligataires N		4 040 000
	Émission de 10 000 OBSO à 398 € remboursables à 404 €		
	31/07/N		
512	Banque	3 980 000	
4671	Obligataires, obligations souscrites		3 980 000
	Souscriptions des obligataires		
	31/07/N		
4671	Obligataires, obligations souscrites	3 980 000	
471	Obligations à placer		3 980 000
	Obligations totalement souscrites		

Compte	Libellé	Débit	Crédit
	31/07/N		
169	Primes de remboursement des obligations	207 200	
487	Produits constatés d'avance		207 200
	Évaluation des 10 000 BSO		

2. Après avoir effectué les calculs nécessaires, présentez toutes les écritures du 31/12/N.

Intérêts courus au 31/12/N : 10 000 × 13 € × 5/12 = 54 166,67 €.
Prime de remboursement totale : 60 000 + 207 200 = 267 200 €.
Dotation N : 267 200 × 1/6 × 5/12 = 18 555,56 €.

	31/12/N		
661	Charges d'intérêt	54 166,67	
16883	Intérêts courus sur autres emprunts obligataires		54 166,67
	Intérêts courus sur N		
	31/12/N		
6861	Dotations aux amortissements des primes de remboursement	18 555,56	
169	Primes de remboursement des obligations		18 555,56
	Dotation N		

3. Comptabilisez l'émission du second emprunt en N+2.

	31/07/N+2		
512	Banque	3 920 000	
4671	Obligataires, obligations souscrites		3 920 000
	Souscription de 9 800 obligations à 400 €		
	31/07/N+2		
4671	Obligataires, obligations souscrites	3 920 000	
163	Autres emprunts obligataires		3 920 000
	Émission de 9 800 obligations à 400 €		
	1/08/N+2		
487	Produits constatés d'avance	4 144	
768	Autres produits financiers		4 144
	Péremption de 200 BSO à 20,72 €		

4. Présentez les écritures du 31/12/N+2.

Intérêts courus sur le premier emprunt : 10 000 × 13 € × 5/12 = 54 166,67 €.
Intérêts courus sur le second emprunt :
9 800 × 400 × 5,5 % × 5/12 = 89 833,33 €.
Amortissement de la prime sur le premier emprunt : il faut tenir compte de la prime complémentaire relative aux 200 BSO non exercés.

Celle-ci doit être amortie totalement fin N+2 :
– prime totale rectifiée : 60 000 + (207 200 – 4 144) = 263 056 € ;
– montant net au 31/12/N+1 : 267 200 – (267 200 × 1/6 x17/12)
= 204 111,11 € ;
– montant net rectifié au 31/12/N+2 : 263 056 – (263 056 × 1/6 × 29/12)
= 157 102,89 € ;
– dotation N+2 : 204 111,11 – 157 102,89 = 47 008,22 €.
Il n'existe pas de prime sur le second emprunt.
Produit constaté d'avance repris au résultat :
(207 200 – 4 144) × 1/5 × 5/12 = 16 921,33 €.

	31/12/N+2		
661	Charges d'intérêt	144 000,00	
16883	Intérêts courus sur autres emprunts obligataires		144 000,00
	Intérêts courus sur les deux emprunts		
	31/12/N+2		
6861	Dotations aux amortissements des primes de remboursement	47 008,22	
169	Primes de remboursement des obligations		47 008,22
	Primes sur le premier remboursement		
	31/12/N+2		
487	Produits constatés d'avance	16 921,33	
768	Autres produits financiers		16 921,33
	Étalement du produit d'émission des BSO		

5. Comparez les extraits des comptes de résultat correspondant à ces opérations pour les exercices N+1 et N+3.

Exercice N+1 :
– charges d'intérêt : 4 000 000 × 3,25 % = 130 000 € ;
– dotations aux amortissements des primes : 267 200 × 1/6 = 44 533,33 €.

Exercice N+3 :
– charges d'intérêt : (4 000 000 × 3,25 %) + (3 920 000 × 5,5 %)
= 345 600 € ;
– dotations aux amortissements des primes : 263 056 × 1/6 = 43 843 € ;
– produit d'émission des BSO étalé : (207 200 - 4 144) × 1/5 = 40 611 €.

Extrait du compte de résultat

Postes du compte de résultat	N+1	N+3
Autrs produits financiers		40611
Total produits financiers		40611
Dotations aux amortissements, dépréciations et provisions	44533	43843
Intérêts et charges assimilées	130300	345600
Total charges financières	174533	389443
Résultat financier	– 174533	– 348832

Les emprunts (hors intérêts courus) figurant aux bilans s'élèvent à :
– en N+1 : 4 000 000,00 € ;
– en N+3 : 7 920 000 €.

Le taux de charges de financement net avant impôt est respectivement de :
– en N+1 : 174 533/4 000 000 = 4,363 % ;
– en N+3 : 348 832/7 920 000 = 4,404 %.

La technique de comptabilisation a permis de lisser les taux de rémunération des dettes financières.

Chapitre 25

La comptabilité des entités spécifiques

Application 1. Opération courante dans une SCP, p. 669

1. Comptabilisez la facture émise par la SCP.

	4/09/N		
411	Clients	7 524,00	
4191	Clients provisoires versées	1 560,00	
706	Honoraires		6 900,00
792	Débours facturés aux clients		670,00
44571	TVA collectée		1 514,00
	Facturation au client Hoarau		

2. Comptabilisez la rétrocession des honoraires au confrère paysagiste.

La rétrocession d'honoraires est différente d'une facturation établie par le confrère. Elle entraîne la diminution de la TVA collectée et non la constatation d'une TVA déductible.
De la même manière, le chiffre d'affaires du cabinet d'architectes est de 6 900 – 1 200 = 5 700 €.

	4/09/N		
651	Honoraires rétrocédés aux confrères	1 200,00	
44571	TVA collectée	240,00	
4672	Créditeurs divers – Confrères		1 440,00
	Rétrocession sur contrat Hoarau		

Application 2. Variation du capital et acquisition d'immeuble dans une SCPI, p. 669

1. Comptabilisez les opérations d'augmentation de capital.

Augmentation de capital : 2 000 × 1 000 € = 2 000 000 €.
Prime d'émission : 2 000 × 500 € = 1 000 000 €.

	1/02/N		
4671	Maître Jacquetty, notaire	3 000 000	
1015	Capital en cours de souscription		2 000 000
1042	Primes d'émission sur capital en cours de soucription		1 000 000
	Lancement des souscriptions		
	31/03/N		
1015	Capital en cours de souscription	2 000 000	
1042	Primes d'émission sur capital en cours de souscription	1 000 000	
1014	Capital souscrit		2 000 000
1041	Primes d'émission sur capital souscrit		1 000 000
	Souscriptions effectuées		

	31/03/N		
1041	Primes d'émission sur capital souscrit	40 000	
4671	Maître Jacquetty, notaire		40 000
	Imputation des frais de notaire, droits et frais de publicité		
	31/03/N		
1049	Prélèvements sur prime d'émission ou de fusion	20 000	
791	Transferts de charges d'exploitation		20 000
	Imputation des commissions de souscription		

2. Comptabilisez l'acquisition de l'immeuble et le solde du compte du notaire.

	5/04/N		
211	Terrains	450 000	
213	Constructions	2 200 000	
4671	Maître Jacquetty, notaire		2 650 000
	Acquisition d'un ensemble immobilier locatif		
	5/04/N		
1049	Prélèvements sur prime d'émission ou de fusion	217 300	
4671	Maître Jacquetty, notaire		217 300
	Frais d'acquisition de l'ensemble immobilier		

Solde du compte du notaire :
3 000 000 – 40 000 – 2 650 000 – 217 300 = 92 700 €.

	5/04/N		
512	Banque	92 700	
4671	Maître Jacquetty, notaire		92 700
	Solde du compte		

Application 3. Subventions et affectation du résultat dans une association, p. 670

1. Enregistrez toutes les écritures nécessaires au 31/12/N.

La subvention concerne le fonctionnement de l'association. Il s'agit donc d'une subvention d'exploitation. Le montant non utilisé (70 000 – 61 600 = 8 400 €) est viré en fonds dédiés à la fin de l'exercice N.

	31/12/N		
471	Compte d'attente	70 000	
74	Subventions d'exploitation		70 000
	Enregistrement de la subvention du Conseil général		
	31/12/N		
6894	Engagements à réaliser sur subventions attribuées	8 400	
194	Fonds dédiés sur subventions de fonctionnement		8 400
	Subvention du Conseil général non utilisée		

2. Présentez et comptabilisez l'affectation du résultat de l'exercice N.

La réserve pour projet associatif à réaliser en N, dotée lors de l'affectation du résultat de l'exercice N–1, a été utilisée conformément à son objet. Elle devient libre et augmente donc l'excédent à affecter.

Affectation du résultat N		
Excédent de l'exercice		5000
Report à nouveau N–1		500
Réserve pour projet associatif N		3600
Excédent à effectuer		9100
Réserve statutaire		-250
Réserve pour projet associatif N+1	5000 × 5%	-4400
Excédent disponible		4450
Fonds associatif		-3360
Report à nouveau N	4450 × 80%	890

L'écriture correspondante est la suivante :

	31/03/N+1		
120N	Excédent de l'exercice	5 000,00	
110N–1	Report à nouveau N–1	500,00	
10681N	Réserve pour projet associatif à réaliser en N	3 600,00	
1063	Réserves statutaires ou contractuelles		250,00
10681N+1	Réserve pour projet associatif à réaliser en N+1		4 400,00
102	Fonds associatifs sans droit de reprise		3 560,00
110N	Report à nouveau N		890,00
	Affectation du résultat N		

Application 4. Comptabilité d'une association, p. 671

1. Indiquez si l'association « Les Alizés » est tenue de recourir aux services d'un commissaire aux comptes.

La nomination d'un commissaire aux comptes (et d'un suppléant) est obligatoire dans les associations tenues de présenter des documents financiers, ce qui est le cas pour l'association « Les Alizés » qui perçoit plus de 150 000 € de subventions publiques.

2. Présentez les écritures de régularisation et d'inventaire concernant les subventions d'exploitation.

Subvention S1 : les écritures ayant été correctement passées, lors de son attribution en N-1, la subvention a été enregistrée en totalité au crédit du compte 74. Subventions d'exploitation. En fin d'exercice N-1, les 2/3 ont été portés en « Produits constatés d'avance ». À la fin de l'exercice N, il convient de rapporter 1/3 de la subvention au résultat de l'exercice.

	31/12/N		
487	Produits constatés d'avance	10 000	
74	Subventions d'exploitation		10 000
	Extourne du tiers de la subvention S1		

Subvention S2 : la subvention est assortie d'une clause résolutoire. Le projet n'ayant pas abouti, la dette envers le financeur est certaine à la fin de l'année N et doit être constatée. La provision est reprise.

	31/12/N		
1518	Autres provisions pour risques	45 000	
7815	Reprises sur provisions d'exploitation		45 000
	Provision dotée en N–1		

	31/12/N		
671	Charges exceptionnelles sur opérations de gestion	45 000	
4419	Subventions à reverser		45 000
	Subvention sous clause résolutoire		

Subvention S3 : les fonds dédiés ont été utilisés. La subvention devient donc un produit réel pour l'exercice.

	31/12/N		
194	Fonds dédiés sur subventions de fonctionnement	8 000	
7894	Report des ressources non utilisées		8 000
	Utilisation du solde de la subvention N–1		

3. Indiquez l'intérêt de la prise en compte des « fonds dédiés » par le système d'information comptable des associations.

Lorsqu'une subvention est accordée dans le cadre d'un projet précis, les « fonds dédiés » permettent le suivi des projets, ce qui apporte une plus grande transparence de l'information et renforce la confiance des donateurs.

Application 5. Comptabilité des bénéfices non commerciaux, p. 671

• Présentez dans chaque cas les calculs conduisant à la détermination du résultat de l'exercice réalisé par M. Laurent.

1. Régime des micro-BNC

Chiffre d'affaires encaissé :	4 500 × 1/2	2 250 €
Abattement forfaitaire micro-BNC :	2 250 × 34 %	– 765 €
Résultat imposable		1 485 €

2. Régime de la déclaration contrôlée – Comptabilité de trésorerie

Chiffre d'affaires encaissé TTC :	5 400 × 1/2	2 700,00 €
Charges décaissées TTC		– 360,00 €
TVA à décaisser sur autres biens et services		
(2 700 – 360,00) × 0,20/1,20		– 390,00 €
Dotations aux amortissements : 2 160/1,20 × 1/4 × 1/12		– 37,50 €
Résultat de la période		1 912,50 €

3. Régime de la déclaration contrôlée – Comptabilité d'engagements

Chiffre d'affaires facturé HT :	5 400/1,20	4 500,00 €
Charges HT :	360,00/1,20	– 300,00 €
Dotations aux amortissements :	2 160/1,20 × 1/4 × 1/12	– 37,50 €
Résultat de la période		4 162,50 €

Application 6. QCM, p. 672

Répondez par « Vrai » ou par « Faux » aux affirmations ci-dessous en donnant toutes explications utiles.

1. Les membres des professions libérales ne peuvent être associés que de sociétés civiles.

☑ **Faux.** Ils peuvent constituer des sociétés sous la forme civile (SCP, SCM, etc.) mais également exercer leur activité dans le cadre de sociétés commerciales par nature (SA, SARL, etc.).

2. Les sociétés civiles immobilières de location achètent des ensembles immobiliers afin de les mettre à la disposition exclusive de leurs associés.

☑ **Faux.** Les immeubles peuvent être apportés par les associés ou acquis mais ils sont destinés à la location, bien qu'il soit possible qu'un associé soit également locataire.

3. La comptabilité des sociétés civiles de placements immobiliers a un caractère spécifique régi par le règlement 99-06 du CRC.

☑ **Vrai.** Le caractère contingent du Plan comptable général s'applique aux SCPI mais elles doivent respecter les spécificités prévues par le règlement CRC de 1999.

4. Depuis la mise en place du plan comptable 1999, il n'existe plus de plans comptables spécifiques à certaines professions.

☑ **Faux.** Malgré le caractère universel du Plan comptable général, il est nécessaire de l'adapter aux particularités de certaines professions. De plus, certains plans comptables spécifiques antérieurs à 1999 ont été maintenus tel que le plan comptable notarial.

5. Les membres d'un GIE peuvent être des personnes physiques ou morales.

☑ **Vrai.** Un GIE doit être composé d'au moins deux personnes, physiques ou morales.

6. Un GIE ne bénéficie de la personnalité juridique que s'il est constitué avec un capital.

☑ **Faux.** Un GIE bénéficie de la personnalité juridique, qu'il soit constitué ou non avec un capital.

7. Un GIE composé dont les membres sont des sociétés soumises à l'IS peut opter pour l'imposition de son résultat à l'IS.

☑ **Faux.** Les résultats d'un GIE sont toujours imposés au nom de leurs membres.

8. Le comptable d'une collectivité territoriale est nommé par l'assemblée élue.

☑ **Faux.** Le comptable d'une collectivité territoriale est un fonctionnaire du Trésor.

9. L'instruction budgétaire M 71 est la nouvelle instruction budgétaire qui définit les principes et modes de fonctionnement de la comptabilité des communes.

☑ **Faux.** La comptabilité des communes relève de l'instruction budgétaire M 14.

10. Le contrôle externe des comptes des collectivités territoriales relève du préfet et des cours régionales des comptes.

☑ **Vrai.** Les services du préfet de chaque département et des préfets de régions ainsi que les cours régionales des comptes ont compétence pour contrôler les comptes des collectivités territoriales.

11. La section de fonctionnement du budget d'une commune ne peut pas dégager d'excédent.

☑ **Faux.** L'excédent du budget de fonctionnement contribue au financement de la section investissements. De plus, un excédent au moins égal à la dette à rembourser dans l'exercice doit être dégagé.

12. Les communes de moins de 3 500 habitants ne sont pas obligées de pratiquer des dotations aux amortissements de leurs immobilisations.

☑ **Vrai.** Ces communes bénéficient des allégements de procédures budgétaires et de forme des documents à présenter. Les dotations aux amortissements ainsi que la présentation des produits et charges par fonction ne sont pas obligatoires.

13. Les associations sont pourvues de la personnalité morale au même titre que les sociétés.

☑ **Vrai.** Les associations régies par la loi de 1901 possèdent la personnalité morale ; elles sont représentées par les administrateurs élus par l'assemblée générale.

14. La création de fondations d'entreprises est soumise à autorisation administrative du préfet du département dans lequel elles se situent.

☑ **Vrai.** Les fondations d'entreprises sont soumises à autorisation du préfet alors que les fondations reconnues d'utilité publique doivent être reconnues par un décret du Conseil d'État.

15. Les associations qui bénéficient d'une aide publique annuelle au moins égale à 153 000 € sont tenues d'établir des comptes annuels.

☑ **Vrai.** Ces associations doivent présenter des comptes annuels selon les règles du PCG adaptées par le règlement 99-01 du CRC.

16. Les fonds dédiés sont constitués des montants des subventions attribuées au cours d'un exercice mais qui ne seront utilisés que durant l'exercice ou les exercices suivants.

☑ **Vrai.** Les fonds dédiés concernent les subventions d'exploitation. Ils peuvent être assimilés à des régularisations en respect du principe de séparation des exercices.

17. Les apports avec droit de reprise de biens durables amortissables ne font pas l'objet de dotations aux amortissements puisque l'association les restitue au terme du contrat.

☑ **Faux.** Les dotations aux amortissements doivent être pratiquées. En revanche, elles ne diminuent pas le résultat car elles sont compensées par l'inscription du même montant en produits par virement de la quote-part des apports.

18. Les professions libérales doivent être exercées à titre individuel ou en sociétés civiles.

☑ **Faux.** Une profession libérale peut également s'exercer sous la forme de sociétés d'exercice libéral et, dans un grand nombre de cas, de sociétés commerciales.

19. Dans une comptabilité de trésorerie, les charges et produits sont constatés pour leur montant TTC.

☑ **Faux.** La TVA peut être comprise dans les charges et produits mais ce n'est pas une obligation. Cette méthode n'est qu'une simplification possible des enregistrements comptables.

20. Le régime fiscal de la déclaration contrôlée entraîne la nécessité de production d'une comptabilité.

☑ **Vrai.** Les professions libérales placées sous le régime fiscal de la déclaration contrôlée doivent tenir au minimum un livre de recettes et de dépenses et fournir un inventaire des dotations aux amortissements, dépréciations et provisions.

Entraînement à l'examen

Comptabilité d'une collectivité territoriale, p. 674

1. Les collectivités territoriales élaborent deux sortes de documents : les budgets et les comptes.

a. Rappelez la définition du budget. Quelles sont les deux sections prévues dans les budgets des collectivités territoriales ?

Le budget est l'acte par lequel sont prévues et autorisées par l'assemblée délibérante les recettes et dépenses d'un exercice. Il se compose d'une section de fonctionnement, qui retrace les dépenses et recettes nécessaires au fonctionnement courant de la collectivité, et d'une section d'investissement, relative aux opérations d'investissement et leur financement.

b. Pourquoi peut-on dire que le budget est à la fois un outil de prévision et un outil d'autorisation ?

Le budget décrit les recettes et dépenses futures ; il est en ce sens un outil de prévision. Une fois établi, le budget est voté par l'assemblée délibérante et seules peuvent être engagées les dépenses qui y sont inscrites ; le vote du budget constitue donc autorisation de dépense.

c. Précisez le nom et le rôle des personnes chargées de la tenue des comptes des collectivités territoriales.

Elles sont au nombre de deux :

– l'ordonnateur, retrace l'exécution du budget. Il récapitule les recettes et dépenses effectivement réalisées et permet de contrôler la bonne exécution du budget ;

– le comptable public, retrace l'ensemble des dépenses et recettes de l'exercice avec leur contrepartie.

2. Quelles sont les deux structures chargées du contrôle externe de la comptabilité des collectivités territoriales ?

Ce sont le préfet et la chambre régionale des comptes qui sont chargés du contrôle externe de la comptabilité de la région.

3. Enregistrez, dans la comptabilité de la région Lorraine, opération par opération, toutes les écritures nécessaires en N, y compris les écritures d'inventaire.

Opération 1

La subvention d'équipement s'enregistre en immobilisation incorporelle et s'amortit sur la durée maximale, soit ici 15 ans.

	30-juin		
2042	Subventions d'équipement aux personnes de droit privé	30 000	
515	Compte au trésor		30 000
	versement de la subvention suite au mandatement		
	31-déc		
6811	Dotations aux amortissements des immobilisations ...	1 000	
28042	Amortissements des subventions d'équipement aux personnes de droit privé		1 000
	(30 000 x 1/15 x 6/12)		

Opération 2

	01-oct		
515	Compte au trésor	1 800	
4713	Recettes perçues avant émission des titres		1 800
	Avis d'encaissement du loyer		
	10-oct		
4713	Recettes perçues avant émission des titres	1 800	
752	Revenus des immeubles		1 800
	Emission du titre de recette par l'ordonnateur		

Opération 3

	30-nov		
515	Compte au trésor	3 000	
775	Produits des cessions d'immobilisations		3 000
	Facture de vente des installations de voirie		
	31-déc		
28152	Amortissement des installations de voirie	55 000	
675	Valeur comptable des immobilisations cédées	5 000	
2152	Installations de voirie		60 000
	Sortie des éléments de voirie		
	id		
192	Plus ou moins-values sur cessions d'immobilisations	2 000	
776	Différences sur réalisations reprises au compte de résultat		2 000
	Transfert de la moins-value en section d'investissement		

Chapitre 26

Les comptes consolidés

Application 1. Périmètre de consolidation, obligation de consolider et choix des méthodes de consolidation, p. 706

1. Déterminez le pourcentage de contrôle de la SA Bourcieux sur chacune de ses participations. Déduisez-en la nature du contrôle exercé.

La SA Bourcieux contrôle la SA Ernult à hauteur de 85 %. Elle exerce donc un contrôle exclusif sur cette société.

La SA Bourcieux contrôle la SA Humbert directement à hauteur de 51 % et indirectement, par l'intermédiaire de la SA Ernult à hauteur de 7 %.

Le contrôle total s'élève à 58 % (51 % + 7 %). Elle exerce donc un contrôle exclusif sur la SA Humbert.

La SA Bourcieux contrôle la SARL Brouard directement à hauteur de 20 % et indirectement, par l'intermédiaire de la SA Ernult à hauteur de 16 % et de 4 % par l'intermédiaire de la SA Humbert. Le contrôle total s'élève à 40 % (20 % + 16 % + 4 %).

Il est tenu compte de la participation de la SA Bourcieux dans la SA Ernult et la SA Humbert car la SA Bourcieux exerce un contrôle exclusif sur ces deux sociétés. Le contrôle sur la société Brouard est conjoint car un accord de partage de ce dernier a été conclu avec un autre associé en détenant 46 % des droits de vote.

La SA Bourcieux contrôle la SCI Pons directement à hauteur de 13 % et indirectement, par l'intermédiaire de la SA Ernult à hauteur de 8 % et de 2 % par l'intermédiaire de la SA Humbert.

Le contrôle total s'élève à 23 % (13 % + 8 % + 2 %).

Il n'est pas tenu du contrôle exercé par la SARL Brouard car la SA Bourcieux n'exerce pas de contrôle exclusif sur cette dernière.

La SA Bourcieux, qui participe aux assemblées de la SCI exerce une influence notable sur cette dernière.

La SA Bourcieux contrôle la SARL Ashta uniquement à hauteur de 4 %. Elle n'exerce aucun contrôle ni aucune influence sur cette dernière.

2. Déterminez le pourcentage d'intérêt de la SA Bourcieux sur chacune de ses participations.

Il convient ici de prendre en compte le pourcentage d'intérêt de manière directe et de manière indirecte :

– pourcentage de détention sur la SA Ernult : 75 % ;

– pourcentage de détention sur la SA Humbert : 42 % + (75 % × 7 %) = 47,25 % ;

– pourcentage de détention sur la SARL Brouard : 20 % + (75 % × 16 %) + (42 % × 4 %) = 33,68 % ;

– pourcentage de détention sur la SCI Pons : 13 % + (75 % × 8 %) + (42 % × 2 %) + (20 % × 2 %) = 20,24 % ;

– pourcentage de détention sur la SARL Ashta : 4 %.

3. Indiquez quelles sociétés font partie du périmètre de consolidation et quelle méthode de consolidation est adaptée à chacune.

Seules les sociétés sur lesquelles la SA Bourcieux exerce un contrôle exclusif ou conjoint ou une influence notable font partie du périmètre de consolidation. La méthode de l'intégration globale est requise lorsque le contrôle est exclusif. En cas de contrôle conjoint, l'intégration est proportionnelle. La mise en équivalence doit être retenue si l'influence est notable.

Sociétés faisant partie du périmètre de consolidation	Qualification du contrôle (ou de l'influence) exercé(e) par la SA Bourcieux	Méthode de consolidation
SA Ernult	Exclusif	Intégration globale
SA Humbert	Exclusif	Intégration globale
SARL Brouard	Conjoint	Intégration proportionnelle
SCI Pons	Influence notable	Mise en équivalence

4. Indiquez si des intérêts minoritaires sont à mentionner.

La quote-part des capitaux propres de la filiale consolidée, correspondant aux intérêts minoritaires, est à mentionner au passif du bilan consolidé lorsque la méthode de l'intégration globale est utilisée.

Les intérêts minoritaires de la SA Ernult et de la SA Humbert doivent figurer au bilan consolidé du groupe Bourcieux.

5. Précisez si l'établissement des comptes consolidés est obligatoire en N.

Le Code de commerce prévoit des exemptions à l'obligation d'établir et de publier des comptes consolidés, à condition toutefois qu'il ne s'agisse pas de sociétés cotées sur un marché réglementé. Parmi ces exceptions figure le cas des groupes ne dépassant pas certains seuils chiffrés. Le principe est le suivant : lorsque l'ensemble, composé par la société mère et les sociétés qu'elle contrôle, ne dépasse pas pendant deux exercices consécutifs certains seuils, fixés par décret, pour deux des critères suivants (Code de commerce - articles 123-16 et 233-17), la société mère est exemptée de présenter des comptes consolidés :
– total des bilans supérieur à 24 millions € ;
– montant net des chiffres d'affaires hors taxes supérieur à 48 millions € ;
– nombre moyen de salariés employés au cours de l'exercice supérieur à 250.

Ces chiffres doivent être calculés globalement pour l'ensemble des sociétés constituant le groupe (à l'exclusion de celles faisant l'objet d'une influence notable). Ils sont déterminés à partir des comptes individuels de chacune des sociétés concernées.

Examinons la situation du groupe Bourcieux, qui n'est pas coté, au regard de ces critères.

Exercice N – 1

	Total des bilans (en euros)	Total des chiffres d'affaires (en euros)	Nombre moyen de salariés
SA Bourcieux	19 200 000	37 400 000	122
SA Ernult	4 800 000	10 250 000	66
SA Humbert	1 080 000	3 650 000	18
SARL Brouard	985 000	2 780 000	21
Totaux	**26 065 000**	**44 080 000**	**227**

Exercice N

	Total des bilans (en euros)	Total des chiffres d'affaires (en euros)	Nombre moyen de salariés
SA Bourcieux	19 450 000	38 700 000	134
SA Ernult	4 780 000	11 100 000	69
SA Humbert	1 120 000	3 980 000	24
SARL Brouard	998 000	2 630 000	18
Totaux	**26 348 000**	**56 410 000**	**245**

Les totaux des bilans et des chiffres d'affaires de la société mère et des sociétés sous contrôle exclusif ou conjoint sont supérieurs aux seuils figurant ci-dessus. En conséquence, bien que le nombre moyen de salariés soit inférieur à 250, le groupe Bourcieux est dans l'obligation d'établir et de présenter des comptes consolidés au titre de l'exercice N.

Application 2. Présentation du bilan et du compte de résultat consolidés d'un groupe de trois sociétés, p. 707

1. Déterminez le pourcentage de contrôle de la SA Groux sur chacune de ses participations.

Le pourcentage de contrôle est mesuré par le pourcentage des droits de vote détenus directement ou indirectement par la société mère sur une autre société du groupe.

La SA Groux détient 90 % des droits de vote de la SA Zeyl, et 25 % des droits de vote de la SARL Sinapi.

Les pourcentages de contrôle sont donc respectivement de 90 % et 25 %.

2. Déterminez le pourcentage d'intérêt de la SA Groux sur chacune de ses participations.

Le pourcentage d'intérêt correspond à la participation directe ou indirecte dans le capital social.

En cas de participation directe uniquement, il s'obtient en divisant le nombre de titres de la société détenus directement par le total des titres émis par celle-ci.

En présence de participation indirecte, c'est-à-dire par l'intermédiaire d'une autre société, il convient d'ajouter au pourcentage de détention directe éventuel, le résultat de la multiplication du pourcentage de détention directe

de la société mère sur la société intermédiaire par le pourcentage de détention directe de la société intermédiaire sur la société contrôlée indirectement par la société mère.
La SA Groux détient 90 % des actions de la SA Zeyl et 25 % des parts de la SARL Sinapi.
Les pourcentages d'intérêt sont donc respectivement de 90 % et de 25 %.

3. Indiquez quelles sociétés font partie du périmètre de consolidation et quelle méthode de consolidation est adaptée à chacune.

Les sociétés contrôlées de manière globale ou conjointe et celles sous influence notable font partie du périmètre de consolidation et doivent donc être consolidées.
La SA Zeyl est contrôlée de manière exclusive (pourcentage de contrôle supérieur à 50 %), elle doit donc être consolidée par intégration globale.
La SARL Sinapi est contrôlée de manière exclusive par un autre groupe. Le groupe GZS ayant un pourcentage de contrôle supérieur à 20 % (25 %), elle est sous influence notable. La méthode de consolidation correspondant à cette situation est la mise en équivalence.

4. Indiquez si des intérêts minoritaires sont à mentionner.

Les intérêts minoritaires des sociétés intégrées globalement doivent figurer au bilan consolidé du groupe GZS. En conséquence, seule la SA Zeyl est concernée par cette obligation.

5. Présentez le bilan et le compte de résultat consolidés du groupe GZS.

La présentation des états financiers consolidés du groupe GZS nécessite la réalisation de calculs préparatoires à la consolidation de la société Zeyl et de la société Sinapi.

a. Calculs préparatoires à la consolidation de la société Zeyl

La société Groux exerce un contrôle exclusif sur la société Zeyl. La consolidation de cette société se fait par intégration globale.
Calculs préparatoires à l'élaboration du bilan consolidé
Le bilan consolidé du groupe peut être élaboré à partir du bilan de la société mère en réalisant les trois étapes suivantes :

1. Remplacement des titres de la filiale par la nature et la valeur comptable de ce qu'ils représentent dans le bilan de la filiale (actifs et dettes).
Les titres sont annulés. Ils disparaissent du bilan et sont remplacés par les éléments d'actif et les dettes de la filiale (comme si la société mère détenait 100 % de Zeyl), soit 12 000 d'actif et 6 200 de dettes, c'est-à-dire 5 800 de valeur comptable pour la filiale.

→ L'actif augmente de 12 000 – 900 = 11 100.

	Actif de la filiale	Valeur des titres dans le bilan de la société mère

→ Le passif augmente de 6 200 (correspondant aux dettes supplémentaires).

Il y a donc un déséquilibre de 4 900 (11 100 - 6 200) qui s'explique pour partie par le fait que la société mère ne détient que 90 % de la filiale (5 800 × 90 % = 5 220) et que le reste (5 800 × 10 % = 580) appartient aux autres actionnaires (qualifiés d'actionnaires minoritaires) et non au groupe.

2. Il faut donc constater 580 d'intérêts minoritaires au passif du bilan consolidé.

Le déséquilibre n'est plus que de 4 900 - 580 = 4 320. Il provient du fait que les titres de la filiale figuraient au bilan de la société mère pour une valeur de 900 alors que leur représentation dans le bilan de la filiale a une valeur de 5 220 (5 800 × 90 %). Cette augmentation de 4 320 de la valeur des titres provient de 4 200 de réserves constituées par la filiale depuis sa création et de 600 de résultat obtenu en N.

Seuls 90 % de ces réserves et de ce résultat reviennent au groupe, soit 3 780 de réserves et 540 de résultat.

3. Il convient d'ajouter (au passif) les 3 780 aux réserves de la société mère pour obtenir les réserves consolidées du groupe et les 540 au résultat de la société mère pour obtenir le résultat consolidé du groupe.

Modifications apportées au bilan de la société mère pour obtenir le bilan consolidé :

Étapes	**À l'actif**	**Au passif**
1	+ valeur comptable de l'actif de la filiale (+ 12 000) – valeur des titres de la filiale dans le bilan de la société mère (– 900)	+ dettes de la filiale (+ 6 200)
2		+ intérêts minoritaires (+ 580)
3		+ quote-part des réserves de la filiale (+ 3 780) + quote-part du résultat de la filiale (+ 540)
	11 100	**11 100**

Calculs préparatoires à l'élaboration du compte de résultat

Le résultat consolidé du groupe peut être élaboré à partir du résultat de la société mère en réalisant les trois étapes suivantes :

1. Ajouter aux produits de la société mère tous les produits de la filiale (+ 35 000) et ajouter aux charges de la société mère toutes les charges de la filiale (+ 34 400).

Cette opération fait apparaître une augmentation du résultat de + 600 (35 000 - 34 400).

Mais ce résultat ne revient pas en totalité au groupe puisque celui-ci ne détient que 90 % de la filiale.

2. Il faut donc faire apparaître la quote-part de 10 % du résultat revenant aux minoritaires (+ 60).

3. Additionner au résultat de la société mère la quote-part de 90 % du résultat de la filiale revenant au groupe (+ 540).

Modifications apportées au compte de résultat de la société mère pour obtenir le compte de résultat consolidé :

	Charges	**Produits**
1	+ charges de la filiale + 34 400	+ produits de la filiale + 35 000
2	Part des minoritaires + 60	
3	Part du groupe + 540	
	+ 35 000	**+ 35 000**

b. Calculs préparatoires à la consolidation de la société Sinapi

Calculs préparatoires à l'élaboration du bilan consolidé

La société Groux exerce une influence notable sur la société Sinapi. La consolidation de cette société se fait par mise en équivalence.

Le bilan consolidé du groupe peut être élaboré à partir du bilan de la société mère en réalisant les deux étapes suivantes :

1. Modifier la valeur des titres au bilan de la société mère.

Il est nécessaire de remplacer leur prix d'acquisition par le montant des capitaux propres qu'ils représentent dans le bilan de la filiale (2 500 × 25 % = 625).

Les titres ne sont pas éliminés, seule leur valeur est modifiée.

Cette opération fait apparaître un accroissement de la valeur des titres de 575 (625 - 50) qui provient du fait que la filiale a réalisé 2 000 de réserves depuis sa création et 300 de résultat en N.

25 % de ces réserves et de ce résultat (soit 575) reviennent au groupe.
2. Ajouter au passif les 500 aux réserves de la société mère pour obtenir les réserves consolidées et les 75 au résultat de la société mère pour obtenir le résultat consolidé.

	À l'actif	Au passif
1	Remplacer la valeur des titres + 625 – 50	
2		+ quote-part des réserves + 500 + quote-part du résultat + 75
	575	**575**

Calculs préparatoires à l'élaboration du compte de résultat
Le résultat consolidé du groupe peut être élaboré à partir du résultat de la société mère en réalisant les deux étapes suivantes :
1. Ajouter en produit la quote-part du bénéfice de la filiale (+ 75).
2. Ajouter au résultat de la société mère, cette quote-part.

	Charges	Produits
1		+ quote-part du résultat de la filiale + 75
2	Résultat + 75	
	+ 75	**+ 75**

c. Présentation du bilan et du compte de résultat consolidés du groupe GZS

Bilan consolidé			
Actif		**Passif**	
Titres mis en équivalence Actifs divers	625 18 050	Capital Réserves consolidées Résultat consolidé Intérêts minoritaires Dettes	3 300 5 180 915 580 8 700
Totaux	**18 675**	**Totaux**	**18 675**

625 = 50 + 575
18 050 = 6 050 + 12 000

5 180 = 900 + (4 200 × 90 %) + (2 000 × 25 %)
915 = 300 + (600 × 90 %) + (300 × 25 %)
8 700 = 2 500 + 6 200

Compte de résultat consolidé			
Charges		**Produits**	
Charges Résultat net de l'ensemble consolidé Part des minoritaires Résultat net (part du groupe)	48 100 975 60 915	Produits Quote-part du résultat des sociétés mises en équivalence	49 000 75
Totaux	**49 075**	**Totaux**	**49 075**

48 100 = 13 700 + 34 400
915 = 300 + (600 × 90 %) + 75

49 000 = 14 000 + 35 000

Application 3. Présentation du bilan et du compte de résultat consolidés d'un groupe de deux sociétés, p. 709

1. Indiquez quelle méthode de consolidation doit être retenue.

La société Mauzeur exerce un contrôle conjoint sur la société Doteure, en conséquence cette dernière doit être consolidée par intégration proportionnelle.

2. Présentez le bilan et le compte de résultat consolidés du groupe Mauzeur.

a. Bilan consolidé du groupe Mauzeur

Le bilan consolidé du groupe peut être élaboré à partir du bilan de la société mère en réalisant les deux étapes suivantes :

1. Remplacer les titres de la filiale par la quote-part (pourcentage d'intérêt de la société mère dans la filiale) de la valeur comptable de ce qu'ils représentent d'après le bilan de la société Doteure.

Les titres sont annulés et remplacés par la quote-part de tous les éléments d'actifs et des dettes de la filiale, soit 6 500 × 40 % d'actif et 3 300 × 40 % des dettes. L'actif augmente de 2 600 – 400 = 2 200.
Le passif augmente de 1 320.

Il y a donc un déséquilibre de 880 qui s'explique par le fait que les titres figuraient pour 400 dans le bilan de la société mère alors que leur représentation dans le bilan de la filiale a une valeur de 1 280 k€ [(6 500 – 3 300) × 40 %].

L'écart de 880 provient du fait que le groupe a un droit sur les 40 % de réserves de la filiale (1 800 × 40 % = 720) et sur 40 % du résultat (400 × 40 % = 160).

2. Il convient d'ajouter (au passif) les 720 pour obtenir les réserves consolidées et les 160 pour obtenir le résultat consolidé.

	À l'actif	Au passif
1	+ quote-part de l'actif de la filiale (6 500 x 40 %) = + 2 600 soit 40 % de chaque poste d'actif du bilan de la SA Doteure – valeur des titres de la filiale dans le bilan de la société mère (– 400)	+ quote-part des dettes de la filiale + (3 300 x 40 %) = + 1 320 soit 40 % de chaque poste de dette du bilan de la SA Doteure
2		+ quote-part des réserves de la filiale (+ 720) + quote-part du résultat de la filiale (+ 160)
	+ 2 200	**+ 2 200**

Le bilan consolidé (en k€) se présente ainsi :

Actif		Passif	
Immobilisations incorporelles	1 060	Capital	1 000
Immobilisations corporelles	2 700	Réserves	1 020
Immobilisations financières	40	Résultat	260
Stocks	660	Dettes financières	2 060
Créances	450	Autres dettes	660
Disponibilités	90		
	5 000		**5 000**

1 060 = 900 + 40 % × 400
2 700 = 1 100 + 40 % × 4 000
40 = 400 + 40 % × 100 – 400
660 = 180 + 40 % × 1 200
450 = 210 + 40 % × 600
90 = 10 + 40 % × 200

1 020 = 300 + 40 % × 1 800
260 = 100 + 40 % × 400
2 060 = 1 100 + 40 % × 2 400
660 = 300 + 40 % × 900

b. Résultat consolidé du groupe Mauzeur

Le résultat consolidé du groupe peut être élaboré à partir du résultat de la société mère en réalisant les deux étapes suivantes :

1. Ajouter aux produits de la société mère la quote-part des produits de la filiale (+ 32 072 × 40 %) et aux charges de la société mère la quote-part des charges de la filiale (+ 31 672 × 40 %).

Cette opération fait apparaître une augmentation du résultat de + 160 (soit 40 % du résultat de la filiale).

2. Additionner au résultat de la société mère la quote-part du résultat de la filiale revenant au groupe (+ 160).

	Charges	Produits
1	+ quote-part des charges de la filiale + 31 672 x 40 % = + 12 668,8	+ quote-part des produits de la filiale + 32 072 x 40 % = + 12 828,8
2	+ résultat + 160	
	+ 12 828,8	**+ 12 828,8**

Le résultat consolidé (en k€) se présente de la manière suivante :

Charges		Produits	
Charges d'exploitation	26 012,00	Produits d'exploitation	27 000,00
Charges financières	170,00	Produits financiers	54,00
Charges exceptionnelles	666,80	Produits exceptionnels	54,80
Résultat	260,00		
Totaux	**27 108,80**	**Totaux**	**27 108,80**

26 012 = 13 500 + 40 % × 31 280
170 = 90 + 40 % 200
666,80 = 590 + 40 % × 192

27 000 = 14 200 + 40 % × 32 000
54 = 30 + 40 % × 60
54,80 = 50 + 40 % × 12

Application 4. QCM, p. 710

Retrouvez la ou les réponses exactes.

1. Les sociétés françaises cotées sur un marché réglementé qui établissent des comptes consolidés doivent appliquer :

☑ les normes IFRS adoptées par l'Union européenne.

2. Les sociétés françaises non cotées sur un marché réglementé qui établissent des comptes consolidés doivent appliquer :

☑ au choix, soit le règlement CRC 99-02, soit les règles IFRS adoptées par l'UE.

3. Les sociétés françaises cotées sur un marché réglementé qui établissent des comptes individuels doivent appliquer :

☑ le PCG.

4. Les sociétés françaises non cotées sur un marché réglementé qui établissent des comptes individuels doivent appliquer :

☑ le PCG.

5. Parmi les définitions suivantes, laquelle est correcte ?

☑ le contrôle exclusif est le pouvoir de diriger les politiques financière et opérationnelle d'une entreprise afin de tirer avantage de ses activités.

6. Une société non cotée sur un marché réglementé, sous le contrôle d'une autre qui publie des comptes consolidés, est exemptée de présenter des comptes consolidés à condition qu'elle, et le sous-groupe qu'elle contrôle, soient inclus dans les comptes consolidés de la société qui contrôle l'ensemble et qu'un ou plusieurs actionnaires ou associés de la société mère du sous-groupe représentant au moins le dixième de son capital social ne s'y opposent pas :

☑ Vrai

7. La société Aliba détient 75 % des actions et des droits de vote de la société Balie et 26 % des actions et des droits de vote de la société Boutin. La société Balie possède 20 % des titres et des droits de vote de la société Boutin. Aucun autre actionnaire de Boutin ne possède plus de 3 % des titres et des droits de vote de Boutin.

☑ le pourcentage de contrôle de la société Aliba sur la société Boutin est de 46 %.

☑ le pourcentage d'intérêt de la société Aliba sur la société Boutin est de 41 %.

8. Lorsque l'ensemble, composé par la société mère et les sociétés qu'elle contrôle, ne dépasse pas pendant deux exercices consécutifs des chiffres, fixés par décret, pour deux des critères suivants (Code de commerce - articles 123-16 et 233-17), la société mère est exemptée de présenter des comptes consolidés :
– total des bilans supérieur à 24 millions € ;
– montant net des chiffres d'affaires hors taxes supérieur à 48 millions € ;
– nombre moyen de salariés permanents employés au cours de l'exercice supérieur à 250.

☑ Vrai à condition toutefois qu'il ne s'agisse pas de sociétés cotées sur un marché réglementé

9. Il est indispensable de détenir au moins 40 % des titres d'une société, sur laquelle un contrôle contractuel est exercé, pour l'intégrer dans le périmètre de consolidation :

☑ Faux

10. L'indicateur permettant de déterminer si une société doit être intégrée dans le périmètre de consolidation et selon quelle méthode elle doit l'être est :

☑ le pourcentage de contrôle.

11. L'indicateur permettant de déterminer la part des intérêts minoritaires, d'une société consolidée par intégration globale, à faire figurer au bilan est :

☑ le pourcentage d'intérêt.

12. Les intérêts minoritaires apparaissent au bilan consolidé lorsque la technique de consolidation suivante est utilisée :

☑ la méthode de l'intégration globale.

13. Les titres d'une participation consolidée n'apparaissent plus à l'actif du bilan consolidé, lorsque la participation est consolidée par :

☑ la méthode de l'intégration proportionnelle.
☑ la méthode de l'intégration globale.

14. Les produits et les charges d'une participation consolidée ne sont pas repris, ni en totalité ni pour partie, dans le compte de résultat consolidé, lorsque la participation est consolidée par :

☑ la méthode de la mise en équivalence.

15. Parmi les opérations à effectuer dans le cadre d'une consolidation, après avoir réalisé le cumul des comptes, les éliminations suivantes sont nécessaires :

☑ la suppression des comptes de titres des sociétés contrôlées de manière exclusive ou conjointe en raison de leur substitution par les actifs et les passifs des sociétés contrôlées.
☑ la compensation des créances et dettes entre sociétés du groupe consolidées par intégration globale ou proportionnelle.
☑ l'élimination des résultats internes au groupe afin de faire disparaître des gains ou des pertes réalisés entre sociétés du groupe.

Entraînements à l'examen

1. Choix de méthode de consolidation et établissement des états financiers consolidés, p. 713

1. Déterminez et justifiez la méthode de consolidation à utiliser.

La société MAM et un autre associé ont conclu un accord afin de contrôler la société JBC. À eux deux ils disposent de 77 % des droits de vote de la société JBC et partagent le contrôle de cette dernière, qu'ils exploitent en commun. MAM exerce un contrôle conjoint sur JBC. La méthode de consolidation à appliquer est donc l'intégration proportionnelle.

2. Établissez le bilan et le compte de résultats consolidé du groupe MAM.

Actif **Bilan consolidé du groupe MAM**

		Capital	200
Actifs consolidé	2 660	Réserves consolidées	250 (1)
		Résultat consolidé	500 (2)
		Dettes consolidées	1 710 (3)
	2 660		2 660 (4)

(1) 250 = 50 + 40 % × 500
(2) 500 = 100 + 40 % × 1 000
(3) 1 710 = 150 + 40 % × 3 900
(4) 2 660 = 260 + 40 % × 6 000

Charges **Compte de Résultat consolidé du groupe MAM**

Charges	5 300 (1)	Produits	5 800 (2)
Résultat	**500**		
	5 800		5 800

(1) 5 300 = 500 + 40 % × 12 000
(2) 5 800 = 600 + 40 % × 13 000

3. Sachant que le chiffre d'affaires global du secteur d'activité dans lequel MUM et JBC évoluent est de 30 000, indiquez si le groupe M est un acteur dont l'activité représente plus de 40 % du secteur.

Le chiffre d'affaires consolidé du groupe MAM s'établit à 5 800.
Il représente donc moins de 40 % du chiffre d'affaires du secteur
(5 800 < 40 % ×30 000).

2. Choix de méthode de consolidation et établissement des états financiers consolidés, p. 714

1. Déterminez et justifiez la méthode de consolidation à utiliser.

La société Mummy dispose de 60 % des droits de vote de la société Dotteure. Elle exerce un contrôle exclusif. La méthode de consolidation à appliquer est donc l'intégration globale.

2. Établissez le bilan et le compte de résultat consolidé du groupe Mummy.

Actif **Bilan consolidé du groupe MUMMY**

		Capital	**2000**
Actifs consolidé	33 200 (1)	Réserves consolidées	3 400 (2)
		Résultat consolidé	2 600 (3)
		Intérêts minoritaires	4 200 (4)
		Dettes consolidées	21 000 (5)
	33 200		**33 200**

(1) 33 200 = 3 200 + 30 000
(2) 3 400 = 1 000 + 60 % × 4 000
(3) 2 600 = 500 + 60 % × 3 500
(4) 4 200 = 40 % × (30 000 - 19 500)
(5) 21 000 = 1 500 + 19 500

Compte de Résultat consolidé du groupe MUMMY

Charges *Produits*

Charges Résultat net de l'ensemble	67 400 (1) **4 000**	Produits	71 400 (2)
Part des minoritaires	1 400		
Résultat net (part du groupe)	2 600		
	71 400		**71 400**

(1) 67 400 = 5 900 + 61 500
(2) 71 400 = 6 400 + 65 000

3. Sachant que le chiffre d'affaires global du secteur d'activité dans lequel Mummy et Dotteure évoluent est de 100 000, indiquer si le groupe Mummy est un acteur important du secteur.

Le chiffre d'affaires consolidé du groupe Mummy s'établit à 71 400. Il représente plus de 70 % du chiffre d'affaires du secteur. Le groupe Mummy est donc un acteur très important de ce secteur.

Chapitre 27

Introduction à l'audit légal des comptes

Application. QCM, p. 734

Retrouvez la ou les réponses exactes.

1. La mission d'audit du commissaire aux comptes est d'origine :

☑ légale.

2. La mise en œuvre de la mission d'audit du commissaire aux comptes doit aboutir à une assurance :

☑ raisonnable de la régularité, de la sincérité et de l'image fidèle des comptes annuels et/ou consolidés.

3. Le rapport d'opinion du commissaire aux comptes relatif aux comptes annuels est appelé :

☑ rapport sur les comptes annuels.

4. Le rapport d'opinion du commissaire aux comptes relatif aux comptes consolidés est appelé :

☑ rapport sur les comptes consolidés.

5. La mission d'audit du commissaire aux comptes est une mission :

☑ permanente.

6. Parmi les éléments suivants, lesquels font partie des vérifications spécifiques au commissaire aux comptes ?

☑ Respect de l'égalité entre les actionnaires

☑ Examen limité des documents liés à la prévention des difficultés des entreprises

☑ Contrôle des conventions réglementées

☑ Sincérité et concordance avec les comptes annuels des informations données dans le rapport de gestion

7. Les erreurs ou inexactitudes significatives relevées par le commissaire aux comptes doivent faire l'objet systématiquement :

☑ d'une communication à la direction.

☑ d'une communication à l'assemblée générale.

8. La distribution d'un acompte sur dividendes donne lieu à une mission particulière du commissaire aux comptes :

☑ Vrai

9. L'examen de comptes pro forma d'une entité par le commissaire aux comptes constitue :

☑ une intervention définie par convention.

10. La mission du commissaire à la fusion consiste à :

☑ vérifier la pertinence des valeurs relatives attribuées aux actions des sociétés participant à l'opération.

☑ apprécier le caractère équitable du rapport d'échange proposé.

11. Le commissaire aux comptes peut intervenir pour une mission de commissaire aux apports ou à la fusion d'une entité dont il certifie les comptes :

☑ Faux

12. Le risque d'audit est le risque que le commissaire aux comptes exprime une opinion différente de celle qu'il aurait émise s'il avait identifié toutes les anomalies significatives dans les comptes :

☑ Vrai

13. Le risque d'anomalies significatives dans les comptes est lié :

☑ à l'entité contrôlée.

14. Le risque de non-détection est lié :

☑ au commissaire aux comptes.

15. Quelles sont les phases de la mission d'audit définies par les nouvelles normes d'exercice professionnel de la CNCC ?

☑ Prise de connaissance de l'entité et évaluation du risque d'anomalies significatives dans les comptes

☑ Procédures d'audit en réponse à l'évaluation des risques

16. Le système de contrôle interne d'une entité est défini par :

☑ la direction.

17. Le système de contrôle interne est :

☑ propre à chaque entité.

18. Les éléments collectés par le commissaire aux comptes d'origine interne sont plus fiables que ceux d'origine externe :

☑ Faux

19. Une demande de confirmation des tiers (ou circularisation) consiste à obtenir de la part d'un tiers une déclaration directement adressée à l'entité contrôlée concernant une ou plusieurs informations :

☑ Faux

20. Plus le risque d'échantillonnage accepté par le commissaire aux comptes est faible, plus la taille de l'échantillon devra être importante :

☑ Vrai

Nº d'éditeur : 10221286 – WORD – Dépôt légal : août 2016

Achevé d'imprimer en août 2016
sur les presses numériques de l'Imprimerie Maury S.A.S.
Z.I. des Ondes – 12100 Millau
Nº d'impression : G16/54679N

Imprimé en France

